최근 7개년
기출문제

행정학개론

신념을 가지고 도전하는 사람은 반드시 그 꿈을 이룰 수 있습니다.

처음에 품은 신념과 열정이 취업 성공의 그 날까지 빛바래지 않도록

서원각이 수험생 여러분을 응원합니다.

Preface

시험의 성패를 결정하는 데 있어 가장 중요한 요소 중 하나는 충분한 학습이라고 할 수 있다. 하지만 무작정 많은 양을 학습하는 것은 바람직하지 않다. 시험에 출제되는 모든 과목이 그렇듯, 전통적으로 중요하게 여겨지는 이론이나 내용들이 존재한다. 그리고 이러한 이론이나 내용들은 회를 걸쳐 반복적으로 시험에 출제되는 경향이 나타날 수밖에 없다. 따라서 모든 시험에 앞서 필수적으로 짚고 넘어가야 하는 것이 기출문제에 대한 파악이다.

행정학개론은 기본 이론의 개념과 그 특징에 대한 문제들로 평이한 난도를 보이며 일부 추론을 요하는 문제를 제외하고는 다소 쉽게 출제되고 있다. 최근의 행정학개론은 빈출되는 정형화된 문제들과 법률에 연계된 이론이 자주 출제되고 있으며, 시사적인 이슈들도 문제화되고 있으므로 이에 대한 대비책을 마련해야 한다. 이를 위해서는 행정학 이론들에 대한 정확한 이해를 바탕으로 하여 기출문제를 분석하는 것이 우선적으로 필요하다.

9급 공무원 최근 7개년 기출문제 시리즈는 기출문제 완벽분석을 책임진다. 그동안 시행된 국가직 · 지방직 및 서울시 기출문제를 연도별로 수록하여 매년 빠지지 않고 출제되는 내용을 파악하고, 다양하게 변화하는 출제경향에 적응하여 단기간에 최대의 학습효과를 거둘 수 있도록 하였다. 또한 상세하고 꼼꼼한 해설로 기본서 없이도 효율적인 학습이 가능하도록 하였다.

9급 공무원 시험의 경쟁률이 해마다 점점 더 치열해지고 있다. 이럴 때일수록 기본적인 내용에 대한 탄탄한 학습이 빛을 발한다. 수험생 모두가 자신을 믿고 본서와 함께 끝까지 노력하여 합격의 결실을 맺기를 희망한다.

Structure

기출문제 학습비법

step 01
"진짜" 기출문제 풀기
with 스톱워치

step 02
기출 포인트만 쏙쏙!
정답 및 해설

step 03
고득점을 위한
PLUS+ 오답노트

step 04
합격을 위한
반복학습

9급 행정학개론 출제경향

행정학개론의 출제 분야는 크게 총론, 정책, 조직, 인사, 재무, 환류, 지방행정 등으로 나눌 수 있다. 기본 이론을 정확하게 이해하고 기출문제를 숙지하고 있다면 무난하게 풀 수 있는 문제가 대다수를 이루고, 변별력을 갖추기 위하여 15~25% 정도에서 깊이 있는 법령 관련 문제, 구체적 숫자를 묻는 문제, 응용력이 필요한 문제 등이 출제되고 있다. 행정학개론은 실제 정부 정책 및 행정과 깊이 관련되어 있으므로 정부 정책의 변화 혹은 시사 이슈에 주목하여 대비하는 것 역시 중요하다.

본서 특징 및 구성

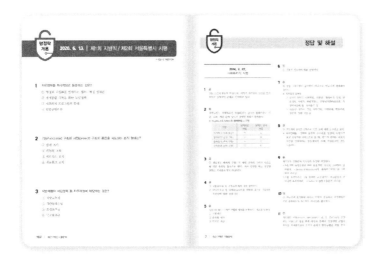

최근 7개년 기출문제 수록

최신 기출문제를 비롯하여 그동안 시행되어 온 9급 공무원 국가직 · 지방직 및 서울시 등의 기출문제를 최다 수록하였다. 매년 시험마다 반복적으로 출제되는 핵심내용을 확인하고, 변화하는 출제경향을 파악하여 실제 시험에 대한 완벽대비를 할 수 있도록 구성하였다.

꼼꼼하고 자세한 해설

정답에 대한 상세한 해설을 통해 한 문제 한 문제에 대한 완전학습을 꾀하였다. 더하여 정답에 대한 설명뿐만 아니라 오답에 대한 보충 설명도 첨부하여 따로 이론서를 찾아볼 필요 없이 효율적인 학습이 될 수 있도록 구성하였다.

Contents

7개년
기출문제

☞ 정답 및 해설 P.2

1 행정학의 주요 이론과 그에 대한 비판이 바르게 연결되지 않은 것은?

① 공공선택론 - 인간을 이기적이고 합리적인 존재로 가정한 것은 지나친 단순화이다.

② 거버넌스론 - 내재화된 변수가 많고 변수 간의 유기적 관계를 강조하기 때문에 모형화가 어렵다.

③ 신제도론 - 제도와 행위 사이의 정확한 인과관계를 설명하는 데 한계가 있다.

④ 과학적 관리론 - 인간을 지나치게 사회심리적이고 감정적인 존재로 인식한다.

2 정책변동의 유형 중 정책평가로부터 얻은 정보가 정책채택 단계에서 다시 활용되는 경우로, 정책목표는 유지하면서 정책수단을 새로운 수단으로 대체하는 것은?

① 정책유지   ② 정책혁신

③ 정책종결   ④ 정책승계

3 사람을 기준으로 공직을 분류한 계급제의 특성에 대한 설명으로 옳지 않은 것은?

① 순환보직을 통해 다양한 업무를 경험할 수 있도록 한다.

② 공직에 자리가 비었을 때 외부 충원을 원칙으로 한다.

③ 계급을 신분과 동일시하려는 경향이 강하다.

④ 공무원의 신분이 안정적으로 보장된다.

4 우리나라 지방재정조정제도 중의 하나인 조정교부금제도에 대한 설명으로 옳은 것만을 모두 고른 것은?

> ㉠ 특별시·광역시 내 자치구 사이의 재정격차를 해소하여 균형적인 행정서비스를 제공하기 위해 도입되었다.
> ㉡ 중앙정부가 지방정부의 재정수요와 재정수입을 비교하여 부족한 재원을 보전할 목적으로 내국세의 적정 비율에 해당하는 금액을 지방정부에 교부하는 것이다.
> ㉢ 지방정부가 수행하는 업무 중에서 국가사업과 지방사업의 연계를 강화하고자, 중앙정부가 지방정부의 특정사업에 대하여 경비 일부의 용도를 지정하여 부담한다.
> ㉣ 특별시장이나 광역시장은 시세 수입 중의 일정액을 확보하여 조례로 정하는 바에 따라 해당 지방자치단체의 관할 구역 안의 자치구 상호 간의 재원을 조정하여야 한다.

① ㉠, ㉡
③ ㉡, ㉢

② ㉠, ㉣
④ ㉢, ㉣

5 제2차 세계대전 이후 미국은 경제발전, 효율성, 공공서비스 개선에 초점을 맞추고 경직적인 관료제의 병리와 국가부채 문제를 해소하기 위해 새로운 예산제도를 도입하였다. 정부에 대한 구조조정 작업을 추진하면서 제안된 성과주의 예산제도에 대한 설명으로 옳은 것은?

① 결과보다 기획 기능의 강조
② 회계 책임의 명확화
③ 모든 대안에 대한 검토
④ 사업과 예산의 연계

6 영·미권을 중심으로 정부규모 축소, 재정적자 감축, 행정의 효율성 제고를 위하여 채택한 신공공관리론이 주장하는 내용과 거리가 먼 것은?

① 규정과 절차를 강화하고 관료들의 재량권을 최소화한다.
② 민간부문의 관리기법을 도입하여 행정의 효율성을 향상시킨다.
③ 시민을 고객으로 인식해 고객 만족의 극대화를 추구한다.
④ 민간위탁 등을 통해 공공부문에 경쟁체제를 도입한다.

7 정부가 국민에게 영향을 미치는 정책산출은 정책결정 과정을 통해서 이루어진다. 이러한 정책결정 과정에서 정책의제에 영향을 미치는 공식적 참여자에 해당되지 않는 것은?

① 지방자치단체장　　　　　　　　　② 대통령 비서실장

③ 정당 사무국장　　　　　　　　　　④ 국회의원

8 주인과 대리인 관계에서 나타나는 여러 문제를 다루기 위하여 제기된 대리인이론(Agency Theory)에 대한 설명과 가장 거리가 먼 것은?

① 주인과 대리인 모두 자신의 이익을 극대화하려는 합리적 행위자이다.

② 대리인의 선호가 주인의 선호와 일치하지 않을 수 있다.

③ 대리인에게 불리한 선택으로 인한 문제 해결에 초점을 둔다.

④ 주인과 대리인 간에는 정보의 비대칭성이 존재한다.

9 다음 내용을 모두 특징으로 하는 리더십의 유형은?

> • 추종자의 성숙단계에 따라 효율적인 리더십 스타일이 달라진다.
> • 리더십은 개인의 속성이나 행태뿐만 아니라 환경의 영향을 받는다.
> • 가장 유리하거나 가장 불리한 조건에서는 과업중심적 리더십이 효과적이다

① 변혁적 리더십　　　　　　　　　　② 거래적 리더십

③ 카리스마적 리더십　　　　　　　　④ 상황론적 리더십

10 전통적인 기계적 조직과 구별되는 학습조직의 특징에 대한 설명으로 옳지 않은 것은?

① 기능보다 업무 프로세스 중심으로 조직을 구조화한다.

② 위계적 통제보다 구성원 간의 수평적 협력을 중시한다.

③ 학습조직 활성화에 리더의 역할이 상대적으로 중요하지 않다.

④ 조직의 목표 달성을 위하여 구성원의 권한 강화(empowerment)를 강조한다.

11 행정체제 내에서 조직의 임무수행에 필요한 행동규범이 예외적인 것으로 전락되고, 부패가 일상적으로 만연화되어 있는 상황을 지칭하는 부패의 유형은?

① 일탈형 부패   ② 제도화된 부패

③ 백색 부패   ④ 생계형 부패

12 공무원 개인이나 조직의 일탈에 대한 감시와 처벌을 통해 목표를 달성하려는 행정통제(administrative control)는 행정의 책임을 확보하려는 수단이다. 이러한 기능을 수행하는 외부통제기관으로만 구성된 것은?

㉠ 국민권익위원회	㉡ 기획재정부
㉢ 법원	㉣ 국회
㉤ 시민단체	㉥ 감사원

① ㉠, ㉡, ㉣   ② ㉠, ㉡, ㉥

③ ㉢, ㉣, ㉤   ④ ㉢, ㉤, ㉥

13 전통적으로 정부는 시장실패의 교정수단으로 간주되었으나 수입할당제, 가격통제, 과도한 규제 등 정부의 지나친 개입은 오히려 시장을 악화시킬 수 있다는 주장이 대두되었다. 이러한 정부실패의 요인에 대한 설명으로 옳지 않은 것은?

① 공공조직의 내부성(internality)

② 비경합적이고 비배타적인 성격의 재화

③ 정부개입으로 인해 의도하지 않은 파생적 외부효과

④ 독점적 특혜로 인한 지대추구행위

14 '국·공립학교를 통한 교육서비스의 제공은 로위(T. J. Lowi)의 정책유형 중 어느 정책에 해당하는가?

① 배분정책

② 규제정책

③ 재분배정책

④ 구성정책

15 정책결정의 유형 가운데 린드블럼(Lindblom)과 윌다브스키(Wildavsky) 등이 주장한 점증주의(Incrementalism)에 대한 설명으로 옳지 않은 것은?

① 합리적인 요소뿐만 아니라 직관과 통찰력 같은 초합리적 요소의 중요성을 강조한다.

② 기존의 정책에서 소폭의 변화를 조정하여 정책대안으로 결정한다.

③ 정책결정은 다양한 정치적 이해관계자들의 타협과 조정의 산물이다.

④ 정책의 목표와 수단은 뚜렷이 구분되지 않으므로 목표와 수단 사이의 관계 분석은 한계가 있다.

16 우리나라 정부의 예산편성 절차를 올바르게 나열한 것은?

> ㉠ 예산편성지침 통보   ㉡ 예산의 사정
> ㉢ 국무회의 심의와 대통령 승인   ㉣ 중기사업계획서 제출
> ㉤ 예산요구서 작성 및 제출

① ㉠ - ㉣ - ㉤ - ㉡ - ㉢

② ㉣ - ㉠ - ㉤ - ㉡ - ㉢

③ ㉠ - ㉤ - ㉣ - ㉢ - ㉡

④ ㉣ - ㉡ - ㉠ - ㉤ - ㉢

17 정부 내의 인적자원을 효율적으로 활용하기 위한 배치전환의 본질적인 용도와 가장 거리가 먼 것은?

① 선발에서의 불완전성을 보완하여 개인의 능력을 촉진한다.

② 조직 구조 변화에 따른 저항을 줄이고 비용을 절감한다.

③ 부서 간 업무 협조를 유도하고 구성원 간 갈등을 해소한다.

④ 징계의 대용이나 사임을 유도하는 수단으로 사용한다.

18 「지방자치법」상 광역자치단체의 사무에 대한 설명으로 옳지 않은 것은?

① 시·도와 시·군 및 자치구의 사무가 서로 경합하면 시·도에서 처리한다.

② 국가와 시·군 및 자치구 사이의 연락·조정 등의 사무는 시·도에서 처리한다.

③ 지역적 특성을 살리면서 시·도 단위로 통일성을 유지할 필요가 있는 사무는 시·도에서 처리한다.

④ 행정처리 결과가 2개 이상의 시·군 및 자치구에 미치는 광역적 사무는 시·도에서 처리한다.

19 역량평가제에 대한 설명 중 옳은 것만을 모두 고른 것은?

> ㉠ 일종의 사전적 검증장치로 단순한 근무실적 수준을 넘어 공무원에게 요구되는 해당 업무 수행을 위한 충분한 능력을 보유하고 있는지에 대한 평가를 목적으로 한다.
> ㉡ 근무실적과 직무수행능력을 대상으로 정기적으로 이루어지며 그 결과는 승진과 성과급 지급, 보직 관리 등에 활용된다.
> ㉢ 조직 구성원으로 하여금 조직 내외의 모든 사람과 원활한 인간관계를 증진시키려는 강한 동기를 부여함으로써 업무 수행의 효율성을 제고할 수 있다.
> ㉣ 다양한 평가기법을 활용하여 실제 업무와 유사한 모의 상황에서 나타나는 평가 대상자의 행동 특성을 다수의 평가자가 평가하는 체계이다.
> ㉤ 미래 행동에 대한 잠재력을 측정하는 것이며 성과에 대한 외부변수를 통제함으로써 객관적 평가가 가능하다.

① ㉠, ㉡, ㉢

② ㉠, ㉣, ㉤

③ ㉡, ㉢, ㉣

④ ㉢, ㉣, ㉤

20 주민에게 과도한 부담을 주거나 중대한 영향을 미치는 지방자치단체의 주요 결정사항으로서 그 지방자치단체의 조례로 정하는 사항은 주민투표에 부칠 수 있다. 이에 대한 설명으로 옳지 않은 것은?

① 지방자치단체장은 주민 또는 지방의회의 청구에 의하거나 직권에 의해 주민투표를 실시할 수 있다.

②「지방자치법」은 주민투표의 대상·발의자·발의요건, 그 밖의 투표 절차 등에 관한 사항은 따로 법률로 정하도록 규정하고 있다.

③ 지방자치단체장 및 지방의회는 주민투표 결과 확정된 사항에 대해 원칙적으로 2년 이내에는 이를 변경하거나 새로운 결정을 할 수 없다.

④ 주민투표에 부쳐진 사항은 주민투표권자 총수의 3분의 1 이상의 투표와 유효 투표수 3분의 2 이상의 득표로 확정된다.

☞ 정답 및 해설 P.4

1 「공무원임용시험령」상의 면접시험 평정요소가 아닌 것은?

① 공무원으로서의 정신자세   ② 직장인으로서의 대인관계능력

③ 전문지식과 그 응용능력   ④ 예의 · 품행 및 성실성

2 경영과 구분되는 행정의 속성이라고 보기 어려운 것은?

① 행정은 사익이 아닌 공익을 우선적으로 추구한다.

② 행정은 모든 시민을 평등하게 대우하여야 한다.

③ 행정조직 구성원은 원칙상 법령에 의해 신분이 보장된다.

④ 행정은 효과적인 업무수행을 위해 관리성이 강조된다.

3 예산 관련 제도들 중 나머지 셋과 성격이 다른 것은?

① 예비비와 총액계상예산   ② 이월과 계속비

③ 이용과 전용   ④ 배정과 재배정

4 정책결정모형 중에서 점증모형을 주장하는 논리적 근거로 적절하지 않은 것은?

① 정치적 실현 가능성   ② 정책 쇄신성

③ 매몰비용   ④ 제한적 합리성

5 2014년 현재 우리나라와 같은 유형의 중앙인사기관이 갖는 특성으로 적절한 것은?

① 인사에 대한 의사결정이 신속하고, 책임소재의 명확화가 가능한 유형이다.

② 행정수반의 적극적인 지원을 받고 있어 인사상의 공정성 확보가 용이하다.

③ 복수 위원들 간의 합의에 의한 결정방식을 특징으로 한다.

④ '1883년 펜들턴(Pendleton)법'에 의해 창설된 미국의 연방인사기구가 이 유형에 속한다.

6 정책의제설정과 관련된 이론과 설명이 바르게 연결된 것은?

A. 사이먼(H. Simon)의 의사결정론 B. 체제이론

C. 다원주의론 D. 무의사결정론

㉠ 조직의 주의 집중력은 한계가 있어 일부의 사회문제만이 정책의제로 선택된다.

㉡ 문지기(gate-keeper)가 선호하는 문제가 정책의제로 채택된다.

㉢ 이익집단들이나 일반 대중이 정책의제설정에 상당한 영향력을 행사한다.

㉣ 대중에 대한 억압과 통제를 통해 엘리트들에게 유리한 이슈만 정책의제로 설정된다.

	A	B	C	D		A	B	C	D
①	㉠	㉡	㉢	㉣	②	㉠	㉢	㉡	㉣
③	㉣	㉡	㉢	㉠	④	㉣	㉢	㉡	㉠

7 예산결정에 대한 공공선택론적 관점의 설명으로 옳은 것은?

① 본질적 문제해결보다는 보수적 방식을 통해 예산의 정치적 합리성이 제고될 수 있다.

② 니스카넨(W. Niskanen)에 의하면 예산결정에 있어 관료의 최적수준은 정치인의 최적수준보다 낮다.

③ 정치인과 관료들은 개인효용함수에 따라 권력이나 예산규모의 극대화를 추구한다.

④ 재원배분 형태는 장기 균형과 역사적 상황에 따른 단기의 급격한 변화를 반복한다.

8 우리나라 지방자치단체의 사무구분에 대한 설명으로 옳은 것은?

① 자치사무와 단체위임사무는 자치단체가 전액 경비를 부담하며, 기관위임사무는 원칙적으로 자치단체와 위임기관이 공동으로 부담한다.

② 단체위임사무는 법령에 의해 하급 자치단체장에게 위임된 사무이며, 기관위임사무는 법령에 의해 국가 또는 다른 자치단체로부터 위임된 사무이다.

③ 자치사무와 단체위임사무의 처리를 위해 자치단체는 조례를 제정하는 것이 가능한데, 기관위임사무는 원칙적으로 조례제정 대상이 아니다.

④ 자치사무는 지방의회의 관여(의결, 사무감사 및 사무조사)대상이지만, 단체위임사무와 기관위임사무는 관여 대상이 아니다.

9 조직구성원들의 동기이론에 대한 설명 중 옳은 것만을 모두 고르면?

> ㉠ ERG이론 : 앨더퍼(C. Alderfer)는 욕구를 존재욕구, 관계욕구, 성장욕구로 구분한 후 상위욕구와 하위욕구 간에 '좌절 – 퇴행' 관계를 주장하였다.
> ㉡ X·Y이론 : 맥그리거(D. McGregor)의 X이론은 매슬로우(A. Maslow)가 주장했던 욕구계층 중에서 주로 상위욕구를, Y이론은 주로 하위욕구를 중요시하였다.
> ㉢ 형평이론 : 아담스(J. Adams)는 자기의 노력과 그 결과로 얻어지는 보상을 준거인물과 비교하여 공정하다고 인식할 때 동기가 유발된다고 주장하였다.
> ㉣ 기대이론 : 브룸(V. Vroom)은 보상에 대한 매력성, 결과에 따른 보상, 그리고 결과발생에 대한 기대감에 의해 동기유발의 강도가 좌우된다고 보았다.

① ㉠㉢ ② ㉠㉣

③ ㉡㉢ ④ ㉢㉣

10 정책결정요인론 중 도슨과 로빈슨(R. Dawson & J. Robinson)이 주장한 '경제적 자원모형'의 내용으로 옳지 않은 것은?

① 소득, 인구 등의 사회·경제적 요인이 정책내용을 결정한다.

② 정치적 변수는 정책에 단독으로 영향을 미치지 못한다.

③ 정치체제는 환경변수와 정책내용 간의 매개변수가 아니다.

④ 사회경제적 변수, 정치체제, 정책은 순차적 관계에 있다.

11 경합성과 배제성을 고려할 때 공공재(public goods)에 가장 가까운 것은?

① 국립도서관   ② 고속도로

③ 등대   ④ 올림픽 주경기장

12 관료제의 여러 병리현상 중 '과잉동조'에 대한 설명으로 옳은 것은?

① 목표 달성을 위해 마련된 규정이나 절차에 집착함으로써 결국 수단이 목표를 압도해버리는 현상

② 세분화된 특정 업무에서는 전문적인 능력이 있지만 그 밖의 업무에 대해서는 문외한이 되는 현상

③ 다양한 외부 환경의 변화에 둔감하고 조직목표의 혁신에 적극적으로 저항하는 현상

④ 자신이 소속된 기관이나 부서만을 생각하고 다른 기관이나 부서를 배려하지 않는 현상

13 우리나라의 행정정보공개제도에 대한 설명으로 옳지 않은 것은?

① 국정에 대한 국민의 참여와 국정 운영의 투명성 확보를 목적으로 한다.

② 중앙행정기관의 경우 전자적 형태의 정보 중 공개대상으로 분류된 정보는 공개청구가 없더라도 공개하여야 한다.

③ 정보의 공개 및 우송 등에 드는 비용은 실비 범위에서 청구인이 부담한다.

④ 정보공개 청구는 말로써도 할 수 있으나 외국인은 청구할 수 없다.

14 조직이론에 대한 설명 중 옳지 않은 것은?

① 고전적 조직이론에서는 조직 내부의 효율성과 합리성이 중요한 논의 대상이었다.

② 신고전적 조직이론은 인간에 대한 관심을 불러 일으켰고 조직행태론 연구의 출발점이 되었다.

③ 신고전적 조직이론은 인간의 조직 내 사회적 관계와 더불어 조직과 환경의 관계를 중점적으로 다루었다.

④ 현대적 조직이론은 동태적이고 유기체적인 조직을 상정하며 조직발전(OD)을 중시해 왔다.

15 전자정부 구현에 따른 기대효용으로 거리가 먼 것은?

① 정보의 공개와 상호작용을 통한 행정의 신뢰성 확보

② 정보의 집중화를 통한 신속하고 집권적인 정책결정

③ 정보통신 기술을 활용한 업무 효율성 제고

④ 정부 정보에 대한 시민의 접근성 강화

16 우리나라의 중앙정부와 지방자치단체 간의 관계에 대한 설명으로 옳지 않은 것은?

① 보충성의 원칙에 따라 중앙정부가 처리하기 곤란한 사무는 지방자치단체가 보충적으로 처리해야 한다.

② 자치권은 법적 실체 간의 권한배분관계에서 배태된 개념으로 중앙정부가 분권화시킨 결과이다.

③ 적절한 재원 조치 없는 사무의 지방이양은 자치권을 오히려 제약하는 문제를 야기한다.

④ 사무처리에 필요한 법규를 자율적으로 제정할 수 있는 자치입법권에 대해 제약적인 규정을 두고 있다.

17 엽관주의와 실적주의에 대한 설명으로 옳은 것만을 모두 고르면?

> ㉠ 엽관주의는 실적 이외의 요인을 고려하여 임용하는 방식으로 정치적 요인, 혈연, 지연 등이 포함된다.
>
> ㉡ 엽관주의는 정실임용에 기초하고 있기 때문에 초기부터 민주주의의 실천원리와는 거리가 멀었다.
>
> ㉢ 엽관주의는 정치지도자의 국정지도력을 강화함으로써 공공정책의 실현을 용이하게 해 준다.
>
> ㉣ 실적주의는 정치적 중립에 집착하여 인사행정을 소극화·형식화시켰다.
>
> ㉤ 실적주의는 국민에 대한 관료의 대응성을 높일 수 있다는 장점이 있다.

① ㉠㉢

② ㉡㉣

③ ㉡㉤

④ ㉢㉣

18 정책문제의 구조화기법과 설명이 바르게 연결된 것은?

> A. 경계분석(boundary analysis)　　　　B. 가정분석(assumption analysis)
>
> C. 계층분석(hierarchy analysis)　　　　D. 분류분석(classification analysis)

> ㉠ 정책문제와 관련된 여러 구조화되지 않은 가설들을 창의적으로 통합하기 위해 사용하는 기법으로 이전에 건의된 정책부터 분석한다.
>
> ㉡ 간접적이고 불확실한 원인으로부터 차츰 확실한 원인을 차례로 확인해 나가는 기법으로 인과관계 파악을 주된 목적으로 한다.
>
> ㉢ 정책문제의 존속기간 및 형성과정을 파악하기 위해 사용하는 기법으로 포화표본추출(saturation sampling)을 통해 관련 이해당사자를 선정한다.
>
> ㉣ 문제상황을 정의하기 위해 당면문제를 그 구성요소들로 분해하는 기법으로 논리적 추론을 통해 추상적인 정책문제를 구체적인 요소들로 구분한다.

	A	B	C	D		A	B	C	D
①	㉢	㉡	㉠	㉣	②	㉢	㉡	㉣	㉠
③	㉠	㉢	㉡	㉣	④	㉠	㉢	㉣	㉡

19 기획재정부에서 국가재정규모를 파악할 때 사용하는 '중앙정부 총지출' 산출방식으로 옳은 것은?

① 일반회계 + 특별회계 + 기금

② 일반회계 + 특별회계 + 기금 − 내부거래

③ 경상지출 + 자본지출 + 융자지출

④ 경상지출 + 자본지출 + 융자지출 − 융자회수

20 정부규제(행정규제)에 대한 설명으로 옳은 것만을 모두 고르면?

> ㉠ 정부규제는 파생적 외부효과를 해결한다는 장점이 있다.
> ㉡ 경제적 규제에서는 피규제산업에 의한 규제기관의 포획현상이 나타날 수 있다.
> ㉢ 리플리와 프랭클린(R. Ripley & G. Franklin)은 규제정책의 유형을 경쟁적 규제와 보호적 규제로 구분하였다.
> ㉣ 시장유인적 규제는 규제효과를 담보할 수 있다는 장점이 있으나 기업에 불필요한 비용부담을 주는 단점이 있다.

① ㉠㉡

② ㉡㉢

③ ㉡㉣

④ ㉢㉣

1 정책평가의 내적 타당성을 저해하는 요인들 중 외재적 요인은?

① 선발요인

② 역사요인

③ 측정요인

④ 도구요인

2 베버(Weber)의 관료제 모형을 설명한 것으로 옳지 않은 것은?

① 조직이 바탕으로 삼는 권한의 유형을 전통적 권한, 카리스마적 권한, 법적·합리적 권한으로 나누었다.

② 직위의 권한과 관할범위는 법규에 의하여 규정된다.

③ 인간적 또는 비공식적 요인의 중요성을 간과하였다.

④ 관료제의 긍정적인 측면으로 목표대치 현상을 강조하였다.

3 로위(Lowi)의 정책분류와 그 특징을 연결한 것 중 옳지 않은 것은?

① 배분정책 – 재화와 서비스를 사회의 특정 부분에 배분하는 정책으로 수혜자와 비용부담자 간 갈등이 발생한다.

② 규제정책 – 특정 개인이나 집단에 대한 선택의 자유를 제한하는 유형의 정책으로 정책불응자에게는 강제력을 행사한다.

③ 재분배정책 – 고소득층으로부터 저소득층으로의 소득이전을 목적으로 하기 때문에 계급대립적 성격을 지닌다.

④ 구성정책 – 정부기관의 신설과 선거구 조정 등과 같이 정부기구의 구성 및 조정과 관련된 정책이다.

4 큰 정부론과 작은 정부론의 논쟁에 대한 설명으로 옳지 않은 것은?

① 작은 정부론은 민영화의 확대를 주장하지만, 또다른 시장실패를 유발할 수 있다는 점에서 네트워크 거버넌스의 필요성이 제기되기도 한다.

② 공공재는 시장에서 적절하게 제공되지 못하므로 정부가 제공해야 한다는 주장은 시장에 대한 정부의 개입을 강조한다.

③ 작은 정부론은 정부의 개입이 초래하는 대표적 정부실패의 사례로 독점으로 인해 발생하는 X−비효율성을 제시한다.

④ 큰 정부론자는 "비용과 편익이 괴리되어 시장실패가 발생하는 경우, 정부가 시장에 개입해야 한다"라고 주장한다.

5 다음 중 신공공관리론자들이 지향하는 가치와 거리가 먼 것을 모두 고른 것은?

> ㉠ 하이예크의 「노예에로의 길」
> ㉡ 미국의 '위대한 사회(The Great Society)' 정책
> ㉢ 성과에 의한 관리
> ㉣ 오스본과 게블러의 「정부 재창조」
> ㉤ 유럽식의 '최대의 봉사자가 최선의 정부'

① ㉠㉡
② ㉠㉢
③ ㉡㉣
④ ㉢㉤

6 우리나라 특별회계에 대한 설명으로 옳지 않은 것은?

① 예산 단일성과 예산 통일성 원칙에 대한 예외이다.

② 일반회계와 구분해 경리할 필요가 있을 때 설치하므로, 일반회계로부터의 전입은 금지된다.

③ 정부가 "2014년 세출예산은 약 367.5조원이다"라고 발표했다면, 여기에는 특별회계 지출이 포함된 규모이다.

④ 2014년 현재 정부기업 특별회계로는 '양곡관리', '조달' 등이 운영되고 있다.

7 다음은 윌슨(Wilson)의 규제정치 유형에 대한 설명이다. 각 유형별 사례를 바르게 짝지은 것은?

> ㉠ 정부규제로 인해 발생되는 비용은 상대적으로 이질적인 불특정 다수집단에 부담되나, 그 편익은 매우 크며 동질적인 소수집단에게 귀속되는 상황
>
> ㉡ 정부규제로 인해 감지된 비용과 편익이 쌍방 모두 이질적인 불특정 다수에게 미치기 때문에, 개개인으로 보면 그 크기가 작은 상황
>
> ㉢ 규제로부터 예상되는 비용과 편익이 모두 소수의 동질적인 집단에 국한되고, 쌍방이 모두 조직적인 힘을 바탕으로 이익 확보를 위해 첨예하게 대립하는 상황
>
> ㉣ 피규제 집단에게는 비용이 좁게 집중되지만, 규제로 인한 편익이 일반시민을 포함하여 넓게 분포되는 상황

	㉠	㉡	㉢	㉣
①	수입규제	음란물규제	한약규제	원자력발전규제
②	원자력발전규제	수입규제	한약규제	음란물규제
③	한약규제	원자력발전규제	수입규제	음란물규제
④	수입규제	한약규제	음란물규제	원자력발전규제

8 정책결정모형에 관한 설명으로 옳은 것은?

① 합리 모형 - 일반적으로 인간의 제한된 분석 능력을 보완할 수 있는 기능을 포함한다.

② 점증 모형 - 정책결정과정에서 정치적 합리성보다 경제적 합리성을 더욱 중요시한다.

③ 사이버네틱스 모형 - 습관적인 의사결정을 설명하는 데 유용하며, 반복적인 의사결정과정의 수정이 환류된다.

④ 쓰레기통 모형 - 위계적인 조직구조의 의사결정과정에 적용되며, 정책갈등 상황 해결에 유용하다.

9 정책평가방법에 대한 설명으로 옳지 않은 것은?

① 진실험설계는 정책을 집행하는 실험집단과 집행하지 않는 통제집단을 구성하되, 두 집단이 동질적인 집단이 되도록 한다.

② 정책의 실험과정에서 실험대상자와 통제대상자들이 서로 접촉하는 경우에는, 모방효과가 나타날 수 있다.

③ 준실험설계는 짝짓기(matching) 방법으로 실험집단과 통제집단을 구성하여 정책영향을 평가하거나, 시계열적인 방법으로 정책영향을 평가한다.

④ 준실험설계는 자연과학 실험과 같이 대상자들을 격리시켜 실험하기 때문에, 호손효과(Hawthorne effects)를 강화시킨다.

10 다음 중 동기부여에 대한 과정이론만을 모두 고른 것은?

> ㉠ 애덤스(Adams)의 형평성이론
> ㉡ 브룸(Vroom)의 기대이론
> ㉢ 매클리랜드(McClelland)의 성취동기이론
> ㉣ 로크(Locke)의 목표설정이론

① ㉠㉡ ② ㉠㉡㉣
③ ㉡㉢㉣ ④ ㉢㉣

11 대표관료제에 대한 설명으로 적절하지 않은 것은?

① 국민의 다양한 요구에 대한 정부의 대응성을 향상시킬 수 있다.

② 현대 인사행정의 기본 원칙인 실적주의를 강화시킨다.

③ 정부 관료의 충원에 있어서 다양한 집단을 참여시킴으로써, 정부 관료제의 민주화에 기여할 수 있다.

④ 장애인채용목표제는 대표관료제의 일종이다.

12 인사행정제도에 관한 설명 중 적절하지 않은 것은?

① 엽관주의는 정당에의 충성도와 공헌도를 관직 임용의 기준으로 삼는 제도이다.

② 엽관주의는 국민의 요구에 대한 관료적 대응성을 확보하기 어렵다는 단점을 갖는다.

③ 행정국가 현상의 등장은 실적주의 수립의 환경적 기반을 제공하였다.

④ 직업공무원제는 계급제와 폐쇄형 공무원제, 그리고 일반행정가주의를 지향한다.

13 전통적 행정관리와 비교한 새로운 지식행정관리의 특징으로 보기 어려운 것은?

① 공유를 통한 지식가치 향상 및 확대 재생산

② 지식의 조직 공동재산화

③ 계층제적 조직 기반

④ 구성원의 전문가적 자질 향상

14 균형성과표(BSC)의 성과지표에 대한 설명 중 옳지 않은 것은?

① 고객 관점에서의 성과지표에는 고객만족도, 정책순응도, 민원인의 불만율, 신규 고객의 증감 등이 있다.

② 내부 프로세스 관점의 성과지표에는 의사결정 과정의 시민참여, 적법적 절차, 커뮤니케이션 구조 등이 있다.

③ 재무적 관점의 성과지표는 전통적인 선행지표로서 매출, 자본 수익률, 예산 대비 차이 등이 있다.

④ 학습과 성장 관점의 성과지표에는 학습동아리 수, 내부 제안 건수, 직무만족도 등이 있다.

15 매트릭스(matrix) 조직구조의 특징으로 옳지 않은 것은?

① 잦은 대면과 회의를 통해 과업조정이 이루어지기 때문에 신속한 결정이 가능하다.

② 구성원들은 다양한 경험을 통해 전문기술을 개발하면서, 넓은 시야와 목표관을 가질 수 있다.

③ 급변하는 환경변화에 탄력적으로 대응할 수 있다.

④ 경직화되어 가는 대규모 관료제 조직에 융통성을 부여해 줄 수 있다.

16 다음 괄호 안에 들어갈 내용으로 바르게 짝지어진 것은?

> 정부회계의 '발생주의'는 정부의 수입을 (㉠) 시점으로, 정부의 지출을 (㉡) 시점으로 계산하는 방식을 의미한다.

	㉠	㉡
①	현금수취	현금지불
②	현금수취	지출원인행위
③	납세고지	현금지불
④	납세고지	지출원인행위

17 우리나라의 재정정책 관련 예산제도에 대한 설명으로 옳은 것은?

① 지출통제예산은 구체적 항목별 지출에 대한 집행부의 재량 행위를 통제하기 위한 예산이다.

② 우리나라의 통합재정수지에 지방정부예산은 포함되지 않는다.

③ 우리나라의 통합재정수지에서는 융자지출을 재정수지의 흑자 요인으로 간주한다.

④ 조세지출예산제도는 국회 차원에서 조세감면의 내역을 통제하고 정책효과를 판단하기 위한 제도이다.

18 '고위공무원단'에 대한 설명으로 옳지 않은 것은?

① 우리나라에서 '고위공무원'이 되기 위해서는 '고위공무원 후보자과정'을 이수해야 하고, '역량평가'를 통과해야 한다.

② 미국의 '고위공무원단' 제도에는 엽관주의적 요소가 혼재되어 있다.

③ 우리나라의 경우 이명박 정부 시기인 2008년 7월 1일에 '고위공무원단' 제도를 도입하였다.

④ 미국에서는 '고위공무원단' 제도를 카터 행정부 시기인 1978년에 공무원제도개혁법 개정으로 도입하였다.

19 지방자치단체의 조례에 관한 설명으로 옳은 것을 모두 고른 것은?

> ⊙ 지방자치단체의 장은 법령이나 조례가 위임한 범위에서 그 권한에 속하는 사무에 관하여 규칙을 제정할 수 있다.
> ⓛ 지방의회에서 의결된 조례안은 10일 이내에 지방자치단체의 장에게 이송되어야 한다.
> ⓒ 재의요구를 받은 조례안은 재적의원 과반수의 출석과 출석의원 과반수의 찬성으로 재의요구를 받기 전과 같이 의결되면, 조례로 확정된다.
> ② 지방자치단체의 장은 재의결된 조례가 법령에 위반된다고 판단되면 재의결된 날부터 20일 이내에 대법원에 제소할 수 있다.

① ㉠ⓛ   ② ⓛ②

③ ㉠②   ④ ⓒ②

20 「지방자치법」상 지방자치단체에 대한 국가의 지도·감독에 대한 설명으로 옳지 않은 것은?

① 중앙행정기관의 장이나 시·도지사는 지방자치단체의 사무에 관하여 조언 또는 권고하거나 지도할 수 있으며, 이를 위하여 필요하면 지방자치단체에 자료의 제출을 요구할 수 있다.

② 지방자치단체의 자치사무에 관한 그 장의 명령이나 처분이 법령에 위반되거나 현저히 부당하여 공익을 해친다고 인정되면 시·도에 대하여는 주무부장관이, 시·군 및 자치구에 대하여는 시·도지사가 기간을 정하여 서면으로 시정할 것을 명하고, 그 기간에 이행하지 아니하면 이를 취소하거나 정지할 수 있다.

③ 지방자치단체의 장이 법령의 규정에 따라 그 의무에 속하는 국가위임사무나 시·도위임사무의 관리와 집행을 명백히 게을리 하고 있다고 인정되면 시·도에 대하여는 주무부장관이, 시·군 및 자치구에 대하여는 시·도지사가 기간을 정하여 서면으로 이행할 사항을 명령할 수 있다.

④ 안전행정부장관이나 시·도지사는 지방자치단체의 자치사무에 관하여 보고를 받거나 서류·장부 또는 회계를 감사할 수 있다.

☞ 정답 및 해설 P.7

1 정책의제의 설정에 영향을 미치는 요인에 대한 설명으로 옳지 않은 것은?

① 일상화된 정책문제보다는 새로운 문제가 보다 쉽게 정책의제화된다.

② 정책 이해관계자가 넓게 분포하고 조직화 정도가 낮은 경우에는 정책의제화가 상당히 어렵다.

③ 사회 이슈와 관련된 행위자가 많고, 이 문제를 해결하기 위한 정책의 영향이 많은 집단에 영향을 미치거나 정책으로 인한 영향이 중요한 것일 경우 상대적으로 쉽게 정책의제화된다.

④ 국민의 관심 집결도가 높거나 특정 사회 이슈에 대해 정치인의 관심이 큰 경우에는 정책의제화가 쉽게 진행된다.

⑤ 정책문제가 상대적으로 쉽게 해결될 것으로 인지되는 경우에는 쉽게 정책의제화 된다.

2 사이어트(R. Cyert)와 마치(J. March)가 주장한 회사모형(Firm model)의 내용이 아닌 것은?

① 조직의 전체적 목표 달성의 극대화를 위하여 장기적 비전과 전략을 수립·집행한다.

② 조직 내 갈등의 완전한 해결은 불가능하며 타협적 준해결에 불과하다.

③ 정책결정능력의 한계로 인하여 관심이 가는 문제 중심으로 대안을 탐색한다.

④ 조직은 반복적인 의사결정의 경험을 통하여 결정의 수준이 개선되고 목표달성도가 높아진다.

⑤ 표준운영절차(SOP : Standard Operation Procedure)를 적극적으로 활용한다.

3 Cook과 Cambell이 분류한 정책타당도에 대한 설명으로 옳지 않은 것은?

① 내적 타당도는 정책수단과 정책효과 사이의 인과관계를 파악할 수 있게 한다.

② 외적 타당도는 정책이 다른 상황에서도 실험에서 발견된 효과들이 그대로 나타날 수 있는가이다.

③ 구성타당도(개념적 타당도)란 처리, 결과, 상황 등에 대한 이론적 구성요소들이 성공적으로 조작화된 정도를 말한다.

④ 결론타당도(통계적 타당도)란 정책실시와 영향의 관계에서 정확도를 의미한다.

⑤ 크리밍(creaming) 효과, 호오손(Hawthorne) 효과는 내적 타당도를 저해하는 요인이다.

4 성과의 측정은 투입(input)지표, 산출(output)지표, 성과(outcome)지표, 영향(impact)지표 등을 통하여 이루어진다. 아래의 사례에서 성과지표에 해당하는 것은?

> 고용노동부에서는 2013년도에 10억 원의 예산을 투입하여 강사 50명을 채용하고, 200명의 교육생에게 연 300시간의 직업교육을 실시하였다. 교육 이수 후 200명 중에서 50명이 취업하였으며, 이를 통하여 국가경쟁력이 3% 제고되었다.

① 10억 원의 예산

② 200명의 교육생

③ 연 300시간의 교육

④ 50명의 취업

⑤ 3%의 국가경쟁력 제고

5 정부의 역할에 대한 입장을 바르게 설명하는 것만 모두 고른 것은?

> ㉠ 진보주의 정부관에 따르면, 정부에 대한 불신이 강하고 정부실패를 우려한다.
> ㉡ 공공선택론의 입장은 정부를 공공재의 생산자로 규정하고, 대규모 관료제에 의한 행정의 효율성을 높이는 것이 중요하다고 본다.
> ㉢ 보수주의 정부관은 자유방임적 자본주의를 옹호한다.
> ㉣ 신공공서비스론 입장에 따르면, 정부의 역할은 시민들로 하여금 공유된 가치를 창출하고 충족시킬 수 있도록 봉사하는 데 있다.
> ㉤ 행정국가 시대에는 최대의 봉사가 최선의 정부로 받아들여졌다.

① ㉠㉡㉢
② ㉡㉢㉣
③ ㉢㉣㉤
④ ㉠㉣㉤
⑤ ㉠㉡㉤

6 롤스(J. Rawls)의 사회 정의의 원리와 거리가 먼 것은?

① 원초상태(original position) 하에서 합의되는 일련의 법칙이 곧 사회정의의 원칙으로서 계약 당사자들의 사회협동체를 규제하게 된다.

② 정의의 제1원리는 기본적 자유의 평등원리로서, 모든 사람은 다른 사람의 유사한 자유와 상충되지 않는 한도내에서 최대한의 기본적 자유에의 평등한 권리를 인정하는 것이다.

③ 정의의 제2원리의 하나인 차등 원리(difference principle)는 가장 불우한 사람들의 편익을 최대화해야 한다는 원리이다.

④ 정의의 제2원리의 하나인 기회 균등의 원리는, 사회·경제적 불평등은 그 모체가 되는 모든 직무와 지위에 대한 기회 균등이 공정하게 이루어진 조건 하에서 직무나 지위에 부수해 존재해야 한다는 원리이다.

⑤ 정의의 제1원리가 제2원리에 우선하고, 제2원리 중에서는 차등원리가 기회균등의 원리에 우선되어야 한다.

7 정부는 공공서비스를 효율적으로 공급하기 위한 방법의 하나로서 민간위탁 방법을 사용하기도 하는데, 민간위탁 방식에 해당하지 않는 것은?

① 면허 방식

② 이용권(바우처) 방식

③ 보조금 방식

④ 책임경영 방식

⑤ 자조활동 방식

8 A사업을 집행하기 위하여 소요된 총비용은 80억 원이고, 1년 후의 예상총편익은 120억 원일 경우에, 내부수익률은 얼마인가?

① 67%

② 50%

③ 40%

④ 25%

⑤ 20%

9 국무총리 직속의 위원회가 아닌 것은?

① 공정거래위원회

② 금융위원회

③ 국민권익위원회

④ 원자력안전위원회

⑤ 방송통신위원회

10 예산성과금에 대한 설명으로 옳지 않은 것은?

① 각 중앙관서의 장은 예산낭비신고센터를 설치·운영하여야 한다.

② 각 중앙관서의 장은 예산의 집행방법 또는 제도의 개선 등으로 인하여 수입이 증대되거나 지출이 절약된 때에는 이에 기여한 자에게 성과금을 지급할 수 있다.

③ 각 중앙관서의 장은 직권으로 성과금을 지급하거나 절약된 예산을 다른 사업에 사용할 수 있다.

④ 예산낭비신고, 예산절감과 관련된 제안을 받은 중앙관서의 장 또는 기금관리주체는 그 처리결과를 신고 또는 제안을 한 자에게 통지하여야 한다.

⑤ 예산 낭비를 신고하거나 예산 낭비 방지방안을 제안한 일반 국민도 성과금을 받을 수 있다.

11 중앙행정기관의 장과 지방자치단체의 장이 사무를 처리할 때 의견을 달리하는 경우 이를 협의·조정하기 위하여 설치하는 기구는?

① 행정협의조정위원회   ② 중앙분쟁조정위원회

③ 지방분쟁조정위원회   ④ 행정협의회

⑤ 갈등조정협의회

12 정부 각 기관에 배정될 예산의 지출한도액은 중앙예산기관과 행정수반이 결정하고 각 기관의 장에게는 그러한 지출한도액의 범위 내에서 자율적으로 목표달성 방법을 결정하는 자율권을 부여하는 예산관리모형은 무엇인가?

① 총액배분 자율편성예산제도   ② 목표관리 예산제도

③ 성과주의 예산제도   ④ 결과기준 예산제도

⑤ 계획예산제도

13 우리나라에서 정부개혁의 일환으로서 추진하고 있는 정부 3.0의 내용을 잘못 설명하고 있는 것은?

① 정부내 칸막이 해소에 역점을 둔다.

② 빅데이터를 이용한 개인정보의 유출을 방지하는 데 역점을 둔다.

③ 온라인 민관협업공간을 구축하는 데 역점을 둔다.

④ 공공데이터의 민간활용 활성화에 역점을 둔다.

⑤ 개인별 맞춤정보 제공에 역점을 둔다.

14 특별지방행정기관에 대한 설명으로 옳은 것은?

① 국가적 통일성보다는 지역의 특수성을 중요시하여 설치한다.

② 지방자치의 발전에 기여한다.

③ 지방자치단체와 명확한 역할배분이 이루어져 행정의 효율성을 높일 수 있다.

④ 지역별 책임행정을 강화할 수 있다.

⑤ 주민들의 직접 통제와 참여가 용이하지 않다.

15 서울특별시에서 확보할 수 있는 자주재원으로 볼 수 없는 것은?

① 주민세　　　　　　　　　　　② 담배소비세

③ 상속세　　　　　　　　　　　④ 취득세

⑤ 자동차세

16 조직구성원의 인간관에 따른 조직관리와 동기부여에 관한 이론들로서 바르게 설명한 것을 모두 고른 것은?

> ㉠ 허즈버그의 욕구충족요인 이원론에 의하면, 불만요인을 제거해야 조직원의 만족감을 높이고 동기가
> 유발된다는 것이다.
> ㉡ 로크의 목표설정이론에 의하면, 동기유발을 위해서는 구체성이 높고 난이도가 높은 목표가 채택되
> 어야 한다는 것이다.
> ㉢ 합리적·경제적 인간관은 테일러의 과학적 관리론, 맥그리거의 X이론, 아지리스의 미성숙인 이론의
> 기반을 이룬다.
> ㉣ 자아실현적 인간관은 호손실험을 바탕으로 해서 비공식적집단의 중요성을 강조하며, 자율적으로 문
> 제를 해결하도록 한다.

① ㉠㉡㉢㉣　　　　　　　　　　② ㉠㉡㉢

③ ㉠㉡㉣　　　　　　　　　　　④ ㉡㉢

⑤ ㉢㉣

17 「공공기관의 운영에 관한 법률」에 따른 기관유형과 그 사례가 바르게 연결된 것은?

① 시장형 공기업 – 한국조폐공사

② 준시장형 공기업 – 한국마사회

③ 기금관리형 준정부기관 – 한국농어촌공사

④ 위탁집행형 준정부기관 – 국민연금공단

⑤ 기타공공기관 – 한국연구재단

18 개방형 인사관리에 관한 설명으로 틀린 것은?

① 충원된 전문가들이 관료집단에서 중요한 역할을 수행하게 된다.

② 개방형은 승진기회의 제약으로, 직무의 폐지는 대개 퇴직으로 이어진다.

③ 정치적 리더십의 요구에 따른 고위층의 조직장악력의 약화를 초래한다.

④ 공직의 침체, 무사안일주의 등 관료제의 병리를 억제한다.

⑤ 민간부문과의 인사교류로 적극적 인사행정이 가능하다.

19 근무성적평정 오차 중 사람에 대한 경직적 편견이나 고정관념 때문에 발생하는 오차는?

① 상동적 오차(error of stereotyping)

② 연속화의 오차(error of hallo effect)

③ 관대화의 오차(error of leniency)

④ 규칙적 오차(systematic error)

⑤ 시간적 오차(recency error)

20 「국가재정법」상 정부가 국회에 제출하는 예산안에 첨부하여야 하는 서류가 아닌 것은?

① 세입세출예산 총계표 및 순계표

② 세입세출예산사업별 설명서

③ 국고채무부담행위 설명서

④ 예산정원표와 예산안편성기준단가

⑤ 국가채무관리계획

1 다음 설명에 해당하는 정책결정모형은?

> • 정책결정은 부분적, 순차적으로 이루어진다.
> • 집단의 합의를 중시하는 특징이 있다.
> • 정책을 축소하거나 종결하기 어렵다.

① 합리모형 ② 최적모형

③ 점증모형 ④ 만족모형

2 주민의 참여가 확대됨으로써 예상되는 긍정적 기능에 해당하지 않는 것은?

① 정책집행의 순응성 제고

② 정책의 민주성과 정당성 증대

③ 시민의 역량과 자질 증대

④ 행정적 비용의 감소

3 신제도주의에 대한 설명으로 옳은 것은?

① 비공식적인 제도나 규범도 넓은 의미에서 '제도'로 규정한다.

② 행태주의적 접근방법을 지지한다.

③ 역사적 신제도주의는 분석수준 면에서 방법론적 개체주의의 입장을 취한다.

④ 사회학적 신제도주의는 다양한 요인들이 결합되는 역사적 우연성과 맥락을 중시한다.

4 전통적인 관료제 정부와 기업가적 정부에 대한 설명으로 옳은 것은?

① 행정의 가치적 측면에서 기업가적 정부는 형평성과 민주성을 추구한다.

② 행정관리 기제에 있어서 기업가적 정부는 임무 중심 관리를 추구한다.

③ 행정관리 방식에 있어서 전통적인 관료제 정부는 예측과 예방을 중시한다.

④ 공공서비스를 제공함에 있어서 전통적인 관료제 정부는 민영화 방식의 도입을 추진한다.

5 「정부업무평가 기본법」상 정부업무 평가제도에 대한 설명으로 옳지 않은 것은?

① 중앙행정기관의 장은 그 소속기관의 정책 등을 포함하여 자체평가를 실시하여야 한다.

② 지방자치단체의 자체평가위원회는 공정성과 객관성을 담보하기 위하여 2분의 1 이상의 민간위원으로 구성되어야 한다.

③ 지방자치단체가 위임받은 국가사무에 대해 행정자치부장관이 관계중앙행정기관의 장과 합동평가를 실시할 수 있다.

④ 공공기관의 경우 기관의 특수성과 전문성을 고려하고 평가의 객관성 및 공정성을 확보하기 위하여 공공기관 외부의 기관이 평가하여야 한다.

6 신공공서비스론의 기본원칙에 대한 설명으로 옳지 않은 것은?

① 관료역할의 중요성은 시민들로 하여금 그들의 공유된 가치를 표명하고 그것을 충족시킬 수 있도록 도와주는 데 있다.

② 관료들은 시장에만 주의를 기울여서는 안 되며 헌법과 법령, 지역사회의 가치, 시민의 이익에도 관심을 기울여야 한다.

③ 예산지출 위주의 정부 운영 방식에서 탈피하여 수입 확보의 개념을 활성화하는 것이 필요하다.

④ 공공의 욕구를 충족시키기 위한 정책은 집합적 노력과 협력적 과정을 통해 효과적으로 달성될 수 있다.

7 쓰레기통 모형에 대한 설명으로 옳지 않은 것은?

① 명확하지 않은 인과관계를 토대로 해결책이 제시되는 경우가 많다.

② 이해관계자들의 지속적인 의사결정 참여가 어렵다.

③ 목표나 평가기준이 명확하지 않은 경우가 많다.

④ 현실 적합성이 낮아 이론적으로만 설명이 가능한 모형이다.

8 조직 구조 형태의 하나인 복합구조(matrix structure)가 유용하게 쓰일 수 있는 조건에 해당하지 않는 것은?

① 조직의 규모가 너무 크거나 너무 작지 않은 중간 정도의 크기일 것

② 기술적 전문성이 높고 산출의 변동도 빈번해야 한다는 이원적 요구가 강력할 것

③ 조직이 사용하는 기술이 일상적일 것

④ 사업부서들이 사람과 장비 등을 함께 사용해야 할 필요가 클 것

9 다음의 동기부여 이론과 학자에 대한 내용 중 옳은 것만을 모두 고른 것은?

> ㉠ 인간의 욕구에는 존재, 관계, 성장 등의 욕구가 있으며, 두 가지 이상의 욕구가 복합적으로 작용하여 하나의 행동을 유발한다고 주장한 학자는 앨더퍼(Alderfer)이다.
> ㉡ 욕구는 학습되는 것이므로 개인마다 욕구 계층에 차이가 있고, 학습된 욕구들은 성취, 권력, 친교 욕구 등으로 구분할 수 있다고 주장한 학자는 맥클리랜드(McClelland)이다.
> ㉢ 동기유발은 과업에 대한 개인의 기대감, 수단성, 보상의 유의미성에 의해 결정된다고 주장한 학자는 샤인(Schein)이다.
> ㉣ 인간의 욕구체계는 매우 복잡하고 때와 장소, 조직생활의 경험, 직무 등 여러 상황에 따라서 달라진다고 주장한 학자는 핵맨(Hackman)과 올드햄(Oldham)이다.

① ㉠, ㉡

② ㉠, ㉣

③ ㉡, ㉢

④ ㉢, ㉣

10 조직 내의 갈등관리에 대한 설명으로 옳지 않은 것은?

① 고전적 갈등관리 이론에서는 갈등의 유해성에 주목하고 그 해소방법을 처방하는 데 몰두하였다.

② 행태주의 관점의 갈등관리 이론에서는 갈등이 조직 발전의 원동력이 된다고 주장하였다.

③ 갈등관리 전략으로서 조성전략은 갈등의 순기능적 측면에 입각해 있다.

④ 로빈스(Robbins)는 갈등관리를 전통주의자, 행태주의자, 상호작용주의자의 관점으로 구분하여 접근한다.

11 직업공무원제에 대한 설명으로 옳지 않은 것은?

① 공무원집단이 환경적 요청에 민감하지 못하고 특권 집단화될 우려가 있다.

② 직업공무원제가 성공적으로 확립되기 위해서는 공직에 대한 사회적 평가가 높아야 한다.

③ 직업공무원제는 행정의 계속성과 안정성 및 일관성 유지에 유리하다.

④ 직업공무원제는 일반적으로 전문행정가 양성에 유리하기 때문에 행정의 전문화 요구에 부응한다.

12 영기준 예산제도(ZBB)의 장점으로 옳지 않은 것은?

① 국방비, 공무원의 보수, 교육비와 같은 경직성 경비가 많으면 영기준 예산제도의 효용이 커진다.

② 최고관리자는 각 기관의 업무수행에 대한 보다 상세한 자료를 입수할 수 있다.

③ 예산과정에 대한 관리자 및 실무자의 참여를 촉진한다.

④ 전년도 답습주의로 인한 재정의 경직성을 완화할 수 있다.

13 다음 설명에 해당하는 지방세의 원칙은?

> • 납세자의 지불능력보다는 공공서비스의 수혜정도를 기준으로 한다.
> • 세외수입 역시 이 원칙의 적용을 받는다.

① 신장성의 원칙 　　　　　　　② 응익성의 원칙
③ 안정성의 원칙 　　　　　　　④ 부담분임의 원칙

14 길버트(Gilbert)는 행정통제를 통제자의 위치와 제도화 여부에 따라 다음과 같이 네 가지 유형으로 구분
하였다. 각 유형에 해당되는 우리나라의 행정통제 방법으로 옳지 않은 것은?

제도화 여부 ＼ 통제자의 위치	외부	내부
공식적	(가)	(나)
비공식적	(다)	(라)

① (가) - 청와대에 의한 통제 　　　　② (나) - 감사원에 의한 통제
③ (다) - 이익집단 및 언론에 의한 통제 　　④ (라) - 직업윤리에 의한 통제

15 롤스(Rawls)가 주장한 사회 정의의 원리에 대한 설명으로 옳지 않은 것은?

① 정의의 제1원리는 '기본적 자유의 평등 원리'로서, 개개인에 대해 다른 사람의 유사한 자유와 상충되지 않는 범위 내에서 최대한의 기본적 자유에의 평등한 권리가 인정되어야 한다는 원리이다.

② 정의의 제2원리의 하나인 '차등 원리'는 저축 원리와 양립하는 범위 내에서 가장 불우한 사람들의 편익을 최대화해야 한다는 원리이다.

③ 정의의 제2원리의 하나인 '기회 균등의 원리'는, 사회·경제적 불평등은 그 모체가 되는 모든 직무와 지위에 대한 기회 균등이 공정하게 이루어진 조건하에서 직무나 지위에 부수해 존재해야 한다는 원리이다.

④ 정의의 제1원리가 제2원리에 우선하고, 제2원리 중에서는 '차등 원리'가 '기회 균등의 원리'에 우선되어야 한다.

16 우리나라 정부회계에 대한 설명으로 옳지 않은 것은?

① 기획재정부장관은 회계연도마다 중앙관서결산보고서를 통합하여 국가의 결산보고서를 작성한 후 국무총리의 승인을 받아야 한다.

② 재무제표는 재정상태표, 재정운영표, 순자산변동표로 구성되며, 재무제표에 대한 주석을 포함한다.

③ 재정운영표의 모든 수익과 비용은 발생주의 원칙에 따라 거래나 사실이 발생한 기간에 표시한다.

④ 재정상태표는 재정상태표일 현재의 자산과 부채의 명세 및 상호관계 등 재정상태를 나타내는 재무제표로서 자산, 부채 및 순자산으로 구성된다.

17 다음 설명에 해당하는 공무원 평정제도를 바르게 짝지은 것은?

ㄱ 고위공무원단제도의 도입에 따라 고위공무원으로서 요구되는 역량을 구비했는지를 사전에 검증하는 제도적 장치로 도입되었다.

ㄴ 직무분석을 통해 도출된 성과책임을 바탕으로 성과목표를 설정·관리·평가하고, 그 결과를 보수 혹은 처우 등에 적용하는 일련의 과정을 거친다.

ㄷ 행정서비스에 관한 다방향적 의사전달을 촉진하며 충성심의 방향을 다원화하는 데 기여할 수 있다.

ㄹ 공무원의 능력, 근무성적 및 태도 등을 평가해 교육훈련 수요를 파악하고, 승진 및 보수결정 등의 인사관리자료를 얻는 데 활용한다.

	ㄱ	ㄴ	ㄷ	ㄹ
①	역량평가제	직무성과관리제	다면평가제	근무성적평정제
②	다면평가제	역량평가제	근무성적평정제	직무성과관리제
③	역량평가제	근무성적평정제	다면평가제	직무성과관리제
④	다면평가제	직무성과관리제	역량평가제	근무성적평정제

18 우리나라의 지방자치제도에 대한 설명으로 옳지 않은 것은?

① 지방의회는 법률에 위배되는 내용을 포함한 조례를 제정할 수 없다.

② 지방의회는 지방자치단체의 장을 감시하고 통제하는 기능을 하지만, 지방자치단체의 장에 대한 불신임권은 갖고 있지 않다.

③ 우리나라 지방자치단체의 기관구성 형태는 기관통합형이다.

④ 조례안이 지방의회에서 의결되면 의장은 의결된 날부터 5일 이내에 그 지방자치단체의 장에게 이를 이송하여야 한다.

19 정보화 및 전자민주주의에 대한 설명으로 옳지 않은 것은?

① 전자민주주의의 부정적 측면으로 전자전제주의(telefascism)가 나타날 수 있다.

② 정보의 비대칭성이 발생하지 않도록 정보관리는 배제성의 원리가 적용되어야 한다.

③ 우리나라 정부는 「국가정보화 기본법」에 의해 5년마다 국가정보화 기본계획을 수립하여야 한다.

④ 전자민주주의는 정치의 투명성 확보를 용이하게 한다.

20 분배정책과 재분배정책에 대한 설명으로 옳은 것만을 모두 고른 것은?

> ㉠ 분배정책에서는 로그롤링(log rolling)이나 포크배럴(pork barrel)과 같은 정치적 현상이 나타나기도 한다.
> ㉡ 분배정책은 사회계급적인 접근을 기반으로 이루어지기 때문에 규제정책보다 갈등이 더 가시적이다.
> ㉢ 재분배정책에는 누진소득세, 임대주택 건설사업 등이 포함된다.
> ㉣ 재분배정책에서는 자원배분에 있어서 이해당사자들 간의 연합이 분배정책에 비하여 안정적으로 이루어진다.

① ㉠, ㉡   ② ㉠, ㉢

③ ㉡, ㉢   ④ ㉢, ㉣

☞ 정답 및 해설 P.12

1 다음 중 어떠한 정책문제가 정책의제로 채택될 가능성이 가장 낮은 경우는?

① 정책문제의 해결가능성이 높은 경우

② 이해관계자의 분포가 넓고 조직화 정도가 낮은 경우

③ 선례가 있어 관례화(routinized)된 경우

④ 정책의제화를 요구하는 집단의 규모가 큰 경우

2 특별지방행정기관에 대한 설명으로 옳지 않은 것은?

① 관할지역 주민들의 직접적인 통제와 참여가 용이하기 때문에 책임행정을 실현할 수 있다.

② 출입국관리, 공정거래, 근로조건 등 국가적 통일성이 요구되는 업무를 수행한다.

③ 현장의 정보를 중앙정부에 전달하거나 중앙정부와 지방자치단체 사이의 매개 역할을 수행하기도 한다.

④ 국가의 사무를 집행하기 위해 중앙정부에서 설치한 일선행정기관으로 자치권을 가지고 있지 않다.

3 직위분류제에 있어서 직무의 난이도와 책임의 경중에 따라 직위의 상대적 수준과 등급을 구분하는 것은?

① 직무평가(job evaluation)

② 직무분석(job analysis)

③ 정급(allocation)

④ 직급명세(class specification)

4 앨리슨(G. T. Allison)의 세 가지 의사결정모형에 대한 설명으로 옳지 않은 것은?

① 집단적 의사결정을 국가의 정책결정에 적용하기 위해 합리적 행위자모형, 조직과정모형, 관료정치모형으로 분류하였다.

② 관료정치모형은 조직 하위계층에의 적용가능성이 높고, 조직과정모형은 조직 상위계층에의 적용가능성이 높다.

③ 실제 정책결정에서는 어느 하나의 모형이 아니라 세 가지 모형이 모두 적용될 수 있다.

④ 원래 국제정치적 사건과 위기적 사건에 대응하는 정책결정을 설명하기 위한 모형으로 고안되었으나, 일반정책에도 적용 가능하다.

5 통계적 결론의 타당성 확보에 있어서 발생할 수 있는 오류와 그에 대한 설명을 바르게 연결한 것은?

> ⊙ 정책이나 프로그램의 효과가 실제로 발생하였음에도 불구하고 통계적으로 효과가 나타나지 않은 것으로 결론을 내리는 경우
> ⓒ 정책의 대상이 되는 문제 자체에 대한 정의를 잘못 내리는 경우
> ⓒ 정책이나 프로그램의 효과가 실제로 발생하지 않았음에도 불구하고 통계적으로 효과가 나타난 것으로 결론을 내리는 경우

	제1종 오류	제2종 오류	제3종 오류
①	⊙	ⓒ	ⓒ
②	⊙	ⓒ	ⓒ
③	ⓒ	⊙	ⓒ
④	ⓒ	⊙	ⓒ

6 네트워크 조직에 대한 설명으로 옳은 것만을 모두 고른 것은?

> ㉠ 구조의 유연성이 강조된다.
> ㉡ 조직 간 연계장치는 수직적인 협력관계에 바탕을 둔다.
> ㉢ 개방적 의사전달과 참여보다는 타율적 관리가 강조된다.
> ㉣ 조직의 경계는 유동적이며 모호하다.

① ㉠, ㉡　　　　　　　　　　　② ㉠, ㉣

③ ㉡, ㉢　　　　　　　　　　　④ ㉢, ㉣

7 외부환경의 불확실성에 대응하는 조직구조상의 특징에 따라 기계적 조직과 유기적 조직으로 구분하는 경우에, 유기적 조직의 특성에 해당하는 것만을 모두 고른 것은?

> ㉠ 넓은 직무범위　　　　　　㉡ 분명한 책임관계
> ㉢ 몰인간적 대면관계　　　　㉣ 다원화된 의사소통채널
> ㉤ 높은 공식화 수준　　　　　㉥ 모호한 책임관계

① ㉠, ㉣, ㉥　　　　　　　　　② ㉡, ㉢, ㉤

③ ㉡, ㉣, ㉤　　　　　　　　　④ ㉠, ㉢, ㉥

8 기관위임사무에 대한 설명으로 옳지 않은 것은?

① 법령에 의하여 국가 또는 상급 지방자치단체로부터 지방자치단체의 장에게 위임된 사무를 말한다.

② 국가와 지방자치단체 사이의 행정적 책임의 소재를 명확하게 해준다.

③ 지방자치단체를 국가의 하급기관으로 전락시키는 요인으로 작용할 수 있다.

④ 전국적으로 획일적인 행정을 강조함으로써 지방적 특수성이 희생되기도 한다.

9 행정학의 접근방법에 대한 설명으로 옳은 것은?

① 법률적 · 제도론적 접근방법은 공식적 제도나 법률에 기반을 두고 있기 때문에 제도 이면에 존재하는 행정의 동태적 측면을 체계적으로 파악할 수 있다.

② 행태론적 접근방법은 후진국의 행정현상을 설명하는 데 크게 기여했으며, 행정의 보편적 이론보다는 중범위이론의 구축에 자극을 주어 행정학의 과학화에 기여했다.

③ 합리적 선택 신제도주의는 방법론적 전체주의(holism)에, 사회학적 신제도주의는 방법론적 개체주의(individualism)에 기반을 두고 있다.

④ 신공공관리론은 기업경영의 원리와 기법을 그대로 정부에 이식하려고 한다는 비판을 받는다.

10 행정이론에 대한 설명으로 옳지 않은 것은?

① 행정관리론(사무관리론 · 조직관리론)에서는 계획과 집행을 분리하고 권한과 책임을 명확히 규정할 것을 강조하였다.

② 신행정학에서는 정부의 적극적인 역할과 적실성 있는 정책의 수립을 강조하였다.

③ 뉴거버넌스론에서는 공공참여자의 활발한 의사소통, 수평적 합의, 네트워크 촉매자로서의 정부역할을 강조하였다.

④ 신공공서비스론에서는 시민을 주인이 아닌 고객의 관점으로 볼 것을 강조하였다.

11 최근 쓰레기 수거와 같이 전통적으로 정부의 고유영역으로 간주되어온 서비스를 민간에 위탁하는 경우가 있는데, 그 목적이라고 보기 힘든 것은?

① 행정의 효율성 향상

② 행정의 책임성 확보

③ 경쟁의 촉진

④ 작은 정부의 실현

12 우리나라의 공무원 인사제도에 대한 내용으로 옳지 않은 것은?

① 공무원이 인사에 관하여 자신의 의사에 반한 불리한 처분을 받았을 때에는 소청심사를 청구할 수 있다.

② 임용권자는 직무수행 능력이 부족하거나 근무성적이 극히 나쁜 자에게 직위를 부여하지 아니할 수 있다.

③ 직권면직은 「국가공무원법」 상 징계의 한 종류로서, 임용권자가 특정한 사유에 해당되는 공무원을 직권으로 면직시키는 것이다.

④ 해임처분을 받은 때부터 3년, 파면처분을 받은 때부터 5년이 지나지 아니한 자는 공무원으로 임용될 수 없다.

13 우리나라의 예산과정에 대한 설명으로 옳지 않은 것은?

① 각 중앙관서의 장은 매년 1월 31일까지 당해 회계연도부터 5회계연도 이상의 기간 동안의 신규사업 및 기획재정부장관이 정하는 주요 계속사업에 대한 중기사업계획서를 기획재정부장관에게 제출하여야 한다.

② 국가가 특정한 목적을 위하여 특정한 자금을 신축적으로 운용할 필요가 있을 때에 법률로써 설치하는 기금은, 세입세출예산에 의하지 아니하고 운용할 수 있다.

③ 예산안편성지침은 부처의 예산 편성을 위한 것이기 때문에 국무회의의 심의를 거쳐 대통령의 승인을 받아야 하지만 국회 예산결산특별위원회에 보고할 필요는 없다.

④ 정부는 회계연도마다 예산안을 편성하여 회계연도 개시 90일 전까지 국회에 제출하도록 헌법에 규정되어 있다.

14 예비타당성 조사의 분석 내용을 경제성 분석과 정책적 분석으로 구분할 때, 경제성 분석에 해당하는 것은?

① 상위계획과의 연관성

② 지역경제에의 파급효과

③ 사업추진 의지

④ 민감도 분석

15 균형성과표(BSC)에 대한 설명으로 옳은 것만을 모두 고른 것은?

> ㉠ 조직의 비전과 목표, 전략으로부터 도출된 성과지표의 집합체이다.
> ㉡ 재무지표 중심의 기존 성과관리의 한계를 극복하기 위한 것이다.
> ㉢ 조직의 내부요소보다는 외부요소를 중시한다.
> ㉣ 재무, 고객, 내부 프로세스, 학습과 성장이라는 네 가지 관점 간의 균형을 중시한다.
> ㉤ 성과관리의 과정보다는 결과를 중시한다.

① ㉠, ㉡, ㉤　　　　　　　　　　② ㉡, ㉢, ㉣
③ ㉠, ㉡, ㉣　　　　　　　　　　④ ㉢, ㉣, ㉤

16 정책결정모형 중에서 회사모형에 대한 설명으로 옳지 않은 것은?

① 회사조직이 서로 다른 목표를 지닌 구성원들의 연합체(coalition)라고 가정한다.
② 연합모형 또는 조직모형이라고 불리기도 한다.
③ 조직이 환경에 대해 장기적으로 대응하고 환경 변화에 수동적으로 적응한다고 한다.
④ 문제를 여러 하위문제로 분해하고 이들을 하위조직에게 분담시킨다고 가정한다.

17 우리나라의 공무원 인사제도에 대한 설명으로 옳지 않은 것은?

① 공무원을 수직적으로 이동시키는 내부 임용의 방법으로는 전직과 전보가 있다.
② 강등은 1계급 아래로 직급을 내리고(고위공무원단에 속하는 공무원은 3급으로 임용하고, 연구관 및 지도관은 연구사 및 지도사로 한다) 공무원 신분은 보유하나 3개월간 직무에 종사하지 못하며 그 기간 중 보수의 3분의 2를 감한다.
③ 청렴하고 투철한 봉사 정신으로 직무에 모든 힘을 다하여 공무 집행의 공정성을 유지하고 깨끗한 공직 사회를 구현하는 데에 다른 공무원의 귀감이 되는 공무원은 특별승진임용하거나 일반 승진시험에 우선 응시하게 할 수 있다.
④ 임용권자는 만 8세 이하(취학 중인 경우에는 초등학교 2학년 이하)의 자녀를 양육하기 위하여 필요하거나 여성공무원이 임신 또는 출산하게 되어 휴직을 원하면 대통령령으로 정하는 특별한 사정이 없으면 휴직을 명하여야 한다.

18 외부효과를 교정하기 위한 방법에 대한 설명으로 옳지 않은 것은?

① 교정적 조세(피구세 : Pigouvian tax)는 사회 전체적인 최적의 생산수준에서 발생하는 외부효과의 양에 해당하는 만큼의 조세를 모든 생산물에 대해 부과하는 방법이다.

② 외부효과를 유발하는 기업에게 보조금을 지급하여 사회적으로 최적의 생산량을 생산하도록 유도한다.

③ 코우즈(R. Coase)는 소유권을 명확하게 확립하는 것이 부정적 외부효과를 줄이는 방법이라고 주장했다.

④ 직접적 규제의 활용 사례로는 일정한 양의 오염허가서(pollution permits) 혹은 배출권을 보유하고 있는 경제주체만 오염물질을 배출할 수 있게 허용하는 방식이 있다.

19 정보화와 전자정부에 대한 설명으로 옳지 않은 것은?

① 행정자치부장관은 관계 행정기관 등의 장과 협의하여 정보기술아키텍처를 체계적으로 도입하고 확산시키기 위한 기본계획을 수립하여야 한다.

② 행정자치부장관은 국가와 지방자치단체의 부문계획을 종합하여 5년마다 국가정보화기본계획을 수립하여야 한다.

③ 정부3.0이란 개방, 공유, 소통, 협력의 핵심가치들을 통해 국정과제를 해결하고 국민행복을 추구하는 것이다.

④ 스마트워크(smart work)란 영상회의 등 정보통신기술을 이용해 시간과 장소의 제약 없이 업무를 수행하는 유연한 근무 형태이다.

20 행정개혁의 접근방법에 대한 설명으로 옳지 않은 것은?

① 사업(산출)중심적 접근방법은 행정활동의 목표를 개선하고 서비스의 양과 질을 개선하려는 접근방법으로 분권화의 확대, 권한 재조정, 명령계통 수정 등에 관심을 갖는다.

② 과정적 접근방법은 행정체제의 과정 또는 일의 흐름을 개선하려는 접근방법이다.

③ 행태적 접근방법의 하나인 조직발전(OD : Organizational Development)은 의식적인 개입을 통해서 조직 전체의 임무수행을 효율화하려는 계획적이고 지속적인 개혁활동이다.

④ 문화론적 접근방법은 행정문화를 개혁함으로써 행정체제의 보다 근본적이고 장기적인 개혁을 성취하려는 접근방법이다.

2015. 6. 13. │ 서울특별시 시행

☞ 정답 및 해설 P.15

1 다음 중 신공공서비스이론에 대한 설명으로 가장 옳지 않은 것은?

① 정부의 역할은 시민에 대해 봉사하는 것이다.

② 기대하는 조직은 주요 통제권이 조직 내 유보된 분권화된 조직이다.

③ 공유가치에 대한 담론의 결과를 공익으로 본다.

④ 전략적 합리성을 가정한다.

2 다음 중 정책결정모형과 그 내용의 연결이 옳지 않은 것은?

① 쓰레기통모형 – 문제, 해결책, 수혜자, 선택기회의 흐름

② 만족모형 – 행정인(administrative man)

③ 조직과정모형 – SOP와 프로그램 목록

④ 최적모형 – 초합리성 강조

3 분배정책에 대한 설명으로 옳지 않은 것은?

① 이해당사자 간 제로섬(zero sum) 게임이 벌어지고 갈등이 발생될 가능성이 규제정책에 비해 상대적으로 더 크다.

② 일반적으로 포크배럴(pork barrel) 현상이 발생한다.

③ 도로, 다리의 건설, 국·공립학교를 통한 교육서비스의 제공 등이 분배정책에 해당한다.

④ 정책과정에서 이해당사자들이 서로 협력하는 로그롤링(log rolling) 현상이 발생한다.

4 살라몬(Salamon)의 직접성의 정도에 따른 행정(정책)수단분류에 의할 때 다음 중 직접성이 가장 높은 행정(정책) 수단은?

① 조세지출

② 정부출자기업

③ 사회적 규제

④ 정부 소비

5 신공공관리론에 대한 다음 설명 중 가장 옳은 것은?

① 신공공관리론은 정부의 역할(steering)을 시장에 맡겨야 한다는 이론이다.

② 신공공관리론의 고객중심 논리는 국민을 능동적인 존재로 만들 수 있다.

③ 신공공관리론은 행정 효율성을 향상시키기 위해 기업가적 재량권을 선호하므로 공공책임성의 문제를 야기할 수 있다.

④ 신공공관리론은 수익자부담 원칙 강화, 경쟁 원리 강화, 민영화 확대, 규제 강화 등을 제시한다.

6 신고전 조직이론의 특징으로 가장 옳지 않은 것은?

① 사회적 능력과 사회적 규범에 의한 생산성 결정

② 계층적 구조와 분업의 중시

③ 비경제적 요인과 비공식집단의 중시

④ 의사소통과 참여의 중시

7 다음 중 서울특별시가 자치구에 교부하는 조정교부금의 재원이 될 수 없는 것은?

① 지방소득세

② 담배소비세

③ 취득세

④ 지방교육세

8 윌슨(J.Q.Wilson)은 정부 규제로부터 감지되는 비용과 편익의 분포에 따라 규제정치를 아래 표와 같이 네 가지 유형으로 구분했다. ㄱ~ㄹ에 들어갈 유형의 명칭과 그 사례의 연결이 가장 적합한 것은?

구분		감지된 편익	
		넓게 분산	좁게 집중
감지된 비용	넓게 분산	㉠	㉡
	좁게 집중	㉢	㉣

① ㉠ 대중적 정치 – 각종 위생 및 안전 규제
② ㉡ 고객정치 – 수입 규제
③ ㉢ 기업가적 정치 – 낙태 규제
④ ㉣ 이익집단정치 – 농산물에 대한 최저가격 규제

9 신제도주의에 대한 다음 설명 중 가장 옳지 않은 것은?

① 신제도주의는 행태주의에서 규명하고자 했던 개인의 선호체계와 행위결과 간의 직선적 인과관계에 의문을 제기한다.
② 합리적 선택 신제도주의 계열에는 거래비용 경제학, 공공선택이론, 공유재 이론 등이 있다.
③ 사회학적 신제도주의는 경제적 효율성이 아니라 사회적 정당성 때문에 새로운 제도적 관행이 채택된다고 주장한다.
④ 역사적 신제도주의는 경로의존적인 사회적 인과관계를 강조하므로 특정 제도가 급격한 변화에 의해 중단될 수 있는 가능성을 부정한다.

10 엽관주의 인사의 단점에 대한 다음 설명 중 가장 옳지 않은 것은?

① 행정의 안정성을 저해할 수 있다.
② 공무원의 정치적 중립을 저해한다.
③ 행정의 전문성을 저하시킬 수 있다.
④ 행정에 대한 민주적 통제를 약화시킨다.

11 관료제 병리에 관한 연구 내용과 학자 간 연결이 옳지 않은 것은?

① 굴드너(Gouldner) – 관료들이 규칙의 범위 내에서 소극적으로 행동하는 무사안일주의를 초래한다.

② 굿셀(Goodsell) – 계층제 조직의 구성원이 각자의 능력을 넘는 수준까지 승진하게 되는 병리현상이 나타난다.

③ 머튼(Merton) – 최고관리자의 관료에 대한 지나친 통제가 관료들의 경직성을 초래한다.

④ 셀즈닉(Selznick) – 권한의 위임과 전문화가 조직 하위체제 간 이해관계의 지나친 분극을 초래한다.

12 정책집행에 대한 다음 설명 중 옳지 않은 것은?

① 프레스만과 윌다브스키(Pressman & Wildavsky)는 집행과정상의 공동행위의 복잡성을 강조하였다.

② 버만(Berman)은 집행현장에서 집행조직과 정책사업 사이의 상호적응의 중요성을 강조하였다.

③ 나카무라와 스몰우드(Nakamura & Smallwood)의 정책집행자 유형 중 관료적 기업가형은 정책의 대략적인 방향을 정책결정자가 정하고 정책집행자들은 이 목표의 구체적 집행에 필요한 폭넓은 재량권을 위임받아 정책을 집행하는 유형이다.

④ 사바티어(Sabatier)는 정책집행의 하향식 접근법과 상향식 접근법의 통합모형을 제시했다.

13 리더십에 관한 다음 설명 중 가장 옳지 않은 것은?

① 특성론적 접근법은 주로 업무의 특성과 리더십 스타일 사이의 관계에 초점을 맞춘다.

② 행태론적 접근법은 리더의 행동과 효과성 사이의 관계에 관심을 갖는다.

③ 상황론적 접근법에 기초한 이론의 예로 피들러(F. Fiedler)의 상황적합적 리더십이론, 하우스(R.J.House)의 경로–목표 모형 등을 들 수 있다.

④ 변혁적(transformational) 리더십이 거래적(transactional) 리더십보다 늘 행정에 유용한 것은 아니다.

14 상황론적 조직이론과 자원의존이론에 대한 다음 설명 중 가장 옳지 않은 것은?

① 자원의존이론은 어떤 조직도 필요로 하는 자원을 모두 획득할 수는 없다는 것을 전제로 삼는다.

② 상황론적 조직이론은 모든 상황에 적합한 최선의 조직화 방법은 존재하지 않는다고 전제한다.

③ 자원의존이론은 조직이 생존과 발전에 필요한 자원을 환경에 의존하기 때문에 조직을 환경과의 관계에서 피동적 존재로 본다.

④ 상황론적 조직이론은 효과적인 조직 설계와 관리 방법은 조직환경에 달려 있다고 주장한다.

15 다음은 예산의 원칙에 대한 설명이다. 바르게 짝지어진 것은?

> A : 한 회계연도의 세입과 세출은 모두 예산에 계상하여야 한다.
> B : 모든 수입은 국고에 편입되고 여기에서부터 지출이 이루어져야 한다.

① A : 예산 단일의 원칙   B : 예산 총계주의 원칙

② A : 예산 총계주의 원칙   B : 예산 단일의 원칙

③ A : 예산 통일의 원칙   B : 예산 총계주의 원칙

④ A : 예산 총계주의 원칙   B : 예산 통일의 원칙

16 직위분류제를 형성하는 기본 개념들에 대한 다음 설명 중 옳지 않은 것은?

① 직급 – 직무의 종류는 다르지만 그 곤란성·책임도 및 자격 수준이 상당히 유사하여 동일한 보수를 지급할 수 있는 모든 직위를 포함하는 것

② 직류 – 동일한 직렬 내에서 담당 직책이 유사한 직무의 군

③ 직렬 – 난이도와 책임도는 서로 다르지만 직무의 종류가 유사한 직급의 군

④ 직군 – 직무의 종류가 광범위하게 유사한 직렬의 범주

17 예산집행의 신축성을 유지하여 예산집행자로 하여금 보다 예산목적에 부합하는 집행 성과를 올릴 수 있도록 하는 우리나라 예산집행의 장치로 보기 어려운 것은?

① 계속비

② 예산의 배정과 재배정

③ 예산의 이용(移用)과 전용(轉用)

④ 예산의 이체(移替)와 이월(移越)

18 다음 중 지방자치의 의의로 가장 옳지 않은 것은?

① 민주주의의 훈련

② 다양한 정책실험의 실시

③ 공공서비스의 균질화

④ 지역주민에 대한 행정의 반응성 제고

19 추가경정예산을 통한 재정의 방만한 운영 가능성을 줄이기 위해 「국가재정법」 제89조에서는 추가경정예산안을 편성할 수 있는 경우를 제한하고 있다. 다음 중 위 법 조항에 명시된 추가경정예산안을 편성할 수 있는 경우가 아닌 것은?

① 부동산 경기 등 경기부양을 위하여 기획재정부 장관이 필요하다고 판단하는 경우

② 전쟁이나 대규모 자연재해가 발생한 경우

③ 경기침체, 대량실업, 남북관계의 변화, 경제협력 같은 대내·외 여건에 중대한 변화가 발생하였거나 발생할 우려가 있는 경우

④ 법령에 따라 국가가 지급하여야 하는 지출이 발생하거나 증가하는 경우

20 우리나라의 주민 직접 참여 제도에 대한 다음 설명 중 가장 옳지 않은 것은?

① 주민은 해당 지방자치단체의 장에게 조례를 제정·개정하거나 폐지할 것을 청구할 수 있다.

② 지방자치단체의 장은 주민에게 과도한 부담을 주거나 중대한 영향을 미치는 지방자치단체의 주요 결정사항 등에 대하여 주민투표에 부칠 수 있다.

③ 주민은 해당 지방자치단체와 그 장의 권한에 속하는 사무의 처리가 법령에 위반되거나 공익을 현저히 해친다고 인정되면 감사를 청구할 수 있다.

④ 주민은 그 지방자치단체의 장 및 비례대표 지방의회의원을 포함한 지방의회의원을 소환할 권리를 가진다.

☞ 정답 및 해설 P.18

1 행정에 대한 설명으로 옳지 않은 것은?

① 행정은 정부의 단독행위가 아니라 사회의 다양한 주체들이 함께 참여하는 협력행위로 변해가고 있다.

② 행정은 사회의 공공가치 실현을 목적으로 한다.

③ 행정은 민주주의의 원칙에 따라 재원의 확보와 사용에 있어서 국회의 통제를 받는다.

④ 행정의 본질적 가치로는 능률성, 책임성 등이 있으며 수단적 가치로는 정의, 형평성 등을 들 수 있다.

2 개방형 인사제도에 대한 설명으로 옳지 않은 것은?

① 폭넓은 지식을 갖춘 일반행정가를 육성하는 데에 효과적이다.

② 기존 관료들에게 승진 기회가 축소될 수 있다는 불안감을 주고 사기를 저하시킬 수 있다.

③ 정실주의로 전락할 가능성이 있다.

④ 기존 내부 관료들에게 전문성 축적에 대한 자극제가 된다.

3 신고전 조직이론에 대한 설명으로 옳지 않은 것은?

① 메이요(Mayo) 등에 의한 호손(Hawthorne)공장 실험에서 시작되었다.

② 공식조직에 있는 자생적, 비공식적 집단을 인정하고 수용한다.

③ 인간의 사회적 욕구와 사회적 동기유발 요인에 초점을 맞춘다.

④ 조직이란 거래비용을 감소하기 위한 장치로 기능한다고 본다.

4 다음 내용이 설명하는 인간관에 부합하는 조직관리 전략은?

> 대부분의 사람들은 본질적으로 일을 싫어하는 것이 아니다. 사람들에게 일이란 작업조건만 제대로 정비되면 놀이를 하거나 쉬는 것과 같이 극히 자연스러운 것이며, 인간이 물리적·사회적 환경에 도전하는 여러 방법 중의 하나이다.

① 업무 지시를 정확하게 하고 엄격한 상벌 원칙을 제시해야 한다.

② 업무 평가 하위 10%에 해당하는 직원에 대한 20%의 급여 삭감 계획은 더욱 많은 업무 노력을 이끌어 낼 수 있는 방법이다.

③ 의사결정 시 부하직원을 참여시키고 자율적으로 업무를 수행할 수 있도록 해야 한다.

④ 관리자가 조직구성원에게 적절한 업무량을 부과하여 수행하게 해야 한다.

5 공익 개념을 설명하는 접근방법들 중에서 정부와 공무원의 소극적 역할과 관련 깊은 것은?

① 사회의 다양한 집단 간에 상호 이익을 타협하고 조정하여 얻어진 결과가 공익이다.

② 사회 구성원의 개별적 이익을 모두 합한 전체이익을 최대화한 것이 공익이다.

③ 정의 또는 공동선과 같은 절대가치가 공익이다.

④ 특정인이나 집단의 특수이익이 아니라 사회 구성원이 보편적으로 공유하는 이익이 공익이다.

6 다음 보기 내용의 시장실패에 대한 설명으로 옳지 않은 것은?

> 한 마을에 적당한 크기의 목초지가 있었다. 그 마을에는 열 가구가 오순도순 살고 있었는데, 각각 한 마리의 소를 키우고 있었고 그 목초지는 소 열 마리가 풀을 뜯는 데 적당한 크기였다. 소들은 좋은 젖을 주민들에게 공급하면서 튼튼하게 자랄 수 있었다. 그런데 한 집에서 욕심을 부려 소 한 마리를 더 키우면서 문제가 시작되었다. 다른 집들도 소 한 마리, 또 한 마리 등 욕심을 부리기 시작하면서 목초지는 풀뿌리까지 뽑히게 되었고, 결국 소가 한 마리도 살아갈 수 없는 황폐한 공간으로 바뀌고 말았다.

① 위에서 나타나는 시장실패의 주된 요인은 무임승차자 문제이다.

② 보기의 사례에 나타난 재화는 배제불가능성과 함께 소비에서의 경합성을 특징으로 한다.

③ 보기의 사례는 '공유지의 비극(tragedy of the commons)'에 대한 설명이다.

④ 이러한 시장실패를 해결하기 위한 방법의 하나는 재화의 재산권을 명확히 하는 것이다.

7 우리나라 행정기관 소속 위원회에 대한 설명으로 옳지 않은 것은?

① 행정위원회와 자문위원회 등으로 크게 구분할 수 있다.

② 방송통신위원회, 금융위원회, 국민권익위원회는 행정위원회에 해당된다.

③ 관련분야 전문지식이 있는 외부전문가만으로 구성하여야 한다.

④ 자문위원회의 의사결정은 일반적으로 구속력을 갖지 않는다.

8 정부운영의 새로운 패러다임인 정부3.0의 내용으로 옳지 않은 것은?

① 정부3.0의 핵심 키워드는 협력, 소통, 맞춤형 서비스, 일자리 창출, 칸막이 해소 등이다.

② 정부3.0의 운영 방향은 공공정보의 개방과 공유, 정부－국민 간의 소통과 협력을 포함하고 있다.

③ 정부3.0에서는 공공기관의 정보 제공에 초점을 둔 정부 중심의 국가 운영 거버넌스를 의미한다.

④ 정부3.0은 기술적 관점에서 모바일 스마트 기반의 차세대 전자정부로 이해할 수 있다.

9 다음 중 소규모 자치행정 구역을 지지하는 논리로 맞는 것을 모두 고른 것은?

> ㉠ 티부(Tiebout) 모형을 지지하는 공공선택이론가들의 관점
> ㉡ 새뮤얼슨(Samuelson)의 공공재 공급 이론
> ㉢ 지역격차의 완화에 공헌
> ㉣ 주민과 지방정부 간의 소통 · 접촉 기회 증대

① ㉠, ㉢

② ㉠, ㉣

③ ㉡, ㉢

④ ㉡, ㉣

10 우리나라의 중앙정부와 지방정부 간 관계에 대한 설명으로 옳지 않은 것은?

① 중앙정부와 지방정부 간의 인사교류 활성화는 소모적 갈등의 완화에 기여할 수 있다.

② 특별지방행정기관과 지방정부 간 기능이 유사·중복되어 갈등이 발생하기도 한다.

③ 중앙정부와 지방정부 간 재원 및 재정 부담을 둘러싼 갈등이 심화되고 있다.

④ 중앙정부와 지방정부 간 갈등을 해결하기 위하여 설치된 행정협의조정위원회의 결정은 강제력을 가진다.

11 정책을 규제정책, 분배정책, 재분배정책, 추출정책으로 분류할 때 저소득층을 위한 근로장려금 제도는 어느 정책으로 분류하는 것이 타당한가?

① 규제정책
② 분배정책
③ 재분배정책
④ 추출정책

12 공무원 교육훈련에 대한 저항 이유 중 저항주체가 나머지와 다른 하나는?

① 교육훈련 결과의 인사관리 반영 미흡

② 교육훈련 발령을 불리한 인사조치로 이해하는 경향

③ 장기간의 훈련인 경우 복귀 시 보직 문제에 대한 불안감

④ 조직성과의 저하 및 훈련비용의 발생

13 무의사결정(non-decision making)에 대한 설명 중 옳지 않은 것은?

① 사회문제에 대한 정책과정이 진행되지 못하도록 막는 행동이다.

② 기득권 세력이 그 권력을 이용해 기존의 이익배분 상태에 대한 변동을 요구하는 것이다.

③ 기득권 세력의 특권이나 이익 그리고 가치관이나 신념에 대한 잠재적 또는 현재적 도전을 좌절시키려는 것을 의미한다.

④ 변화를 주장하는 사람으로부터 기존에 누리는 혜택을 박탈하거나 새로운 혜택을 제시하여 매수한다.

14 예산의 원칙과 그 예외 사항에 대한 설명으로 옳은 것은?

① 특정 수입과 특정 지출이 연계되어서는 안 된다는 것은 '단일성의 원칙'이다.

② 예산은 주어진 목적, 규모 그리고 시간에 따라 집행되어야 한다는 원칙은 '예산총계주의'이다.

③ 예산구조나 과목은 이해하기 쉽도록 단순해야 한다는 것은 '통일성의 원칙'이다.

④ 특별회계는 '통일성의 원칙'과 '단일성의 원칙'의 예외적인 장치에 해당된다.

15 리더십이론에 대한 설명으로 옳지 않은 것은?

① 피들러(Fiedler)는 리더의 행태에 따라 권위주의형, 민주형, 자유방임형의 세 가지 유형으로 구분하였다.

② 행태이론은 리더의 자질보다 리더의 행태적 특성이 조직성과에 영향을 미친다고 본다.

③ 허시(Hersey)와 블랜차드(Blanchard)는 부하의 성숙도에 따라 리더의 역할이 달라져야 한다고 주장한다.

④ 하우스(House)의 경로-목표 이론에 의하면 참여적 리더십은 부하들이 구조화되지 않은 과업을 수행할 때 필요하다.

16 우리나라 예산과정에 대한 설명으로 옳은 것은?

① 정부는 회계연도마다 예산안을 편성하여 회계연도 개시 60일 전까지 국회에 제출해야 한다.

② 예산총액배분 자율편성제도는 중앙예산기관과 정부부처 사이의 정보 비대칭성을 완화하려는 목적을 갖고 있다.

③ 예산집행의 신축성을 확보하기 위한 제도로써 이용, 총괄예산, 계속비, 배정과 재배정 제도가 있다.

④ 예산불성립 시 조치로써 가예산 제도를 채택하고 있다.

17 고충처리제도와 소청심사제도에 대한 설명으로 옳지 않은 것은?

① 양자 모두 공무원의 권익보호를 위한 제도이다.

② 고충심사위원회와 소청심사위원회의 결정은 관계기관의 장을 기속한다.

③ 중앙고충심사위원회의 기능은 인사혁신처 소청심사위원회에서 관장한다.

④ 소청심사제도는 공무원이 징계처분 기타 그 의사에 반하는 불이익 처분에 대해 이의를 제기하는 경우 이를 심사·결정하는 특별행정심판제도이다.

18 지방세제에 대한 설명으로 옳지 않은 것은?

① 지방소비세는 국세인 부가가치세의 일부를 일정한 기준에 따라 광역지방자치단체에 이전하는 일종의 세원공유 방식의 지방세이다.

② 지역자원시설세와 지방교육세는 목적세이다.

③ 레저세는 국세인 개별소비세와 지방세인 경주·마권세의 일부가 전환된 세목이다.

④ 지방세는 재산과세의 비중이 높으며 중앙정부의 부동산 정책과 지역경제 상황에 따라 영향을 받는다.

19 우리나라의 행정통제에 대한 설명으로 옳은 것은?

① 행정기관 및 공무원의 직무에 관한 감찰을 하기 위하여 대통령 소속하에 감사원을 두고 있다.

② 권위주의적 정치·행정문화 속에서 행정의 내·외부통제가 보다 효과적으로 이루어졌다.

③ 헌법재판소는 행정에 대한 통제 기능은 수행하지 못한다.

④ 입법부의 구성이 여당 우위일 경우에 효과적인 행정통제 기능을 수행할 수 있다.

20 역사적 신제도주의의 특징으로 옳지 않은 것은?

① 행정기관, 의회, 대통령, 법원 등 유형적인 개별 정치제도가 주된 연구대상이다.

② 제도를 이해하는 데 있어 역사적·사회적 맥락의 중요성을 강조한다.

③ 제도가 형성되면 안정성과 경로의존성을 갖는다고 본다.

④ 제도란 공식적 법규범뿐만 아니라 비공식적 절차, 관례, 관습 등을 포함한다.

1 행정가치 중 본질적 가치와 가장 거리가 먼 것은?

① 정치적 자유

② 가치의 평등한 배분

③ 민주적 의사결정

④ 사회적 형평

2 립스키(M. Lipsky)의 일선관료제론에서 일선관료들이 처하게 되는 문제성 있는 업무환경이 아닌 것은?

① 불충분한 자원

② 권위에 대한 위협과 도전

③ 집행 업무의 단순성과 정형화

④ 모호하고 대립되는 기대

3 집단적 의사결정기법에 대한 설명으로 옳지 않은 것은?

① 델파이기법(Delphi method)은 미래 예측을 위해 전문가집단을 활용하는 의사결정방법이다.

② 브레인스토밍(brainstorming)을 통하여 새로운 아이디어를 만들기 위해서는 초기 단계에서 타인의 아이디어를 비판하거나 평가하지 말아야 한다.

③ 지명반론자기법(devil's advocate method)이 성공하려면 반론자들이 고의적으로 본래 대안의 단점과 약점을 적극적으로 지적하여야 한다.

④ 명목집단기법(normal group technique)은 집단구성원 간 의사소통을 원활하게 진행할 수 있다는 장점이 있다.

4 공무원 보수에 대한 설명으로 옳지 않은 것은?

① 직능급이란 직무의 난이도와 책임에 따라 결정되는 보수이다.

② 실적급(성과급)은 개인이나 집단의 근무실적과 보수를 연결시킨 것이다.

③ 생활급은 생계비를 기준으로 하는 보수로서 공무원과 그 가족의 기본적인 생활을 보장하기 위한 것이다.

④ 연공급(근속급)은 근속연수와 같은 인적 요소를 기준으로 하는 보수이다.

5 정책집행연구의 하향식 접근에서 효과적인 정책집행의 조건이 아닌 것은?

① 정책목표와 정책수단 사이에 타당한 인과관계가 있어야 한다.

② 일선공무원의 재량과 자율을 확대하여야 한다.

③ 정책과 관련된 이익집단, 주요 입법가, 행정부의 장 등으로부터 지속적인 지지를 받아야 한다.

④ 정책이 집행되는 동안 정책목표의 우선순위가 변하지 않아야 한다.

6 총체적 품질관리(TQM)에 대한 설명으로 옳지 않은 것은?

① 모든 조직구성원들은 한편으로 공급자이면서 다른 한편으로는 고객인 이중적 역할을 수행하는 것으로 본다.

② 환경의 불확실성을 통제하기 위하여 단기적 전략과 교정적·사후적 통제에 치중한다.

③ 목표관리제(MBO)와 달리 TQM의 관심은 외향적이어서 고객의 필요에 따라 목표를 설정하는 것을 강조한다.

④ 하급직원들에게 힘을 실어주는 일과 분권화를 촉구하지만 계층제의 완전한 폐지를 주장하지는 않는다.

7 계급제와 비교할 때, 직위분류제의 특성과 가장 거리가 먼 것은?

① 업무의 전문화로 인하여 상위직급에서의 업무 통합이 쉽다.

② 인사관리의 탄력성과 신축성이 저해되기 쉽다.

③ 동일 직무에 대한 동일 보수의 원칙을 적용하기 쉽다.

④ 각 직무를 담당하고 있는 직원들의 교육훈련수요를 파악하기 쉽다.

8 우리나라의 예산제도와 그 목적을 연결한 것으로 옳지 않은 것은?

① 주민참여예산제도 - 재정사업의 성과 관리
② 예산의 이용과 전용 - 예산집행의 신축성 확보
③ 준예산제도 - 국가 재정활동의 단절 방지
④ 특별회계제도 - 재정운영주체의 자율성 확보

9 우리나라의 지방자치제에 대한 설명으로 옳지 않은 것은?

① 지방자치단체의 기관구성에 있어 기관대립형 구조를 채택하고 있다.
② 주민투표제, 조례 제정·개폐 청구, 주민감사청구, 주민소송제 등을 통해 주민참여를 보장하고 있다.
③ 지방자치단체가 지방고유사무와 관련된 영역에 한해 법령의 근거 없이 스스로 세목을 개발하고 지방세를 부과·징수할 수 있다.
④ 지역 간 재정 형평성을 확보하기 위해 지방재정조정제도를 운영하고 있다.

10 우리나라의 예산·회계 제도에 대한 설명으로 옳지 않은 것은?

① 총액배분자율편성예산제도, 디지털예산회계시스템 등과 같은 예산개혁의 실효성을 확보하기 위한 제도적 기반으로서 프로그램 예산제도가 도입되었다.
② 국가의 재정활동에서 발생하는 경제적 거래 등은 발생사실에 따라 복식부기방식으로 회계처리 되어야 한다.
③ 예비타당성조사제도는 완성에 2년 이상이 소요되는 사업으로서 대통령령이 정하는 대규모사업에 대하여 각 중앙관서의 장이 그 사업규모 등을 정하여 미리 기획재정부장관과 협의하도록 하는 제도이다.
④ 기획재정부장관은 예비타당성조사를 실시하기로 결정한 경우에는 대상 사업의 경제성 및 정책적 필요성 등을 종합적으로 검토하여야 한다.

11 행정이론에 대한 설명으로 옳지 않은 것은?

① 신행정론(신행정학)은 실증주의와 행태주의를 비판하면서 행정학의 실천성과 적실성, 가치문제를 강조하였다.

② 공공선택론은 공공부문의 비시장적 의사결정을 경제학적으로 연구하며, 전통적인 관료제를 비판하였다.

③ 신공공서비스론은 시장주의와 신관리주의를 결합한 이론으로 행정의 효과성과 능률성을 극대화하고자 하였다.

④ 뉴거버넌스론은 정부, 시장, 시민사회 간 신뢰와 협동을 강조한다.

12 평정자가 평정표(평정서)에 나열된 평정요소에 대한 설명 또는 질문을 보고 피평정자에게 해당되는 것을 골라 표시를 하는 평정방법은?

① 도표식 평정척도법
② 체크리스트법
③ 산출기록법
④ 직무기준법

13 정부와 시민사회 간의 관계에 대한 설명으로 옳지 않은 것은?

① 좋은 거버넌스에서는 시민단체의 역할을 강조한다.

② 우리나라에서는 시민단체의 자율성을 위하여 정부가 재정지원을 하지 않는다.

③ 정부와 시민단체의 지나친 유착은 시민단체의 정체성 문제를 야기한다.

④ 정부와 시민단체 간의 균형을 위해서는 정보의 공유가 필요하다.

14 정책수단(policy tools)에 대한 설명으로 옳지 않은 것은?

① 공기업은 정부의 소유 또는 통제하에 재화와 서비스를 제공한다.

② 샐러몬(L. M. Salamon)은 형평성에 대한 고려가 특히 중요한 경우에는 간접적 수단이 직접적 수단보다 적절하다고 주장한다.

③ 행정지도에 대하여는 책임소재가 불분명하고 법치주의를 침해한다는 비판이 있다.

④ 규제는 정책적 이데올로기 차원에서 논란의 대상이 되기도 한다.

15 애로우(K. J. Arrow)가 제시한 바람직한 집합적 의사결정방법의 기본조건이 아닌 것은?

① 집단의 선택과정은 합리적이어야 한다.

② 개개인의 선택의 자유가 제한되어서는 안 된다.

③ 어느 누구도 집합적인 선택의 과정에 대해서 결정적인 영향력을 행사해서는 안 된다.

④ 두 대안에 대한 개개인의 선호 순위는 두 대안뿐 아니라 다른 제3의 대안도 고려하여 결정되어야 한다.

16 동기이론에 대한 설명으로 옳지 않은 것은?

① 매슬로우(A. H. Maslow)의 욕구계층론에 대하여는 각 욕구단계가 명확히 구분되지 않는다는 비판이 있다.

② 앨더퍼(C. P. Alderfer)는 ERG이론에서 두 가지 이상의 욕구가 동시에 작용되기도 한다고 주장한다.

③ 허즈버그(F. Herzberg)의 욕구충족요인이원론에 대하여는 개인의 욕구 차이에 대한 충분한 고려가 없다는 비판이 있다.

④ 맥클리랜드(D. McClelland)의 성취동기이론은 개인의 욕구를 성취욕구, 친교욕구, 권력욕구로 분류하고 권력욕구가 높을수록 생산성이 높아진다고 주장한다.

17 우리나라의 프로그램 예산제도에 대한 설명으로 옳지 않은 것은?

① 세부업무와 단가를 통해 예산금액을 산정하는 상향식 방식을 사용하고 단년도 중심의 예산이다.

② 프로그램은 동일한 정책을 수행하는 단위사업의 묶음이다.

③ 예산 운용의 초점을 투입중심보다는 성과중심에 둔다.

④ '프로그램 – 단위사업 – 세부사업'은 품목별 예산체계의 '항 – 세항 – 세세항'에 해당한다.

18 민원에 대한 설명으로 옳지 않은 것은?

① 복합민원은 5세대 이상의 공동이해와 관련하여 5명 이상이 연명으로 제출하는 민원이다.

② 고충민원은 행정기관 등의 위법·부당하거나 소극적인 처분 및 불합리한 행정제도로 인하여 국민의 권리를 침해하거나 국민에게 불편 또는 부담을 주는 사항에 관한 민원이다.

③ 질의민원은 법령·제도·절차 등 행정업무에 관하여 행정기관의 설명이나 해석을 요구하는 민원이다.

④ 건의민원은 행정제도 및 운영의 개선을 요구하는 민원이다.

19 특별지방자치단체에 대한 설명으로 옳지 않은 것은?

① 특정한 목적을 수행하기 위하여 필요한 경우에 설치되는 지방자치단체이다.

② 특정한 지방공공사무를 보다 편리하면서도 효율적으로 수행하기 위하여 별도의 관할구역과 행정조직이 필요하다는 것이 설립의 일반적 이유이다.

③ 특별지방자치단체의 설립을 통해 지방자치단체의 난립과 구역·조직·재무 등 지방제도의 복잡성과 혼란을 완화할 수 있다.

④ 특별지방자치단체는 행정사무처리 이외에 공기업의 경영을 위해 설립되기도 한다.

20 「공공기관의 정보공개에 관한 법률」의 내용으로 옳은 것은?

① 지방자치단체는 그 소관 사무에 관하여 법령의 범위에서 정보공개에 관한 조례를 정할 수 있다.

② 모든 국민은 정보의 공개를 청구할 권리를 가지며, 외국인의 정보공개 청구에 관하여는 법률로 정한다.

③ 공공기관은 예산집행의 내용과 사업평가 결과 등 행정 감시에 필요한 정보가 다른 법률에서 비밀이나 비공개사항으로 규정되었더라도 이를 공개하여야 한다.

④ 공공기관은 정보공개의 청구를 받으면 부득이한 사유가 있더라도 그 청구를 받은 날부터 연장 없이 10일 이내에 공개 여부를 결정하여야 한다.

1 다음 설명에 해당하는 것은?

> 이것은 불확실한 상황에서의 오류 발생 가능성을 최소화하고 체제의 신뢰성을 높이기 위해 강조되는
> 행정가치이며, 여러 기관에 한 가지 기능이 혼합되는 중첩성(overlapping)과 동일 기능이 여러 기관에
> 서 독립적으로 수행되는 중복성(duplication) 등을 포괄하는 개념이다.

① 가외성(redundancy)

② 합리성(rationality)

③ 효율성(efficiency)

④ 책무성(accountability)

2 2014년 국세 징수액 비중이 큰 세목을 순서대로 바르게 배열한 것은?

① 소득세 > 법인세 > 부가가치세

② 소득세 > 부가가치세 > 법인세

③ 부가가치세 > 법인세 > 소득세

④ 부가가치세 > 소득세 > 법인세

3 직위분류제의 주요 개념에 대한 설명으로 옳은 것은?

① 등급은 직위에 포함된 직무의 성질, 난이도, 책임의 정도가 유사해 채용과 보수 등에서 동일하게 다
룰 수 있는 직위의 집단이다.

② 직류는 직무 종류가 광범위하게 유사한 직렬의 군이다.

③ 직렬은 직무 종류는 유사하나 난이도와 책임 수준이 다른 직급 계열이다.

④ 직군은 동일 직렬 내에서 담당 직책이 유사한 직무군이다.

4 다음 보기에서 ㉠과 ㉡에 해당하는 내용을 바르게 연결한 것은?

> (㉠)은(는) 국가가 특별한 용역 또는 시설을 제공하고 그 제공을 받은 자로부터 비용을 징수하는 경우의 당해 경비로서 기획재정부장관이 정하는 경비를 의미하며,「국가재정법」상 (㉡)의 예외로 규정되어 있다.

　　　　　　　㉠　　　　　　　　　　　㉡
① 수입대체경비　　　　　　예산총계주의 원칙
② 　전대차관　　　　　　　　예산총계주의 원칙
③ 　전대차관　　　　　　　　예산 공개의 원칙
④ 수입대체경비　　　　　　예산 공개의 원칙

5 고위공무원단제도에 대한 설명으로 옳지 않은 것은?

① 전(全)정부적으로 통합 관리되는 공무원 집단이다.
② 계급제나 직위분류제적 제약이 약화되어 인사 운영의 융통성이 강화된다.
③ 고위공무원단에 속하는 모든 일반직 공무원의 신규채용 임용권은 각 부처의 장관이 가진다.
④ 성과계약을 통해 고위직에 대한 성과관리가 강화된다.

6 조직시민행동(organizational citizenship behavior)에 대한 설명으로 옳지 않은 것은?

① 공식적인 보상 시스템에 의하여 직접적으로 또는 명시적으로 인식되지 않는 직무역할 외 행동이다.
② 구성원들의 역할모호성 지각은 조직시민행동에 긍정적 영향을 미친다.
③ 구성원들의 절차공정성 지각은 조직시민행동에 긍정적 영향을 미친다.
④ 작업장의 청결을 유지하는 것은 조직시민행동 유형 중 양심 행동에 속한다.

7 정책변동 모형 중에서 정책 과정 참여자의 신념체계(belief system)를 가장 강조하는 모형은?

① 단절균형(punctuated equilibrium) 모형

② 정책 패러다임변동(paradigm shift) 모형

③ 정책 지지연합(advocacy coalition) 모형

④ 제도의 협착(lock-in) 모형

8 정보화와 전자정부 등에 대한 설명으로 옳지 않은 것은?

① e-거버넌스는 모범적인 거버넌스를 실현하기 위하여 다양한 차원의 정부와 공공부문에서 정보통신기술의 잠재력을 활용하기 위한 과정과 구조의 실현을 추구한다.

② 웹 접근성이란 장애인 등 정보 소외계층이 웹사이트에 있는 정보에 접근할 수 있도록 편의를 제공하는 것을 말한다.

③ 빅데이터(big data)의 3대 특징은 크기, 정형성, 임시성이다.

④ 지역정보화 정책의 기본 목표는 지역경제의 활성화, 주민의 삶의 질 향상, 행정의 효율성 강화이다.

9 국회의 예산심의에 대한 설명으로 옳지 않은 것은?

① 상임위원회의 예비심사를 거친 정부예산안은 예산결산특별위원회에 회부되고, 예산결산특별위원회에서 종합심사가 종결되면 본회의에 부의된다.

② 예산결산특별위원회는 소관 상임위원회의 동의 없이 상임위원회에서 삭감한 세출예산 각 항의 금액을 증액할 수 있다.

③ 국회는 정부의 동의 없이 정부가 제출한 지출예산 각 항의 금액을 증가하거나 새 비목을 설치할 수 없다.

④ 국회의장은 예산안을 소관 상임위원회에 회부할 때에는 심사기간을 정할 수 있으며, 상임위원회가 이유없이 그 기간 내에 심사를 마치지 아니한 때에는 이를 바로 예산결산특별위원회에 회부할 수 있다.

10 정책커뮤니티와 이슈네트워크를 비교한 것으로 옳지 않은 것은?

① 네트워크 내 자원배분과 관련하여 정책커뮤니티는 근본적인 관계가 교환관계이고 모든 참여자가 자원을 보유하고 있으나, 이슈네트워크는 근본적인 관계가 제한적 합의이고 어떤 참여자는 자원보유가 한정적이다.

② 참여자 수와 관련하여 정책커뮤니티는 극히 제한적이며 의식적으로 일부 집단의 참여를 배제하기도 하나, 이슈네트워크는 개방적이며 다양한 행위자들이 참여한다.

③ 이익의 종류와 관련하여 정책커뮤니티는 경제적 또는 전문직업적 이익이 지배적이나, 이슈네트워크는 관련된 모든 이익이 망라된다.

④ 합의와 관련하여 정책커뮤니티는 어느 정도의 합의는 있으나 항상 갈등이 있고, 이슈네트워크는 모든 참여자가 기본적인 가치관을 공유하며 성과의 정통성을 수용한다.

11 다음 내용의 괄호 안에 해당하는 것은?

> 최근 미국은 의회의 연방예산처리 지연으로 예산편성 및 집행에 큰 어려움을 겪으면서 행정업무가 마비되는 사태를 겪은 바 있다. 우리나라는 새로운 회계연도가 개시될 때까지 예산안이 국회에서 의결되지 못한 경우에 대비하여 (   )제도를 시행하고 있다.

① 준예산   ② 가예산
③ 수정예산   ④ 잠정예산

12 우리나라 지방자치제에 대한 설명으로 옳지 않은 것은?

① 지방자치단체의 의사를 결정하는 의결기관과 의사를 집행하는 집행기관을 이원적으로 구성하는 기관대립(분립)형이다.

② 지방분권화의 세계적 흐름에 따라 지방사무의 배분방식은 제한적 열거방식을 채택하고 있다.

③ 자치경찰제는 현재 제주특별자치도에서만 실시되고 있다.

④ 특별지방행정기관은 중앙행정기관이 소관 사무를 집행하기 위해 설치한 지방행정기관이며, 세무서와 출입국관리사무소는 특별지방행정기관에 해당한다.

13 재니스(Janis)가 주장한 집단사고(groupthink) 예방 전략에 대한 설명으로 옳지 않은 것은?

① 조직에서 결정하는 사안이나 정책에 대해서 외부 인사들이 재평가할 수 있는 체계를 구축해야 한다.

② 최고 의사결정자는 대안 탐색 단계마다 참여자 중 한 명에게 악역을 맡겨 다수의견에 반대되는 의견을 강제로 개진하게 한다.

③ 집단적 의사결정에서 의사결정 단위를 2개 이상으로 나눈다.

④ 최종 대안을 도출한 후에는 각 참여자들에게 반대의견을 제시할 수 있는 기회를 부여하지 않는다.

14 시장실패 및 정부실패에 대한 설명으로 옳지 않은 것은?

① 시장실패를 초래하는 요인은 공공재의 존재, 외부효과의 발생, 불완전한 경쟁, 정보의 비대칭성 등이다.

② 시장실패를 교정하기 위한 정부 역할은 공적 공급, 공적 유도, 정부 규제 등이다.

③ 정부개입에 의해 초래된 의도하지 않은 결과 때문에 자원배분상태가 정부개입이 있기 전보다 오히려 더 악화될 수 있다.

④ 정부실패는 관료나 정치인들의 개인적 요인 때문에 발생하며, 정부라는 공공조직에 내재하는 구조적 요인 때문에 발생하는 것은 아니다.

15 다음 내용에서 정책평가의 내적 타당성을 위협하는 요인은?

> 정부는 혼잡통행료 제도의 효과를 측정하기 위해 혼잡통행료 실시 이전과 실시 후의 도심의 교통 흐름도를 측정, 비교하였다. 그런데 두 측정시점 사이에 유류가격이 급등하는 상황이 발생하였다.

① 상실요인(mortality)
② 회귀요인(regression)
③ 역사요인(history)
④ 검사요인(testing)

16 공직윤리 확보를 위한 행동강령(code of conduct)에 대한 설명으로 옳지 않은 것은?

① 행동강령은 공무원에게 기대되는 바람직한 가치판단이나 의사결정을 담고 있으며, 공무원이 준수하여야 할 행동기준으로 작용한다.

② 「공무원 행동강령」은 「부패방지 및 국민권익위원회의 설치와 운영에 관한 법률」 제8조에 근거해 대통령령으로 제정되었다.

③ 「공무원 행동강령」은 중앙행정기관의 장 등에게 「공무원 행동강령」의 시행에 필요한 범위에서 해당 기관의 특성에 적합한 세부적인 기관별 공무원 행동강령을 제정하도록 규정하고 있다.

④ OECD 국가들의 행동강령은 1970년대부터 집중적으로 제정되었으며, 주로 법률 형식으로 규정하고 있다.

17 조직의 통합 및 조정 방법에 대한 설명으로 옳지 않은 것은?

① 민츠버그(Mintzberg)에 의하면 연락 역할 담당자는 상당한 공식적 권한을 부여받아 조직 내 부문 간 의사전달 문제를 처리한다.

② 태스크포스는 여러 부서에서 차출된 직원들로 구성되며 특정 과업이 해결된 후에는 해체된다.

③ 리커트(Likert)의 연결핀 모형에 의하면 관리자는 연결핀으로서 자신이 관리하는 집단의 구성원인 동시에 상사에게 보고하는 관리자 집단의 구성원이다.

④ 차관회의는 조직 간 조정방법 중 하나이다.

18 티부(Tiebout) 모형의 가정(assumptions)으로 옳지 않은 것은?

① 충분히 많은 수의 지방정부가 존재한다.

② 공급되는 공공서비스는 지방정부 간에 파급효과 및 외부효과를 발생시킨다.

③ 주민들은 언제나 자유롭게 이동할 수 있다.

④ 주민들은 지방정부들의 세입과 지출 패턴에 관하여 완전히 알고 있다.

19 직무평가방법과 설명이 바르게 연결된 것은?

A. 서열법(job ranking)　　　　　　B. 분류법(classification)

C. 점수법(point method)　　　　　D. 요소비교법(factor comparison)

ㄱ 직무 전체를 종합적으로 판단해 미리 정해 놓은 등급기준표와 비교해가면서 등급을 결정한다.

ㄴ 대표가 될 만한 직무들을 선정하여 기준직무(key job)로 정해놓고 각 요소별로 평가할 직무와 기준 직무를 비교해가며 점수를 부여한다.

ㄷ 비계량적 방법을 통해 직무기술서의 정보를 검토한 후 직무 상호 간에 직무전체의 중요도를 종합적으로 비교한다.

ㄹ 직무평가표에 따라 직무의 세부 구성요소들을 구분한 후 요소별 가치를 점수화하여 측정하는데, 요소별 점수를 합산한 총점이 직무의 상대적 가치를 나타낸다.

	A	B	C	D
①	ㄱ	ㄴ	ㄷ	ㄹ
③	ㄷ	ㄴ	ㄱ	ㄹ

	A	B	C	D
②	ㄱ	ㄷ	ㄹ	ㄴ
④	ㄷ	ㄱ	ㄹ	ㄴ

20 다음 이론에 대한 설명 중 옳은 것만을 모두 고르면?

ㄱ 이익집단론은 정치체제가 잠재이익집단과 중복회원 때문에 특수이익에 치우치지 않는다고 주장한다.

ㄴ 신다원주의론은 자본주의 국가에서는 기업가 집단의 특권적 지위가 현실의 정책과정에서 나타난다고 본다.

ㄷ 하위정부론은 정책분야별로 이익집단, 정당, 해당 관료조직으로 구성된 실질적 정책결정권을 공유하는 네트워크가 존재한다고 주장한다.

① ㄱ

② ㄱ, ㄴ

③ ㄴ, ㄷ

④ ㄱ, ㄴ, ㄷ

1 시장실패와 정부실패에 대한 설명으로 적절하지 않은 것은?

① 시장실패는 시장기구를 통해 자원배분의 효율성을 달성할 수 없는 경우를 의미한다.

② 비배제성과 비경합성을 가진 공공재의 존재는 시장실패의 주요 원인 중 하나이다.

③ X 비효율성으로 인해 시장실패가 야기되어 정부의 시장개입 정당성이 약화된다.

④ 정부실패는 시장실패에 대응하는 개념으로 행정서비스의 비효율성을 야기한다.

2 동기이론에 대한 설명으로 옳지 않은 것은?

① 매슬로우(Maslow)는 상위 차원의 욕구가 충족되지 못하거나 좌절될 경우, 하위 욕구를 더욱 더 충족시키고자 한다고 주장하였다.

② 앨더퍼(Alderfer)는 ERG이론에서 매슬로우의 욕구 5단계를 줄여서 생존욕구, 대인관계 욕구, 성장욕구의 세 단계를 제시하였다.

③ 허츠버그(Herzberg)는 욕구충족요인 이원론에서 불만족 요인(위생요인)을 제거한다고 해서 만족을 보장하는 것은 아니라고 주장하였다.

④ 애덤스(Adams)는 형평성이론에서 자신의 노력과 그 결과로 얻어지는 보상과의 관계를 다른 사람의 것과 비교해 상대적으로 느끼는 공평한 정도가 행동동기에 영향을 준다고 본다.

3 점증주의 예산결정이론의 특성이 아닌 것은?

① 현실설명력은 높지만 본질적인 문제해결방식이 아니며 보수적이다.

② 정책과정상의 갈등을 완화하고 해결하는 데 필요한 정치적 합리성을 갖는다.

③ 계획예산제도(PPBS)와 영기준예산제도(ZBB)는 점증주의 접근을 적용한 대표적 사례이다.

④ 자원이 부족한 경우 소수 기득권층의 이해를 먼저 반영하게 되어 사회적 불평등을 야기할 우려가 있다.

4 옴부즈만(Ombudsman) 제도에 대한 설명으로 옳은 것만을 모두 고른 것은?

> ㉠ 옴부즈만 제도는 설치주체에 따라 크게 의회 소속형과 행정기관 소속형으로 구분된다.
> ㉡ 옴부즈만 제도는 정부 행정활동의 비약적인 증대에 따른 시민의 권리침해 가능성에 대해 충분한 구제제도를 두기 위하여 핀란드에서 최초로 도입되었다.
> ㉢ 옴부즈만은 행정행위의 합법성뿐만 아니라 합목적성 여부도 다룰 수 있다.
> ㉣ 우리나라의 경우 대통령 직속의 국민권익위원회가 옴부즈만에 해당한다.

① ㉠, ㉡   ② ㉠, ㉢
③ ㉢, ㉣   ④ ㉡, ㉣

5 지방자치단체의 기관구성에 대한 설명으로 옳지 않은 것은?

① 기관대립형(기관분리형)은 견제와 균형을 통해 민주적이고 합리적인 지방자치를 실시하는 방식이다.
② 기관통합형은 주민 직선으로 지방의회를 구성하고 의회 의장이 단체장을 겸하는 방식이다.
③ 기관대립형(기관분리형)은 집행부와 의회의 기구가 병존함에 따라 비효율성을 줄일 수 있다는 장점이 있다.
④ 기관통합형은 의결기능과 집행기능이 통합되어 있기 때문에 지방자치행정을 기관 간 마찰 없이 안정적으로 수행할 수 있다는 장점이 있다.

6 다음 설명에 해당하는 정책현상은?

> 어떤 하나의 규제가 시행된 결과, 원래 규제설계 당시에는 미리 예기하지 못한 또 다른 문제점이 나타나게 되면 규제기관은 그 문제의 해결을 위해 또 다른 규제를 하게 됨으로써 결국 규제가 규제를 낳는 결과를 초래한다.

① 타르 베이비 효과(Tar-Baby effect)   ② 집단행동의 딜레마
③ 규제의 역설(regulatory paradox)   ④ 지대추구행위

7 비용편익분석과 비용효과분석에 대한 설명으로 옳지 않은 것은?

① 순현재가치(NPV)는 할인율의 크기에 따라 그 값이 달라지지만, 편익·비용 비(B/C ratio)는 할인율의 크기에 영향을 받지 않는다.

② 내부수익률은 공공프로젝트를 평가하는 데 적절한 할인율이 알려져 있지 않을 경우 유용하게 사용할 수 있다.

③ 비용효과분석은 비용과 효과가 서로 다른 단위로 측정되기 때문에 총효과가 총비용을 초과하는지의 여부에 대한 직접적 증거는 제시하지 못한다.

④ 비용효과분석은 산출물을 금전적 가치로 환산하기 어렵거나, 산출물이 동일한 사업의 평가에 주로 이용되고 있다.

8 정책분석에서 사용되는 주요 미래예측 기법 중 미국 랜드(RAND) 연구소에서 개발된 것으로, 전문가들을 대상으로 설문을 반복하여 특정 주제에 대한 합의를 도출하는 접근 방식은?

① 델파이 분석　　　　　　　　　　② 회귀분석

③ 브레인스토밍　　　　　　　　　　④ 추세연장기법

9 정부 간 관계(IGR) 모형에 대한 설명으로 옳은 것만을 모두 고른 것은?

> ㉠ 로즈(Rhodes) 모형에서 지방정부는 중앙정부에 완전히 예속되는 것도 아니고 완전히 동등한 관계가 되는 것도 아닌 상태에서 상호 의존한다.
> ㉡ 로즈(Rhodes)는 지방정부는 법적 자원, 재정적 자원에서 우위를 점하며, 중앙정부는 정보자원과 조직자원의 측면에서 우위를 점한다고 주장한다.
> ㉢ 라이트(Wright)는 정부 간 관계를 포괄형, 분리형, 중첩형의 세 유형으로 나누고, 각 유형별로 지방정부의 사무내용, 중앙·지방간 재정관계와 인사관계의 차이가 있음을 밝히고 있다.
> ㉣ 라이트(Wright) 모형 중 포괄형에서는 정부의 권위가 독립적인 데 비하여, 분리형에서는 계층적이다.

① ㉠, ㉡　　　　　　　　　　　　② ㉡, ㉢, ㉣

③ ㉠, ㉢　　　　　　　　　　　　④ ㉠, ㉡, ㉢

10 홀(Hall)에 의해 제시된 정책변동모형으로 정책목표, 정책수단, 정책환경의 세 가지 변수 중 정책목표와 정책수단에 급격한 변화가 발생하는 정책변동모형은?

① 쓰레기통모형

② 단절균형모형(Punctuated Equilibrium)

③ 정책지지연합모형(Advocacy Coalition Framework)

④ 정책 패러다임 변동모형

11 계층제에 대한 설명으로 옳지 않은 것은?

① 조직의 수직적 분화가 많이 이루어졌을 때 고층구조라 하고 수직적 분화가 적을 때 저층구조라 한다.

② 조직 내의 권한과 책임 및 의무의 정도가 상하의 계층에 따라 달라지도록 조직을 설계하는 것을 말한다.

③ 조직에서 지휘명령 등 의사소통, 특히 상의하달의 통로가 확보되는 순기능이 있다.

④ 엄격한 명령계통에 따라 상명하복의 관계 유지를 위해서는 통솔 범위를 넓게 설정한다.

12 행정윤리에 대한 설명으로 옳지 않은 것은?

① 제도적 책임성이란 공무원이 전문가로서의 직업윤리와 책임감에 기초해서 자발적인 재량을 발휘해 확보되는 행정책임을 의미한다.

② 행정윤리는 사익보다는 공익과 밀접한 관계가 있다.

③ 결과주의에 근거한 윤리평가는 사후적인 것이며 문제의 해결보다는 행위 혹은 그 결과에 대한 처벌에 중점을 둔다.

④ 공무원 부패의 원인을 사회문화적 접근으로 보는 관점에서는 특정한 지배적 관습이나 경험적 습성이 부패를 조장한다는 입장이다.

13 「지방세 기본법」상 특별시·광역시의 세원이 아닌 것은?

① 취득세   ② 자동차세

③ 등록면허세   ④ 레저세

14 다음 제시문의 ㉠, ㉡에 들어갈 용어가 바르게 연결된 것은?

> (㉠)는 독립변수인 정책수단과 함께 종속변수인 정책효과를 가져오는 요인으로 정책수단과 정책효과 사이의 인과관계를 과대 또는 과소평가하며, (㉡)는 독립변수인 정책수단의 효과가 전혀 없을 때, 숨어서 정책효과를 가져오는 변수로 정책수단과 정책효과 사이의 인과관계를 완전히 왜곡하는 요인이다.

	㉠	㉡
①	허위변수(spurious variable)	매개변수(mediating variable)
②	혼란변수(confounding variable)	허위변수(spurious variable)
③	혼란변수(confounding variable)	매개변수(mediating variable)
④	허위변수(spurious variable)	혼란변수(confounding variable)

15 공공선택론에 대한 설명으로 옳지 않은 것은?

① 공공선택론은 역사적으로 누적 및 형성된 개인의 기득권을 타파하기 위한 접근이다.

② 공공선택론은 공공재의 공급에서 경제학적인 분석도구를 적용한다.

③ 공공선택론에서는 공공서비스를 독점 공급하는 전통적인 정부관료제가 시민의 요구에 민감하게 대응할 수 없는 장치라고 본다.

④ 공공선택론은 공공서비스의 효율적 공급을 위해서 분권화된 조직 장치가 필요하다는 입장이다.

16 「국가공무원법」상 우리나라 인사제도에 대한 설명으로 옳지 않은 것은?

① 인사혁신처장은 고위공무원단에 속하는 공무원이 갖추어야 할 능력과 자질을 설정하고 이를 기준으로 고위공무원단 직위에 임용되려는 자를 평가하여 신규채용·승진임용 등 인사관리에 활용할 수 있다.

② 국가공무원은 경력직공무원과 특수경력직공무원으로 구분하고, 경력직공무원은 다시 일반직공무원과 특정직공무원으로 나뉜다.

③ 개방형직위로 지정된 직위에는 외부 적격자뿐만 아니라 내부 적격자도 임용할 수 있다.

④ 고위공무원단에 속하는 일반직공무원의 경우 소속 장관은 해당 기관에 소속되지 아니한 공무원에 대하여 임용제청을 할 수 없다.

17 조직의 의사전달에 대한 설명으로 옳지 않은 것은?

① 공식적 의사전달은 의사소통이 객관적이고 책임 소재가 명확하다는 장점이 있다.

② 비공식적 의사전달은 의사소통 과정에서의 긴장과 소외감을 극복하고 개인적 욕구를 충족시킨다는 장점이 있다.

③ 공식적 의사전달은 조정과 통제가 곤란하다는 단점이 있다.

④ 참여인원이 적고 접근가능성이 낮은 경우 의사전달체제의 제한성은 높다.

18 중앙인사기관에 대한 설명으로 옳지 않은 것은?

① 독립합의형은 엽관주의를 배제하고 실적제를 발전시키는데 유리하지만, 책임소재가 불분명해질 수 있는 단점이 있다.

② 비독립단독형은 집행부형태로 인사행정의 책임이 분명하고 신속한 의사결정을 가능하게 해주지만, 인사행정의 정실화를 막기 어렵다.

③ 독립단독형은 독립합의형과 비독립단독형의 절충적 성격을 가진 형태로서 대표적인 예는 미국의 인사관리처나 영국의 공무원 장관실 등이다.

④ 정부 규모의 확대로 전략적 인적자원관리가 강조되어 중앙인사기관의 설치 및 기능이 중요시 된다.

19 품목별예산제도에 대한 설명으로 옳지 않은 것은?

① 재정민주주의 구현에 유리한 통제지향 예산제도이다.

② 정부활동의 중복방지와 통합·조정에 유리한 예산제도이다.

③ 지출 대상에 따라 자세히 예산이 표시되어 있으므로 예산 심의가 용이하다.

④ 정부가 수행하는 사업과 그 효과에 대한 명확한 정보를 제공하지 못한다.

20 「지방자치법」상 우리나라 지방자치단체에 대한 설명으로 옳지 않은 것은?

① 지방자치단체인 구는 특별시와 광역시의 관할 구역 안의 구만을 말한다.

② 자치구가 아닌 구의 명칭과 구역의 변경은 그 지방자치단체의 조례로 정한다.

③ 주민은 지방자치단체와 그 장의 권한에 속하는 사무의 처리가 법령에 위반되거나 공익을 현저히 해친다고 인정되면 감사를 청구할 수 있다.

④ 주민은 그 지방자치단체의 장뿐만 아니라 지방에 속한 모든 의회의원까지도 소환할 권리를 가진다.

1 다음 중 신공공서비스론(New Public Service, NPS)에서 강조하는 공무원의 동기 유발 요인은?

① 기업가 정신   ② 보수의 상승

③ 신분 보호   ④ 사회봉사

2 다음 중 역량평가제도에 대한 설명으로 가장 옳은 것은?

① 역량평가제도는 근무 실적 수준만으로 해당 업무 수행을 위한 역량을 보유하고 있는지에 대해 평가하는 것을 목적으로 한다.
② 역량평가제도는 대상자의 과거 성과를 평가하는 것이고, 성과에 대한 외부 변수를 통제하지 않는다.
③ 역량평가제도는 구조화된 모의 상황을 설정한 뒤 현실적 직무 상황에 근거한 행동을 관찰해 평가하는 방식이다.
④ 역량평가는 한 개의 실행 과제만을 활용하여 평가한다.

3 다음 중 조직에서 갈등이 발생할 수 있는 소지가 가장 적은 경우는?

① 자원의 희소성이 강할 때
② 업무의 일방향 집중형 상호의존성이 강할 때
③ 개인 사이의 가치관 격차가 클 때
④ 분업구조의 성격이 강할 때

4 행정학 이론의 발달에 대한 설명으로 가장 옳지 않은 것은?

① 행정관리론은 행정학의 기본가치로서 능률성을 강조하였다.
② 행태주의는 과학적 설명보다는 실질적인 처방을 강조하였다.
③ 호손실험에서는 비공식집단의 역할에 주목하였다.
④ 윌슨(W. Wilson)은 정치행정이원론을 주장하였다.

5 자치단체 상호 간의 적극적 협력을 제고하기 위한 제도적, 비제도적 방식에 해당하지 않는 것은?

① 자치단체조합
② 전략적 협력
③ 분쟁조정위원회
④ 사무위탁

6 시장실패 원인에 대응하는 정부의 방식에 대한 설명으로 가장 옳지 않은 것은?

① 외부효과 발생에 대해서는 보조금 혹은 정부규제로 대응할 수 있다.
② 자연독점에 대해서는 공적공급 혹은 정부규제로 대응할 수 있다.
③ 정보의 비대칭성에 대해서는 보조금으로 대응할 수 있다.
④ 불완전경쟁에 대해서는 보조금 혹은 공적공급으로 대응할 수 있다.

7 피터스(B. Guy Peters)의 뉴거버넌스 정부개혁 모형에 대한 설명으로 가장 옳지 않은 것은?

① 시장모형은 구조 개혁 방안으로 평면조직을 상정한다.
② 참여정부 모형의 관리 개혁 방안은 총품질관리팀제이다.
③ 유연조직 모형의 정책결정 개혁 방안은 실험이다.
④ 저통제정부 모형의 공익 기준은 창의성과 활동주의이다.

8 다음 중 귤릭(L. H. Gulick)이 제시하는 POSDCoRB에 대한 설명으로 가장 옳지 않은 것은?

① P는 기획(Planning)을 의미한다.

② O는 조직화(Organizing)를 의미한다.

③ Co는 협동(Cooperation)을 의미한다.

④ B는 예산(Budgeting)을 의미한다.

9 우리나라 정부 3.0에 대한 설명으로 가장 옳지 않은 것은?

① 정부 3.0은 공공정보를 적극 개방하고 공유하여 부처 간 소통과 협력을 중시한다.

② 정부 3.0은 원스톱 서비스 제공을 위해 직접방문과 인터넷을 중심기반으로 설계되었다.

③ 정부 3.0에서의 행정서비스는 양방향·맞춤형 제공을 지향한다.

④ 정부 3.0은 '민원 24' 서비스를 확대하여 개인별 생활민원 정보를 하나의 창구에서 통합 안내한다.

10 정부업무평가 제도에 대한 설명으로 가장 옳지 않은 것은?

① 「정부업무평가 기본법」에 의한 정부업무평가 대상은 중앙행정기관과 지방자치단체를 포함하며, 공공기관은 제외 된다.

② 지방자치단체 합동평가위원회는 행정자치부 소속 위원회로 「정부업무평가 기본법」에 설치근거를 둔다.

③ 정부업무평가 중 특정평가는 국무총리가 중앙행정기관을 대상으로 정책을 평가하는 것을 의미한다.

④ 중앙행정기관의 장은 그 소속 기관의 정책 등을 포함하여 자체평가를 실시하여야 한다.

11 다음 중 예산제도에 대한 설명으로 가장 옳지 않은 것은?

① 품목별 예산(LIBS)의 정책결정방식은 분권적·참여적이다.

② 계획예산(PPBS)은 기획의 책임이 중앙에 집중되어 있다.

③ 영기준 예산(ZBB)은 기획의 책임이 분권화되어 있다.

④ 성과주의 예산(PBS)과 목표관리예산(MBO)은 모두 관리에 초점이 맞추어져 있다.

12 우리나라의 국가채무에 대한 설명으로 가장 옳지 않은 것은?

① 국가채무의 범위는 「국가회계법」 제91조 2항에 따라 결정된다.

② 정부의 대지급 이행이 확정된 채무의 경우 국공채 및 차입금이 아니더라도 국가채무에 포함시킨다.

③ 국가의 회계 또는 기금이 인수하여 보유하고 있는 채권과 차입금은 국가채무 대상에서 제외시킨다.

④ 보증채무는 재정통계에 포함시키지 않는다.

13 다음 예산의 원칙 중 스미스(H. Smith)가 주장한 현대적 예산의 원칙은?

① 예산은 미리 결정되어 회계연도가 시작되면 바로 집행할 수 있도록 해야 한다.

② 예산의 편성, 심의, 집행은 공식적인 형식을 가진 재정 보고 및 업무 보고에 기초를 두어야 한다.

③ 모든 예산은 공개되어야 한다.

④ 예산구조나 과목은 국민들이 이해하기 쉽게 단순해야 한다.

14 다음 중 직위분류제의 분류와 그 예시의 연결이 가장 옳지 않은 것은?

① 직류 – 일반행정, 법무행정, 국제통상

② 직렬 – 행정, 세무, 관세, 교정

③ 직군 – 행정, 공안, 시설

④ 직위 – 관리관, 이사관, 서기관

15 근무성적평정의 오류 중 관대화 경향, 엄격화 경향, 집중화 경향을 방지할 수 있는 방법 중 가장 효과적인 것은?

① 서술적 보고법   ② 강제배분법

③ 연공서열법   ④ 가점법

16 공무원을 대상으로 하는 성과평가제도에 대한 설명으로 가장 옳지 않은 것은?

① 성과평가제도의 목적은 공무원의 능력과 성과를 향상시켜 성과 중심의 인사제도를 구성하는 것이 핵심 요소이다.

② 근무성적평가제도는 4급 이상 고위공무원단을 대상으로 시행한다.

③ 현행 평가제도는 직급에 따라 차별적 평가체제를 적용하고 있다.

④ 다면평가제도는 능력보다는 인간관계에 따른 친밀도로 평가가 이루어질 수 있다는 단점이 있다.

17 다음 중 주민의 직접적 지방행정 참여제도와 가장 거리가 먼 것은?

① 주민소환제도

② 주민감사청구제도

③ 주민협의회제도

④ 주민참여예산제도

18 다음 중 거시적 조직 이론에 대한 설명으로 가장 옳지 않은 것은?

① 전략적 선택이론은 임의론이다.

② 조직군생태론은 자연선택론을 취한다.

③ 조직군생태론은 결정론적이다.

④ 전략적 선택이론의 분석 단위는 조직군이다.

19 다음 중 동기부여 이론에 대한 설명으로 가장 옳지 않은 것은?

① 브룸(V. Vroom)의 기대이론 – 성취욕구, 권력욕구, 자율 욕구가 구성될 때 동기부여가 기대될 수 있다고 본다.

② 앨더퍼(C. Alderfer)의 ERG 이론 – 매슬로우의 욕구 이론을 수정하여 개인의 기본욕구를 존재욕구, 관계욕구, 성장욕구의 3단계로 구분하였다.

③ 매슬로우(A. H. Maslow)의 욕구이론 – 5단계의 욕구체계 중 가장 하위의 욕구는 생리적 욕구 이다.

④ 포터(L. Porter)와 로울러(E. Lawler)의 기대이론 – 성과의 수준이 업무만족의 원인이 된다고 본다.

20 다음 중 특별회계예산의 특징으로 가장 옳지 않은 것은?

① 특별회계예산은 세입과 세출의 수지가 명백하다.

② 특별회계예산에서는 행정부의 재량이 확대된다.

③ 특별회계예산은 국가재정의 전체적인 관련성을 파악하기 곤란하다.

④ 특별회계예산에서는 입법부의 예산통제가 용이해진다.

1 행정이론에 대한 설명으로 가장 옳지 않은 것은?

① 신공공관리론에서는 국민을 납세자나 일방적인 서비스 수혜자가 아닌 정부의 고객으로 인식한다.

② 탈신공공관리론은 신공공관리론의 결과로 나타난 재집권화와 재규제를 경계한다.

③ 뉴거버넌스론의 하나인 유연조직모형에서는 관리의 개혁방안으로 가변적 인사관리를 제시한다.

④ 신공공서비스론에서는 공익을 공유된 가치에 대한 담론의 결과물로 인식한다.

2 다음 조직구조의 유형들을 수직적 계층을 강조하는 구조에서 수평적 조정을 강조하는 구조로 옳게 배열한 것은?

㉠ 네트워크 구조	㉡ 매트릭스 구조
㉢ 사업부제 구조	㉣ 수평구조
㉤ 관료제	

① ㉢ – ㉤ – ㉡ – ㉣ – ㉠

② ㉢ – ㉤ – ㉣ – ㉠ – ㉡

③ ㉤ – ㉢ – ㉡ – ㉣ – ㉠

④ ㉤ – ㉢ – ㉣ – ㉡ – ㉠

3 신제도주의에 대한 설명 중 가장 옳은 것은?

① 합리적 선택 제도주의는 방법론적 전체주의 입장에서 제도를 개인으로 환원시키지 않고 제도 그 자체를 전체로서 이해함을 강조한다.

② 역사적 제도주의는 선진 제도 학습에 따른 제도의 동형화를 강조한다.

③ 사회학적 제도주의는 기존 경로를 유지하려는 제도의 속성을 강조한다.

④ 사회학적 제도주의는 조직구성원이 제도를 넘어선 효용극대화의 합리성에 따라 행동하기보다 주어진 제도 안에서 적합한 방식을 찾아 행동할 가능성이 높음을 강조한다.

4 「정부업무평가 기본법」에 따른 정부업무평가의 종류가 아닌 것은?

① 중앙행정기관의 자체평가

② 지방자치단체의 자체평가

③ 중앙행정기관에 대한 합동평가

④ 공공기관에 대한 평가

5 행정의 가치에 대한 설명 중 가장 옳은 것은?

① 합목적성을 의미하는 경제성(economy)은 그 자체로 목표가 되는 본질적 가치다.

② 적극적 의미의 합법성(legality)은 상황에 따라 신축성을 부여하는 법의 적합성보다 예외 없이 적용하는 법의 안정성을 강조한다.

③ 가외성(redundancy)은 과정의 공정성(fairness) 확보를 위한 수단적 가치다.

④ 능률성(efficiency)은 떨어지더라도 효과성(effectiveness)은 높을 수 있다.

6 정책결정모형에 대한 설명 중 가장 옳지 않은 것은?

① 쓰레기통모형은 불확실한 상황에서의 의사결정을 설명한다.

② 최적모형은 정책결정자의 직관적 판단을 배제하고 있다.

③ 점증모형은 정책결정의 상황적 특성에 초점을 맞추고 있다.

④ 합리모형은 정책결정자가 확실성을 갖고 행위 결과를 예측할 수 있다고 전제한다.

7 일반적인 정책평가의 절차를 순서대로 연결한 것은?

> ㉠ 인과모형의 설정
> ㉡ 자료 수집 및 분석
> ㉢ 정책목표의 확인
> ㉣ 정책평가 대상 및 기준의 확정
> ㉤ 평가 결과의 환류

① ㉠ → ㉡ → ㉢ → ㉣ → ㉤

② ㉡ → ㉢ → ㉠ → ㉣ → ㉤

③ ㉢ → ㉣ → ㉠ → ㉡ → ㉤

④ ㉣ → ㉠ → ㉡ → ㉢ → ㉤

8 애드호크라시(adhocracy)에 대한 설명 중 가장 옳지 않은 것은?

① 일상적 업무 수행의 내부 효율성을 제고한다.

② 구성원의 능력을 최대한 발휘하게 하여 혁신을 촉진할 수 있다.

③ 동태적이고 복잡한 환경에 적합한 조직구조이다.

④ 낮은 수준의 공식화를 특징으로 하는 유기적 조직구조이다.

9 균형성과표(BSC : Balanced Score Card)의 관점과 측정 지표가 바르게 연결된 것은?

① 학습과 성장 관점 – 직무만족도

② 내부 프로세스 관점 – 민원인의 불만율

③ 재무적 관점 – 신규 고객의 증감

④ 고객 관점 – 조직 내 커뮤니케이션 구조

10 오늘날 정책결정 과정에서 정책네트워크(policy network)의 역할이 증대되고 있다. 다음 중 정책네트워크의 유형으로 가장 거리가 먼 것은?

① 하위정부(subgovernment)

② 정책공동체(policy community)

③ 이음매 없는 조직(seamless organization)

④ 정책문제망(issue network)

11 다음 중 참여와 분권을 본질적 특징으로 포함하는 제도와 거리가 먼 것은?

① 계획예산제도

② 목표관리제

③ 영기준예산제도

④ 다면평가제

12 「공공기관의 운영에 관한 법률」에 따른 공공기관의 유형에 속하지 않는 것은?

① 기금관리형 준정부기관

② 준시장형 공기업

③ 위탁집행형 공기업

④ 기타공공기관

13 「국가공무원법」상 징계의 내용과 효력을 바르게 설명한 것은?

① 강등은 1계급 아래로 직급을 내리고 공무원의 신분은 보유하나 3개월간 직무에 종사하지 못하며 그 기간 중 보수의 3분의 2를 감한다.

② 정직은 1개월 이상 3개월 이하의 기간으로 하고, 정직 처분을 받은 자는 그 기간 중 공무원의 신분은 보유하나 직무에 종사하지 못하며 보수의 3분의 2를 감한다.

③ 감봉은 1개월 이상 3개월 이하의 기간 동안 보수의 3분의 2를 감한다.

④ 파면 처분을 받은 때부터 5년이 지나지 아니하면 공무원으로 임용될 수 없다.

14 총체주의 예산이론에 대한 설명 중 옳지 않은 것은?

① 계획예산제도(PPBS)와 영기준 예산제도(ZBB)는 대표적 총체주의 예산제도이다.

② 정치적 타협과 상호 조절을 통해 최적의 예산을 추구한다.

③ 예산의 목표와 목표 간 우선순위를 명확하게 설정한다.

④ 합리적 분석을 통해 비효율적 예산 배분을 지양한다.

15 「공무원 행동강령」에 따르면, 공무원은 직무 관련 여부 및 기부·후원·증여 등 그 명목에 관계없이 동일인으로부터 1회에 100만 원 또는 매 회계연도에 300만 원을 초과하는 금품 등을 받거나 요구 또는 약속해서는 아니 된다. 그 예외에 해당하지 않는 것은?

① 특정인에게 배포하기 위한 기념품 또는 홍보용품 등이나 경연·추첨을 통하여 받는 보상 또는 상품 등

② 공무원의 친족(「민법」제777조에 따른 친족)이 제공하는 금품 등

③ 원활한 직무수행 또는 사교·의례 또는 부조의 목적으로 제공되는 음식물·경조사비·선물 등으로서 중앙행정기관의장 등이 정하는 가액 범위 안의 금품 등

④ 공무원과 관련된 직원상조회·동호인회·동창회·향우회·친목회·종교단체·사회단체 등이 정하는 기준에 따라 구성원에게 제공하는 금품 등 및 그 소속 구성원 등 공무원과 특별히 장기적·지속적인 친분관계를 맺고 있는 자가 질병·재난 등으로 어려운 처지에 있는 공무원에게 제공하는 금품 등

16 정부활동의 일반적이며 총체적인 내용을 보여 주어 일반납세자가 정부의 예산내용을 쉽게 이해할 수 있도록 설계된 예산의 분류 방법은?

① 품목별 분류
② 기능별 분류
③ 경제성질별 분류
④ 조직별 분류

17 예산원칙 예외에 대한 설명 중 옳지 않은 것은?

① 국가정보원 예산의 비공개는 예산 공개의 원칙에 대한 예외이다.
② 수입대체경비, 차관물자대 등은 예산총계주의 원칙에 대한 예외이다.
③ 특별회계와 추가경정예산은 예산 단일성의 원칙에 대한 예외이다.
④ 예산 한정성의 원칙 중 예산 목적 외 사용 금지인 질적 한정의 원칙은 엄격히 지켜지고 있다.

18 2009년 서울의 한 고등학생이 개발한 '서울버스 앱'은 공공데이터의 무료 개방에 따른 부가서비스 개발의 대표적 사례로 알려져 있다. '서울버스 앱'의 기반이 되는 웹 기술은?

① 하이퍼링크 중심의 Web 1.0 기술
② 플랫폼 기반의 Web 2.0 기술
③ 시맨틱웹(Semantic Web) 기반의 Web 3.0 기술
④ 사물인터넷 기반의 Web 3.0 기술

19 중앙행정기관의 장과 지방자치단체의 장이 사무를 처리할 때 의견을 달리하는 경우 이를 협의·조정하기 위하여 설치하는 기구는?

① 중앙분쟁조정위원회

② 지방분쟁조정위원회

③ 갈등관리심의위원회

④ 행정협의조정위원회

20 지방자치단체의 사무에 관한 설명 중 가장 옳지 않은 것은?

① 기관위임사무에 소요되는 비용은 원칙적으로 자치단체와 위임기관이 공동으로 부담한다.

② 지방의회는 단체위임사무에 대해 조사·감사를 시행한다.

③ 예방접종에 관한 사무는 통상 자치단체에 위임된 사무로 본다.

④ 자치사무에 대한 국가의 감독에서 적극적 감독, 즉 예방적 감독과 합목적성의 감독은 배제되는 것이 원칙이다.

☞ 정답 및 해설 P.33

1 대표관료제에 대한 설명으로 옳지 않은 것은?

① 엽관주의의 폐단을 시정하기 위해 등장하였다.

② 관료의 국민에 대한 대응성과 책임성을 향상시킨다.

③ 형평성을 제고할 수 있으나 역차별의 문제가 발생할 수 있다.

④ 우리나라도 대표관료제적 임용정책을 시행하고 있다.

2 신행정학(New Public Administration)의 핵심 내용으로 옳은 것만을 모두 고른 것은?

> ㉠ 효율성 강조 ㉡ 실증주의적 연구 지향
> ㉢ 적실성 있는 행정학 연구 ㉣ 고객중심의 행정
> ㉤ 기업식 정부 운영

① ㉠, ㉡ ② ㉡, ㉢

③ ㉢, ㉣ ④ ㉣, ㉤

3 관료제 병리현상에 대한 설명으로 옳지 않은 것은?

① 규칙이나 절차에 지나치게 집착하게 되면 목표와 수단의 대치 현상이 발생한다.

② 모든 업무를 문서로 처리하는 문서주의는 번문욕례(繁文縟禮)를 초래한다.

③ 자신의 소속기관만을 중요시함에 따라 타 기관과의 업무 협조나 조정이 어렵게 되는 문제가 나타난다.

④ 법규와 절차 준수의 강조는 관료제 내 구성원들의 비정의성(非情誼性)을 저해한다.

4 계급제의 장점에 대한 설명으로 옳지 않은 것은?

① 공무원의 신분안정과 직업공무원제 확립에 기여한다.
② 인력활용의 신축성과 융통성이 높다.
③ 정치적 중립 확보를 통해 행정의 전문성을 제고할 수 있다.
④ 단체정신과 조직에 대한 충성심 확보에 유리하다.

5 「정부업무평가 기본법」에 의한 정부업무 평가제도에 대한 설명으로 옳지 않은 것은?

① 김포시와 도로교통공단은 평가대상에 포함된다.
② 관세청장은 자체평가위원회를 운영한다.
③ 행정자치부장관은 지방자치단체 합동평가위원회의 당연직 위원장이다.
④ 기획재정부장관은 정부업무평가위원회의 위원이다.

6 정책집행의 상향적 접근방법에 대한 설명으로 옳은 것은?

① 대표적인 모형은 사바티어(Sabatier)의 정책지지 연합모형(Advocacy Coalition Framework)이다.
② 정책결정과 정책집행은 뚜렷하게 구분된다고 본다.
③ 집행현장에서 일선관료의 재량과 자율을 강조한다.
④ 안정되고 구조화된 정책상황을 전제로 한다.

7 허즈버그(Herzberg)의 욕구충족요인 이원론에 대한 설명으로 옳지 않은 것은?

① 욕구의 계층화를 시도한 점에서 매슬로(Maslow)의 욕구단계이론과 유사하다.
② 불만을 주는 요인과 만족을 주는 요인은 서로 다르다고 주장한다.
③ 무엇이 동기를 유발하는가에 초점을 두는 내용이론으로 분류된다.
④ 작업조건에 대한 불만을 해소한다고 하더라도 근무태도에 장기적인 영향을 미치지는 않는다고 본다.

8 정부조직에 대한 설명으로 옳은 것은?

① 감사원은 「정부조직법」에서 정하는 합의제 행정기관에 해당한다.

② 금융감독원은 「정부조직법」에 따라 설치된 중앙행정기관이다.

③ 소청심사위원회는 행정자치부 소속으로 행정기관 소속 공무원의 징계처분에 관한 사무를 관장한다.

④ 특허청은 행정 및 재정상의 자율성이 부여되고 성과에 대해 책임을 지도록 하는 책임운영기관에 해당한다.

9 공익(public interest) 개념의 실체설과 과정설에 대한 설명으로 옳은 것은?

① 실체설은 집단 간 상호작용의 산물이 공익이라고 본다.

② 과정설의 대표적인 학자에는 플라톤(Plato)과 루소(Rousseau)가 있다.

③ 실체설은 공익이라는 미명하에 개인의 이익이 침해될 수 있는 위험요소를 내포하고 있다.

④ 과정설은 공익과 사익이 명확히 구분된다는 입장이다.

10 전략적 인적자원관리에 대한 설명으로 옳지 않은 것은?

① 장기적이며 목표·성과 중심적으로 인적자원을 관리한다.

② 개인의 욕구는 조직의 전략적 목표달성을 위해 희생해야 한다는 입장이다.

③ 인사업무 책임자가 조직 전략 수립에 적극적으로 관여한다.

④ 조직의 전략 및 성과와 인적자원관리 활동 간의 연계에 중점을 둔다.

11 우리나라의 지방자치계층에 대한 설명으로 옳지 않은 것은?

① 제주특별자치도는 자치계층 측면에서 단층제로 운영되고 있다.

② 자치계층은 주민공동체의 정책결정 및 집행의 단위로서 정치적 민주성 가치가 중요시된다.

③ 세종특별자치시의 관할구역으로 자치구를 둘 수 있다.

④ 자치계층으로 군을 두고 있는 광역시가 있다.

12 「부정청탁 및 금품등 수수의 금지에 관한 법률」상 금지하는 부정청탁에 해당하지 않는 것은?

① 각급 학교의 입학 · 성적 · 수행평가 등의 업무에 관하여 법령을 위반하여 처리 · 조작하도록 하는 행위

② 공개적으로 공직자등에게 특정한 행위를 요구하는 행위

③ 공공기관이 주관하는 각종 수상, 포상, 우수기관 선정 또는 우수자 선발에 관하여 법령을 위반하여 특정 개인 · 단체 · 법인이 선정 또는 탈락되도록 하는 행위

④ 채용 · 승진 · 전보 등 공직자등의 인사에 관하여 법령을 위반하여 개입하거나 영향을 미치도록 하는 행위

13 무의사결정(non-decision making)에 대한 설명으로 옳은 것은?

① 지배적인 엘리트집단은 자신들의 이해관계와 부합하지 않는 이슈라도 정책의제설정단계에서 논의하려고 한다.

② 무의사결정은 중립적인 행동으로 다원주의이론의 관점을 반영한다.

③ 집행과정에서는 무의사결정이 일어나지 않는다.

④ 정책문제 채택과정에서 기존 세력에 도전하는 요구는 정책문제화하지 않고 억압한다.

14 정책결정모형에 대한 설명으로 옳지 않은 것은?

① 점증모형 – 기존의 정책을 수정 보완해 약간 개선된 상태의 정책 대안이 선택된다.

② 최적모형 – 정책결정자의 직관적 판단은 정책결정의 중요한 요인으로 인정되지 않는다.

③ 혼합주사모형 – 거시적 맥락의 근본적 결정에 해당하는 부분에서는 합리모형의 의사결정방식을 따른다.

④ 쓰레기통모형 – 조직화된 무질서 상태에서 어떠한 계기로 인해 우연히 정책이 결정된다.

15 다음 ㉠과 ㉡에 들어갈 내용으로 옳은 것은?

> 「공직자윤리법」에서는 퇴직공직자의 취업제한 및 행위제한 등을 규정하고 있는데, 취업심사대상자는 퇴직일부터 (㉠)간 퇴직 전 (㉡) 동안 소속하였던 부서 또는 기관의 업무와 밀접한 관련성이 있는 취업제한기관에 취업할 수 없다.

      ㉠   ㉡
① 3년   5년
② 5년   3년
③ 2년   3년
④ 2년   5년

16 예산제도에 대한 설명으로 옳지 않은 것은?

① 쉬크(Schick)는 통제-관리-기획이라는 예산의 세 가지 지향(orientation)을 제시하였다.
② 영기준예산제도(ZBB)가 단위사업을 사업-재정계획에 따라 장기적인 예산편성 쪽으로 방향을 잡았다면, 계획예산제도(PPBS)는 당해 연도의 예산 제약 조건을 먼저 고려한다.
③ 우리나라는 예산편성과 성과관리의 연계를 위해 재정사업자율평가제도를 실시하고 있다.
④ 조세지출예산제도는 조세지출의 내용과 규모를 주기적으로 공표해 조세지출을 관리하는 제도이다.

17 중앙과 지방의 권한배분에 대한 설명으로 옳지 않은 것은?

① 지방분권 및 지방행정체제 개편을 추진하기 위하여 국무총리 소속으로 지방자치발전위원회를 둔다.
② 국가는 지방자치단체에 이양한 사무가 원활히 처리될 수 있도록 행정적 · 재정적 지원을 병행하여야 한다.
③ 중앙행정기관의 장과 지방자치단체의 장이 사무를 처리할 때 의견을 달리하는 경우 이를 협의 · 조정하기 위하여 국무총리 소속으로 행정협의조정위원회를 둔다.
④ 「지방자치법」은 원칙적으로 사무배분방식에 있어서 포괄적 예시주의를 취하고 있다.

18 정부의 규모와 역할에 대한 행정이론의 설명으로 옳지 않은 것은?

① X-비효율성은 과열된 경쟁에서 나타나는 정부의 과다한 비용발생을 의미한다.

② 지대추구이론은 규제나 개발계획과 같은 정부의 시장개입이 클수록 지대추구행태가 증가하고 그에 따른 사회적 손실도 증가한다고 주장한다.

③ 거래비용이론에서는 당사자 간의 협상 및 커뮤니케이션 비용과 계약의 준수를 감시하는 비용도 거래비용으로 포함한다.

④ 대리인이론은 주인-대리인 사이에 정보비대칭성이 있고 대리인이 기회주의적으로 행동하는 경우 역선택(adverse selection) 문제가 발생할 수 있다고 주장한다.

19 공공서비스 공급주체의 유형과 예시를 바르게 연결한 것은?

① 준시장형 공기업 - 한국방송공사

② 시장형 공기업 - 한국마사회

③ 기금관리형 준정부기관 - 한국연구재단

④ 위탁집행형 준정부기관 - 한국소비자원

20 재정성과관리와 재정건전성에 대한 설명으로 옳지 않은 것은?

① 중기지방재정계획은 「지방재정법」에 근거한 사후예산제도로 지방재정 건전화를 추구한다.

② 통합재정수지는 재정건전성 분석, 재정의 실물경제 효과 분석, 재정운용의 통화부문에 대한 영향 분석 등에 활용될 수 있다.

③ 총사업비관리제도는 시작된 대형사업에 대한 총사업비를 관리해 재정지출의 생산성 제고를 도모한다.

④ 예비타당성조사는 대규모 신규사업에 대한 예산편성 및 기금운용계획을 수립하기 위하여 기획재정부장관 주관으로 실시하는 사전적인 타당성 검증·평가제도이다.

☞ 정답 및 해설 P.36

1 우리나라 행정환경의 주요 행위자들 간의 관계에 대한 설명으로 옳지 않은 것은?

① 국회는 국민의 대표기관으로서 민주주의 원칙에 합당하게 행정이 이루어지고 있는지를 감시하고 통제하는 권한을 가진다.

② 정부는 국회에 법률안을 제출할 수 있고, 대통령은 법률에서 구체적으로 범위를 정하여 위임받은 사항과 법률을 집행하기 위하여 필요한 사항에 관하여 대통령령을 발할 수 있다.

③ 헌법재판소의 위헌 결정은 행정부의 활동에 지대한 영향을 미칠 수 있다.

④ 대통령은 국회가 확정한 본예산에 대하여 재의를 요구할 수 있다.

2 정부규제를 사회적 규제와 경제적 규제로 나눌 경우 경제적 규제의 성격이 가장 강한 것은?

① 진입규제

② 환경규제

③ 산업재해규제

④ 소비자안전규제

3 조직의 원리에 대한 설명으로 옳지 않은 것은?

① 계층제의 원리는 조직 내의 권한과 책임 및 의무의 정도가 상하의 계층에 따라 달라지도록 조직을 설계하는 것이다.

② 통솔범위란 한 사람의 상관 또는 감독자가 효과적으로 통솔할 수 있는 부하 또는 조직단위의 수를 말하며, 감독자의 능력, 업무의 난이도, 돌발 상황의 발생 가능성 등 다양한 요소를 고려하여 정해진다.

③ 분업의 원리에 따라 조직 전체의 업무를 종류와 성질별로 나누어 조직구성원이 가급적 한 가지의 주된 업무만을 전담하게 하면, 부서 간 의사소통과 조정의 필요성이 없어진다.

④ 부성화의 원리는 한 조직 내에서 유사한 업무를 묶어 여러 개의 하위기구를 만들 때 활용되는 것으로 기능부서화, 사업부서화, 지역부서화, 혼합부서화 등의 방식이 있다.

4 공무원의 사기관리에 대한 설명으로 옳은 것은?

① 「공무원 제안 규정」상 우수한 제안을 제출한 공무원에게 인사상 특전을 부여할 수 있지만, 상여금은 지급할 수 없다.

② 소청심사제도는 징계처분과 같이 의사에 반하는 불이익 처분을 받은 공무원이 그에 불복하여 이의를 제기했을 때 이를 심사하여 결정하는 절차이다.

③ 우리나라는 공무원의 고충을 심사하기 위하여 행정자치부에 중앙고충심사위원회를 둔다.

④ 성과상여금제도는 공직의 경쟁력을 높이기 위하여 공무원 인사와 급여체계를 사람과 연공 중심으로 개편한 것이다.

5 「정부업무평가 기본법」상 정부업무평가의 종류가 아닌 것은?

① 중앙행정기관의 자체평가

② 공공기관에 대한 평가

③ 환경영향평가

④ 지방자치단체의 자체평가

6 정책분석에 있어서 문제구조화에 대한 설명으로 옳지 않은 것은?

① 던(Dunn)은 정책문제를 구조화가 잘된 문제(well-structured problem), 어느 정도 구조화된 문제(moderately structured problem), 구조화가 잘 안된 문제(ill-structured problem)로 분류한다.

② 구조화가 잘된 문제의 해결을 위해서 분석가는 전통적인(conventional) 방법을 사용하기도 한다.

③ 문제구조화는 상호 관련된 4가지 단계인 문제의 감지, 문제의 정의, 문제의 추상화, 문제의 탐색으로 구성되어 있다.

④ 문제구조화의 방법으로는 경계분석, 분류분석, 가정분석 등이 있다.

7 정책집행의 성공 가능성에 대한 설명으로 옳지 않은 것은?

① 정책집행연구의 하향론자들은 복잡한 조직구조가 정책의 성공적 집행을 도와준다고 주장한다.

② 정책목표와 정책수단이 구체적일수록 정책집행이 성공할 가능성이 커진다는 주장이 있다.

③ 불특정다수인이 혜택을 보는 경우보다 특정한 집단이 배타적으로 혜택을 보는 경우에 강력한 지지를 얻을 수도 있다.

④ 배분정책은 규제정책이나 재분배정책에 비하여 표준운영절차(SOP)에 따라 원만한 집행이 이루어질 가능성이 더 크다.

8 우리나라의 정책과정 참여자에 대한 설명으로 옳지 않은 것은?

① 대통령은 국회와 사법부에 대한 헌법상의 권한을 통하여 영향력을 행사하며, 행정부 주요 공직자에 대한 임면권을 통하여 정책과정에서 주도적 역할을 수행한다.

② 행정기관은 법률 제정과 사법적 판단을 통하여 정책집행과정에서 실질적인 영향력을 행사한다.

③ 국회는 국정조사나 예산 심의 등을 통하여 행정부를 견제하고, 국정감사나 대정부질의 등을 통하여 정책집행과정을 평가한다.

④ 사법부는 정책집행으로 인한 사회적 갈등상황이 야기되었을 때 판결을 통하여 정책의 합법성이나 정당성을 판단한다.

9 브룸(Vroom)의 기대이론에 따를 경우 조직구성원의 직무수행동기를 유발하기 위한 조건이 아닌 것은?

① 내가 노력하면 높은 등급의 실적평가를 받을 수 있다는 기대치(expectancy)가 충족되어야 한다.

② 내가 높은 등급의 실적평가를 받으면 많은 보상을 받을 수 있다는 수단치(instrumentality)가 충족되어야 한다.

③ 내가 받을 보상은 나에게 가치있는 것이라는 유인가(valence)가 충족되어야 한다.

④ 내가 투입한 노력과 그로 인하여 받은 보상의 비율이, 다른 사람과 비교하여 공평해야 한다는 균형성(balance)이 충족되어야 한다.

10 「공무원보수규정」상 고위공무원단 소속 공무원에 적용되는 직무성과급적 연봉제에 대한 설명으로 옳지 않은 것은?

① 고위공무원단에 속하는 모든 공무원에 대하여 적용한다.

② 기본연봉은 기준급과 직무급으로 구성된다.

③ 기준급은 개인의 경력 및 누적성과를 반영하여 책정된다.

④ 직무급은 직무의 곤란성 및 책임의 정도를 반영하여 직무등급에 따라 책정된다.

11 기존 데이터와 비교할 때 빅데이터의 주요 특징이 아닌 것은?

① 속도(velocity)

② 다양성(variety)

③ 크기(volume)

④ 수동성(passivity)

12 분업에 대한 설명으로 옳지 않은 것은?

① 분업의 심화는 작업도구·기계와 그 사용방법을 개선하는 데 기여할 수 있다.

② 작업전환에 드는 시간(change-over time)을 단축할 수 있다.

③ 분업이 고도화되면 조직구성원에게 심리적 소외감이 생길 수 있다.

④ 분업은 업무량의 변동이 심하거나 원자재의 공급이 불안정한 경우에 더 잘 유지된다.

13 공기업 민영화에 대한 설명으로 옳지 않은 것은?

① 공공기관 경영평가에서 3년 연속 최하등급을 받은 공기업은 「공공기관의 운영에 관한 법률」상 민영화하여야 한다.

② 공공영역을 일정 부분 축소하는 것으로 볼 수 있다.

③ 공기업을 민영화하면 국민에 대한 보편적 서비스의 제공이 약화될 수 있다.

④ 공기업 매각 방식의 민영화를 통해 공공재정의 확충이 가능하다.

14 「국가재정법」상 다음 원칙의 예외에 대한 규정으로 옳지 않은 것은?

> • 한 회계연도의 모든 수입을 세입으로 하고, 모든 지출을 세출로 한다.
> • 한 회계연도의 세입과 세출은 모두 예산에 계상하여야 한다.

① 수입대체경비에 있어 수입이 예산을 초과하거나 초과할 것이 예상되는 때에는 그 초과수입을 대통령령이 정하는 바에 따라 그 초과수입에 직접 관련되는 경비 및 이에 수반되는 경비에 초과지출할 수 있다.

② 국가가 현물로 출자하는 경우에는 이를 세입세출예산 외로 처리할 수 있다.

③ 국가가 외국차관을 도입하여 전대하는 경우에는 이를 세입세출예산 외로 처리할 수 있다.

④ 출연금이 지원된 국가연구개발사업의 개발 성과물 사용에 따른 대가를 사용하는 경우에는 이를 세입세출예산 외로 처리할 수 있다.

15 행정통제에 대한 설명으로 옳지 않은 것은?

① 독립통제기관(separate monitoring agency)은 일반행정기관과 대통령 그리고 외부적 통제중추들의 중간 정도에 위치하며, 상당한 수준의 독자성과 자율성을 누린다.

② 헌법재판제도는 헌법을 수호하고 부당한 국가권력으로부터 국민의 권리와 자유를 보호하는 과정에서 행정에 대한 통제기능을 수행한다.

③ 교차기능조직(criss-cross organizations)은 행정체제 전반에 걸쳐 관리작용을 분담하여 수행하는 참모적 조직단위들로서 내부적 통제체제로부터 완전히 독립되어 있다.

④ 국무총리 소속 국민권익위원회는 옴부즈만적 성격을 가지며, 국민권익위원회의 위원장과 부위원장은 국무총리의 제청으로 대통령이 임명한다.

16 우편사업, 우체국예금사업, 양곡관리사업, 조달사업을 수행하기 위한 특별회계예산의 운용에 관한 사항을 규정하고 있는 현행법은?

① 「공공기관의 운영에 관한 법률」
② 「정부기업예산법」
③ 「예산회계법」
④ 「정부산하기관관리기본법」

17 「지방교부세법」상 지방교부세에 대한 설명으로 옳지 않은 것은?

① 지방교부세의 재원에는 종합부동산세 총액, 담배에 부과하는 개별소비세 총액의 일부 등이 포함된다.

② 보통교부세의 산정기일 후에 발생한 재난을 복구하거나 재난 및 안전관리를 위한 특별한 재정수요가 생기거나 재정수입이 감소한 경우 특별교부세를 교부할 수 있다.

③ 지방교부세의 종류는 보통교부세, 특별교부세, 부동산교부세 및 교통안전교부세로 구분한다.

④ 지방행정 및 재정운용 실적이 우수한 지방자치단체에 재정지원 등 특별한 재정수요가 있을 경우 특별교부세를 교부할 수 있다.

18 조직의 배태성(embeddedness)과 제도적 동형화(isomorphism)에 대한 설명으로 옳지 않은 것은?

① 조직 배태성의 특징은 조직구성원들이 정당성보다 경제적 이익을 추구하는 행위를 하려는 것이다.

② 조직의 제도적 동형화는 특정 조직이 환경에 있는 다른 조직을 닮는 것을 말한다.

③ 제도적 동형화에는 강압적 동형화, 모방적 동형화, 규범적 동형화 등이 있다.

④ 제도적으로 조직이 동형화될 경우 조직이 교란되는 것을 막을 수 있다.

19 우리나라 지방자치단체의 자치재정권에 대한 설명으로 옳지 않은 것은?

① 지방세 탄력세율 제도는 지방자치단체 재정의 신축성과 자율성을 제고하기 위한 제도이다.

② 지방자치단체는 법령의 위임이 없더라도 조례의 제정을 통하여 지방 세목을 설치할 수 있다.

③ 지방자치단체의 장은 재정투자사업에 관한 예산안을 편성할 경우 대통령령이 정하는 바에 따라 사전에 그 필요성과 타당성에 대한 심사를 하여야 한다.

④ 지방자치단체의 장은 재해예방 및 복구사업을 위한 자금 조달에 필요할 때에는 지방채를 발행할 수 있다.

20 정무직 공무원과 직업관료 간의 일반적인 성향 차이에 대한 내용으로 옳지 않은 것은?

① 정무직 공무원은 재임기간이 짧기 때문에 정책의 필요성이나 성패를 단기적으로 바라보지만, 직업관료는 신분보장이 되어 있기 때문에 장기적으로 바라보는 경향이 있다.

② 정무직 공무원은 행정수반의 정책비전에 따른 변화를 추구하고, 직업관료는 제도적 건전성을 통한 중립적 공공봉사를 중시한다.

③ 정무직 공무원은 직업적 전문성(professionalism)에 따라 정책문제를 바라보고, 직업관료는 정치적 이념에 따라 정책문제를 정의한다.

④ 정책대안을 평가할 때 정무직 공무원은 조직 내부의 이익보다 정치적 반응에 더 큰 비중을 두고, 직업관료는 본인이 소속된 기관의 이익을 중시하는 경향이 있다.

1 행정가치 중 수단적 가치에 대한 설명으로 가장 옳지 않은 것은?

① 대외적 민주성을 확보하기 위해 행정통제가 필요하다.

② 수단적 가치는 본질적 가치의 실현을 가능하게 하는 가치들이다.

③ 전통적으로 책임성은 제도적 책임성(accountability)과 자율적 책임성(responsibility)으로 구분되어 논의되었다.

④ 사회적 효율성(social efficiency)은 과학적 관리론의 등장과 함께 강조되었다.

2 정책집행에 대한 설명으로 가장 옳지 않은 것은?

① 나카무라(R. T. Nakamura)와 스몰우드(F. Smallwood)는 정책결정자와 집행자 간의 관계에 따라 정책집행을 유형화하였다.

② 사바티어(P. Sabatier)는 정책지지연합모형을 제시하였다.

③ 버만(P. Berman)은 집행 현장을 강조하는 입장을 취하였다.

④ 엘모어(R. F. Elmore)는 일선현장에 종사하는 공무원이 정책집행에 가장 큰 영향을 미치는 행위자라고 하면서, 이를 전방접근법(forward mapping)이라고 했다.

3 근무성적평가제에 대한 설명 중 가장 옳은 것은?

① 4급 이상 공무원을 대상으로 한다.

② 매년 말일을 기준으로 연 1회 평가가 실시된다.

③ 평가단위는 소속 장관이 정할 수 있다.

④ 공정한 평가를 위해 평가자와 피평가자의 사전협의가 금지된다.

4 총체적 품질관리(TQM)와 목표관리(MBO)에 대한 설명으로 가장 옳은 것은?

① TQM이 X이론적 인간관에 기반하고 있다면, MBO는 Y이론적 인간관에 기반하고 있다.

② TQM이 분권화된 조직관리 방식이라고 하면, MBO는 집권화된 조직관리 방식이다.

③ TQM이 조직 내부 성과의 효율성에 초점을 둔다면, MBO는 고객만족도 중심의 대응성에 초점을 둔다.

④ TQM이 팀 단위의 활동을 바탕으로 한다면, MBO는 개별 구성원의 활동을 바탕으로 한다.

5 지방공기업 유형 중 지방직영기업에 대한 설명으로 가장 옳지 않은 것은?

① 지방자치단체가 행정조직 형태로 직접 운영하는 사업을 말한다.

② 지방자치단체의 장이 지방직영기업의 관리자를 임명한다.

③ 소속된 직원은 공무원 신분이 아니다.

④ 「지방공기업법 시행령」에 따라 경영평가가 매년 실시되어야 하나 행정자치부장관이 이에 대해 따로 정할 수 있다.

6 리더십에 대한 다음 설명 중 가장 옳지 않은 것은?

① 자질론은 지도자의 자질·특성에 따라 리더십이 발휘된다는 가정 하에, 지도자가 되게 하는 개인의 속성·자질을 연구하는 이론이다.

② 행태이론은 눈에 보이지 않는 능력 등 리더가 갖춘 속성보다 리더가 실제 어떤 행동을 하는가에 초점을 맞춘 이론이다.

③ 상황론의 대표적인 예로 피들러(F. Fiedler)의 상황조건론, 하우스(R. J. House)의 경로-목표 모형 등이 있다.

④ 변혁적 리더십은 거래적 리더십을 기반으로 하므로 거래적 리더십과 중첩되는 측면이 있다.

7 공무원 부패에 관한 설명으로 가장 옳지 않은 것은?

① 인·허가와 관련된 업무를 처리할 때 소위 '급행료'를 지불하는 것을 당연시하는 관행은 제도화된 부패에 해당한다.

② 금융위기가 심각함에도 불구하고 국민들의 동요나 기업활동의 위축을 막기 위해 공직자가 거짓말을 하는 것은 회색부패에 해당한다.

③ 무허가 업소를 단속하던 단속원이 정상적인 단속활동을 수행하다가 금품을 제공하는 특정 업소에 대해서 단속을 하지 않는 것은 일탈형 부패에 해당한다.

④ 공금 횡령, 개인적인 이익의 편취, 회계 부정 등은 비거래형 부패에 해당한다.

8 중앙인사기관에 대한 설명으로 가장 옳지 않은 것은?

① 우리나라의 중앙인사위원회는 합의제 중앙인사기관으로 1999년부터 2008년까지 존속했다.

② 미국의 연방인사위원회가 독립형 합의제 중앙인사기관의 대표적인 예이다.

③ 일본의 총무성은 중앙인사기관이 행정부의 한 부처로 속해있는 비독립형 단독제 기관의 예이다.

④ 현재 우리나라 인사혁신처는 합의제 중앙인사기관으로 설립되어 있다.

9 다면평가제도에 대한 설명으로 가장 옳지 않은 것은?

① 다수의 평가자가 참여해 합의를 통해 평가 결과를 도출하는 체계이며, 개별평가자의 오류를 방지하고 평가의 공정성을 확보할 수 있다.

② 개인을 평가할 때 직속상사에 의한 일방향의 평가가 아닌 다수의 평가자에 의한 다양한 방향에서의 평가이다.

③ 조직구성원들에게 조직 내외의 모든 사람과 원활한 인간관계를 증진시키려는 강한 동기를 부여함으로써 업무수행의 효율성을 제고할 수 있다.

④ 능력보다는 인간관계에 따른 친밀도로 평가가 이루어져 상급자가 업무추진보다는 부하의 눈치를 의식하는 행정이 이루어질 가능성이 높다.

10 온라인 시민 참여유형과 관련제도가 바르게 연결된 것은?

① 정책결정형 – 행정절차법

② 협의형 – 국민의 입법 제안

③ 협의형 – 옴부즈만 제도

④ 정책결정형 – 정보공개법

11 예산제도와 그 특성의 연결이 가장 옳지 않은 것은?

① 품목별 예산제도(LIBS) – 통제 지향

② 성과주의 예산제도(PBS) – 관리 지향

③ 계획 예산제도(PPBS) – 기획 지향

④ 영기준 예산제도(ZBB) – 목표 지향

12 다음 중 의사결정자가 각 대안의 결과를 알고는 있으나 대안 간 비교 결과 어떤 것이 최선의 결과인지를 알 수 없어 발생하는 개인적 갈등의 원인은?

① 비수락성(unacceptability)

② 불확실성(uncertainty)

③ 비비교성(incomparability)

④ 창의성(creativity)

13 우리나라의 재정건전성 관련 제도에 대한 설명으로 가장 옳은 것은?

① 총사업비관리제도는 예비타당성조사제도와 같은 시기에 도입되었다.

② 예비타당성조사는 총사업비 500억 원 이상이면서 국가재정지원이 300억 원 이상인 신규사업 중에 일정한 절차를 거쳐 실시한다.

③ 토목사업은 400억 원 이상일 경우 총사업비관리 대상이다.

④ 재정사업자율평가제도는 2004년부터 실시되었다.

14 인사행정제도에 대한 다음 설명 중 가장 옳은 것은?

① 직업공무원제는 장기근무를 장려하고 행정의 계속성과 일관성을 유지하는 데 긍정적인 제도로 개방형 인사제도 및 전문행정가주의에 입각하고 있다.

② 엽관주의는 정당에의 충성도와 공헌도를 임용 기준으로 삼는 인사행정제도로 행정의 민주화에 공헌한다는 장점이 있다.

③ 실적주의는 개인의 능력이나 자격, 적성에 기초한 실적을 임용기준으로 삼는 인사행정제도로 정치지도자들의 행정통솔력을 강화시키는 데 기여한다.

④ 대표관료제는 전체 국민에 대한 정부의 대응성을 향상시키고 실적주의를 강화하여 행정의 능률성을 향상시키는 장점이 있다.

15 우리나라의 지방재정에 대한 설명으로 가장 옳지 않은 것은?

① 지방자치단체의 세입재원은 크게 자주재원과 의존재원으로 나눌 수 있는데, 자주재원에는 지방세와 세외수입이 있고, 의존재원에는 국고보조금과 지방교부세 등이 있다.

② 지방세 중 목적세로는 담배소비세, 레저세, 자동차세, 지역자원시설세, 지방교육세 등이 있다.

③ 지방교부세는 지방자치단체 간 재정력의 불균형을 조정하는 재원으로, 보통교부세 · 특별교부세 · 부동산교부세 및 소방안전교부세로 구분한다.

④ 지방재정자립도를 높이기 위해 국세의 일부를 지방세로 전환할 경우 지역 간 재정불균형이 심화될 수 있다.

16 오스본(D. Osborne)과 게블러(T. Gaebler)의 '정부재창조론'에서 제시된 기업가적 정부 운영의 원리에 관한 내용으로 가장 옳지 않은 것은?

① 시민에 대한 봉사 지향적 정부

② 지역사회가 주도하는 정부

③ 분권적 정부

④ 촉진적 정부

17 예산집행의 신축성을 유지하기 위한 방안에 대한 설명 중 가장 옳지 않은 것은?

① 이체란 정부조직 등에 관한 법령의 제정·개정 또는 폐지로 인하여 중앙관서의 직무와 권한에 변동이 있을 때 관련 예산을 이동하는 것이다.

② 전용이란 입법 과목 간 상호 융통으로, 각 중앙관서의 장은 예산의 목적범위 안에서 재원의 효율적 활용을 위하여 기획재정부장관의 승인을 얻어 각 세항 또는 목의 금액을 전용할 수 있다.

③ 이월이란 당해 연도 예산액의 일정 부분을 다음 연도로 넘겨서 사용할 수 있는 제도이다.

④ 계속비란 완성에 수년도를 요하는 사업에 대해 그 경비의 총액과 연도별 지출액을 정하여 미리 국회의 의결을 얻은 범위 안에서 수년도에 걸쳐 지출하는 경비이다.

18 복지국가의 공공서비스 공급 접근방식에 대한 설명으로 가장 옳은 것은?

① 민간부문을 조정·관리·통제하는 공공서비스 기능이 강조된다.

② 서비스의 배분 준거는 재정효율화이다.

③ 공공서비스의 형태는 선호에 따라 차별적으로 상품화된 서비스이다.

④ 성과관리는 수요자 중심의 맞춤형 관점에서 이루어진다.

19 정책결정모형에 대한 설명 중 가장 옳지 않은 것은?

① 만족모형은 제한된 합리성을 반영하고 있다.

② 점증모형은 기존 정책을 중요시한다.

③ 회사모형은 의사결정자에 의해 조직의 의사결정이 통제된다고 본다.

④ 앨리슨(G. T. Allison)은 관료정치모형의 중요성을 언급하였다.

20 집단의 의사결정 기법 중 미래 예측을 위해 전문가 집단의 반복적인 설문조사 과정을 통하여 의견 일치를 유도하는 방법은?

① 델파이 기법(Delphi method)　　② 브레인스토밍(Brainstorming)

③ 지명반론자 기법(Devil's advocate method)　　④ 명목집단 기법(Normal group technique)

☞ 정답 및 해설 P.40

1 신공공서비스론의 주장으로 보기 어려운 것은?

① 관료가 반응해야 하는 대상은 고객이 아닌 시민이다.

② 정부의 역할은 방향제시(steering)가 아닌 노젓기(rowing)이다.

③ 관료의 동기부여 원천은 보수나 기업가 정신이 아닌 공공서비스 제고이다.

④ 공익은 개인이익의 단순한 합산이 아닌 공유하고 있는 가치에 대해 대화와 담론을 통해 얻은 결과물이다.

2 조직의 원리에 대한 설명으로 옳지 않은 것은?

① 부성화(部省化)의 원리는 조정에 관한 원리에 해당한다.

② 통솔범위를 좁게 잡으면 계층의 수가 늘어난다.

③ 계선과 참모를 구분하는 것은 분업의 한 형태로 볼 수 있다.

④ 매트릭스 조직은 명령통일의 원리를 위반한 것이다.

3 딜레마이론에 대한 설명으로 옳은 것은?

① 부정확한 정보와 의사결정자의 결정 능력 한계로 인해 발생하는 딜레마 상황에 주목한다.

② 대안을 선택하지 않는 비결정도 딜레마에 대한 하나의 대응 형태로 볼 수 있다.

③ 두 대안이 추구하는 가치 간 충돌이 있는 경우 결국 절충안을 선택하게 된다.

④ 딜레마의 구성 요건으로서 단절성(discreteness)이란 시간의 제약이 존재하므로 어떤 식의 결정이든 해야 함을 의미한다.

4 조직구조의 유형에 대한 설명으로 옳은 것은?

① 수평구조는 수직적 계층과 부서 간 경계를 제거하여 의사소통을 원활하게 만든 구조다.

② 기계적 조직에서는 효율적인 조직 운영을 위해 권한과 책임이 분산되어 있다.

③ 위원회조직은 위원장에 의해 최종 의사결정이 이루어진다는 면에서 독임제로 운영되는 계층제와 유사성이 있다.

④ 애드호크라시는 변화에 신속하게 대응할 수 있다는 장점으로 인해 전통적인 관료제 구조를 대체하기에 이르렀다.

5 정책과정을 설명하는 이론의 내용으로 옳은 것은?

① 현대 엘리트이론은 국가가 소수의 지배자와 다수의 피지배자로 구분되기 어렵다고 본다.

② 공공선택론은 사적 이익보다는 집단 이익을 위한 합리적 선택에 초점을 둔다.

③ 다원주의이론은 정부정책을 다양한 행위자들 간의 협상과 경쟁의 결과로 본다.

④ 조합주의이론은 정책과정에서 국가의 역할이 소극적·제한적이라고 본다.

6 정책네트워크에 대한 설명으로 옳은 것은?

① 정책공동체(policy community)의 참여자는 하위정부(subgovernment)에 비해 제한적이다.

② 정책공동체(policy community)는 일시적이고 느슨한 형태의 집합체다.

③ 이슈네트워크(issue network)에서는 비교적 소수의 엘리트들이 협력하여 특정한 영역의 정책결정을 지배한다.

④ 하위정부(subgovernment)의 주된 참여자는 정부관료, 선출직 의원, 이익집단이다.

7 행정학의 발달에서 〈보기 1〉의 인물과 〈보기 2〉의 주장한 내용을 바르게 연결한 것은?

〈보기 1〉

㉠ 리그스(F. Riggs) 　　　　　㉡ 가우스(J. Gaus)

㉢ 화이트(L. White) 　　　　　㉣ 사이먼(H. Simon)

〈보기 2〉

A. 행정이론은 동시에 정치이론을 의미한다.

B. 조직의 최고관리층은 기획, 조직, 인사, 지휘, 조정, 보고, 예산 기능을 담당한다.

C. 정치와 행정의 관계는 연속적이기 때문에 양자를 구별하는 것은 적절하지 않다.

D. 원리주의의 원리들은 과학적인 실험을 거치지 않은 격언(proverb)에 불과하다.

① ㉠ － A　　　　　　　　　　② ㉡ － B

③ ㉢ － C　　　　　　　　　　④ ㉣ － D

8 직무평가 방법에 대한 설명으로 옳은 것은?

① 서열법은 직무와 직무를 직접 비교하기 때문에 주관성 배제에는 유리하지만 비용이 많이 든다는 단점이 있다.

② 점수법은 직무평가표에 따라 구성요소별 점수를 매기고, 이를 합계해 총점을 계산하므로 시간과 노력이 적게 든다는 장점이 있다.

③ 요소비교법은 점수법과 같이 시행의 단순성과 편의성으로 인해 가장 광범위하게 사용되고 있다.

④ 분류법에서는 등급기준표가 완성되기까지 직무평가가 이루어져서는 안 된다.

9 공무원의 구분에 대한 설명으로 옳은 것은?

① 일반직공무원은 경력직과 특수경력직으로 구분된다.

② 지방소방사는 특정직공무원에 해당된다.

③ 행정부 국가공무원 중에서는 일반직공무원의 수가 가장 많다.

④ 국가정보원 7급 직원은 특수경력직공무원에 해당된다.

10 공무원연금은 재원의 형성방식에 따라 부과방식과 적립방식으로 나눌 수 있다. 부과방식과 비교한 적립방식의 장점이 아닌 것은?

① 인구구조의 변화나 경기 변동에 영향을 덜 받는다.
② 인플레이션이 심하더라도 연금급여의 실질가치를 유지할 수 있다.
③ 연금재정 및 급여의 안정성을 꾀할 수 있다.
④ 기금 수익을 통해 장기 비용부담을 덜어 제도의 안정적인 운영이 가능하다.

11 품목별 예산제도에 대한 설명으로 옳지 않은 것은?

① 비교적 운영하기 쉬우나 회계책임이 분명하지 않은 단점이 있다.
② 지출품목마다 그 비용이 얼마인가에 따라 예산을 배정하는 제도이다.
③ 예산담당 공무원들에게 필요한 핵심적 기술은 회계기술이다.
④ 예산집행자들의 재량권을 제한함으로써 행정의 정직성을 확보하려는 제도이다.

12 지방자치단체의 기관구성에 대한 설명으로 옳지 않은 것은?

①「지방자치법」에서는 기관대립형 구조만을 채택하고 있다.
② 기관대립형은 행정책임의 소재가 분명하다는 장점이 있다.
③ 기관통합형은 영국의 의회형이 대표적이다.
④ 기관통합형은 의결기관과 집행기관을 이원적으로 구성해 상호 견제와 균형을 도모한다.

13 예산과정에 대한 설명으로 옳지 않은 것은?

① 단원제에서의 예산심의는 양원제의 경우보다 심의를 신속하게 할 수 있으나 신중한 심의가 어렵다.
② 과거 중앙예산기관과 결산관리기관을 분리하기도 했다.
③ 예산의 배정은 국가예산을 회계체계에 따라 질서 있게 집행하도록 하기 위한 내부통제의 기능을 수행한다.
④ 상향식 예산관리모형인 총액배분 자율편성 예산제도는 전략적 재원배분을 촉진한다.

14 행정통제에 대한 설명으로 옳지 않은 것은?

① 감사원에 의한 통제는 회계검사, 직무감찰, 성과감사 등이 있다.

② 사법통제는 행정이 이미 이루어진 후의 소극적 사후조치라는 한계가 있다.

③ 입법통제는 행정명령 · 처분 · 규칙의 위법여부를 심사하는 외부통제 방법이다.

④ 언론은 행정부의 과오를 감시하고 비판하며 공개하는 역할을 수행함으로써 행정에 영향을 미친다.

15 특별지방행정기관에 대한 설명으로 옳지 않은 것은?

① 고유의 법인격은 물론 자치권도 가지고 있지 않다.

② 관할 범위가 넓을수록 이용자인 고객의 편리성이 향상된다.

③ 주민들의 직접통제와 참여가 용이하지 않은 문제가 있다.

④ 특별지방행정기관의 예로 교도소, 세관, 우체국 등을 들 수 있다.

16 규제영향분석에 대한 설명으로 옳지 않은 것은?

① 규제의 경제 · 사회적 영향을 과학적으로 분석해 타당성을 평가한다.

② 정치적 이해관계의 조정과 수렴의 기회를 제공한다.

③ 규제가 초래할 사회적 부담에 대해 책임성을 가지도록 유도한다.

④ 규제의 비용보다 규제의 편익에 주안점을 둔다.

17 「정부업무평가 기본법」상 정부업무평가제도에 대한 설명으로 옳은 것은?

① 정부업무평가의 평가대상기관에 지방자치단체의 소속기관은 포함되지 않는다.

② 자체평가는 국무총리가 중앙행정기관을 대상으로 국정을 통합적으로 관리하기 위하여 필요한 정책 등을 평가하는 것이다.

③ 정부업무평가의 실시와 평가기반의 구축을 체계적 · 효율적으로 추진하기 위하여 국무총리 소속하에 정부업무평가위원회를 둔다.

④ 특정평가는 중앙행정기관 또는 지방자치단체가 소관 정책 등을 스스로 평가하는 것이다.

18 점증주의적 예산결정에 대한 설명으로 옳지 않은 것은?

① 현상유지(status quo)적 결정에 치우칠 수 있다.

② 자원이 부족한 경우 소수기득권층의 이해를 먼저 반영하게 되어 사회적 불평등을 야기할 우려가 있다.

③ 다수의 참여자들 간 고리형의 상호작용을 통한 합의를 중시하는 합리주의와는 달리 선형적 과정을 중시한다.

④ 긴축재정 시의 예산행태를 잘 설명해주지 못한다.

19 균형성과표(BSC)에 대한 설명으로 옳지 않은 것은?

① 학습·성장 관점은 구성원의 능력개발이나 직무만족과 같이 주로 인적자원에 대한 성과를 포함한다.

② 무형자산에 대한 강조는 성과평가의 시간에 대한 관점을 단기에서 장기로 전환시킨다.

③ 고객 관점의 성과지표에는 고객만족도, 신규고객 증가수 등이 있다.

④ 내부프로세스 관점에서는 통합적인 일처리 절차보다 개별 부서별로 따로따로 이루어지는 일처리 방식에 초점을 맞춘다.

20 행정지도의 폐단에 해당하지 않는 것은?

① 책임소재가 불분명할 수 있다.

② 공무원의 재량이 많이 작용하기 때문에 형평성이 보장되기 어렵다.

③ 입법과정의 복잡한 절차가 필요하다.

④ 행정의 과도한 경계확장을 유도한다.

☞ 정답 및 해설 P.42

1 상황적응적 접근방법(contingency approach)에 대한 설명으로 옳지 않은 것은?

① 체제이론의 거시적 관점에 따라 모든 상황에 적합한 유일최선의 관리방법을 모색한다.

② 체제이론에서와 같이 조직은 일정한 경계를 가지고 환경과 구분되는 체제의 하나로 본다.

③ 조직을 구성하고 운영하는 방법의 효율성은 그것이 처한 상황에 의존한다고 가정한다.

④ 연구대상이 될 변수를 한정하고 복잡한 상황적 조건들을 유형화함으로써 거대이론보다 분석의 틀을 단순화한다.

2 신공공관리론(NPM)에 대한 비판적 논의에 해당하지 않는 것은?

① 정치적 논리를 우선하여 내부관리적 효율성을 경시하는 경향이 있다.

② 고객 중심 논리는 국민을 관료주도의 행정서비스 제공에 의존하는 수동적 존재로 전락시킬 우려가 있다.

③ 민주적 책임성과 기업가적 재량권 간의 갈등으로 인하여 정부관료제의 효율성을 제고하기 어렵다.

④ 공공부문은 민간부문과 다르기 때문에 민간부문의 관리 기법을 공공부문에 그대로 적용하는 데에는 한계가 있다.

3 사이버네틱스(cybernetics) 의사결정 모형에 대한 설명으로 옳지 않은 것은?

① 주요 변수가 시스템에 의하여 일정한 상태로 유지되는 적응적 의사결정을 강조한다.

② 문제를 해결하고 목표를 달성하기 위해 정보와 대안의 광범위한 탐색을 강조한다.

③ 자동온도조절장치와 같이 사전에 프로그램된 메커니즘에 따라 의사결정이 이루어진다.

④ 한정된 범위의 변수에만 관심을 집중함으로써 불확실성을 통제하려는 모형이다.

4 근무성적평정상의 오류 중 평가자가 일관성 있는 평정기준을 갖지 못하여 관대화 및 엄격화 경향이 불규칙하게 나타나는 것은?

① 연쇄 효과(halo effect)

② 규칙적 오류(systematic error)

③ 집중화 경향(central tendency)

④ 총계적 오류(total error)

5 롤스(J. Rawls)의 정의론에 대한 설명으로 옳지 않은 것은?

① 자유와 평등의 조화를 추구하는 중도적 입장보다는 자유방임주의에 의거한 전통적 자유주의 입장을 취하고 있다.

② 사회의 모든 가치는 평등하게 배분되어야 하며, 불평등한 배분은 그것이 사회의 최소수혜자에게도 유리한 경우에 정당하다고 본다.

③ 현저한 불평등 위에서는 사회의 총체적 효용 극대화를 추구하는 공리주의가 정당화될 수 없다고 본다.

④ 원초적 자연상태(state of nature) 하에서 구성원들의 이성적 판단에 따른 사회형태는 극히 합리적일 것이라고 가정하는 사회계약론적 전통에 따른다.

6 살라몬(L. M. Salamon)이 제시한 정책수단의 유형에서 직접적 수단으로만 묶은 것은?

㉠ 조세지출(tax expenditure) ㉡ 경제적 규제(economic regulation)
㉢ 정부소비(direct government) ㉣ 사회적 규제(social regulation)
㉤ 공기업(government corporation) ㉥ 보조금(grant)

① ㉠, ㉡, ㉢

② ㉠, ㉣, ㉥

③ ㉡, ㉢, ㉤

④ ㉣, ㉤, ㉥

7 립스키(M. Lipsky)의 일선관료제(Street-Level Bureaucracy) 이론에 대한 설명으로 옳은 것은?

① 일선관료는 고객에 대한 고정관념(stereotype)을 타파함으로써 복잡한 문제와 불확실한 상황에 대처한다.

② 일선관료가 업무를 수행하는 기관에 대한 고객들의 목표기대는 서로 일치하고 명확하다.

③ 일선관료는 집행에 필요한 자원이 부족할 경우 대체로 부분적이고 간헐적으로 정책을 집행한다.

④ 일선관료는 계층제의 하위에 위치하기 때문에, 직무의 자율성이 거의 없고 의사결정에 있어서 재량권의 범위가 좁다.

8 행정기관에 대하여 관계법령에 규정된 내용으로 옳은 것은?

① 부속기관이란 행정권의 직접적인 행사를 임무로 하는 기관에 부속하여 그 기관을 지원하는 행정기관을 말한다.

② 보조기관이란 행정기관이 그 기능을 원활하게 수행할 수 있도록 그 기관장을 보좌함으로써 행정기관의 목적달성에 공헌하는 기관을 말한다.

③ 하부기관이란 중앙행정기관에 소속된 기관으로서, 특별지방행정기관과 부속기관을 말한다.

④ 방송통신위원회, 공정거래위원회, 소청심사위원회 등은 행정기관의 소관 사무에 관하여 자문에 응하거나 조정, 협의, 심의 또는 의결 등을 하기 위해 복수의 구성원으로 이루어진 합의제 기관으로서 행정기관이 아니다.

9 「국가공무원법」상 징계에 대한 설명으로 옳은 것은?

① 징계는 파면 · 해임 · 정직 · 감봉 · 견책으로 구분한다.

② 정직은 1개월 이상 3개월 이하의 기간으로 하고, 정직 처분을 받은 자는 그 기간 중 공무원의 신분은 보유하나 직무에 종사하지 못하며 보수의 3분의 2를 감한다.

③ 감봉은 1개월 이상 3개월 이하의 기간 동안 보수의 3분의 1을 감한다.

④ 감사원에서 조사 중인 사건에 대하여는 조사개시 통보를 받은 후부터 징계 의결의 요구나 그 밖의 징계 절차를 진행할 수 있다.

10 정부회계의 기장 방식에 대한 설명으로 옳지 않은 것은?

① 단식부기는 발생주의 회계와, 복식부기는 현금주의 회계와 서로 밀접한 연계성을 갖는다.

② 단식부기는 현금의 수지와 같이 단일 항목의 증감을 중심으로 기록하는 방식이다.

③ 복식부기에서는 계정 과목 간에 유기적 관련성이 있기 때문에 상호 검증을 통한 부정이나 오류의 발견이 쉽다.

④ 복식부기는 하나의 거래를 대차 평균의 원리에 따라 차변과 대변에 동시에 기록하는 방식이다.

11 예산과 재정 관리에 대한 설명으로 옳지 않은 것은?

① 우리나라의 예산은 행정부가 제출하고 국회가 심의·확정하지만, 미국과 같은 세출예산법률의 형식은 아니다.

② 조세는 현 세대의 의사결정에 대한 재정 부담을 미래 세대로 전가하지 않는다는 장점이 있다.

③ 성과주의 예산제도의 도입에도 불구하고 품목별 예산제도는 우리나라에서 여전히 활용되고 있다.

④ 추가경정예산은 예산의 신축성 확보를 위한 제도로서, 최소 1회의 추가경정예산을 편성하도록 「국가재정법」에 규정되어 있다.

12 킹던(J. Kingdon)의 '정책의 창(policy windows) 이론'에 대한 설명으로 옳지 않은 것은?

① 문제에 대한 대안이 존재하지 않을 경우 '정책의 창'이 닫힐 수 있다.

② '정책의 창'은 국회의 예산주기, 정기회기 개회 등의 규칙적인 경우뿐 아니라, 때로는 우연한 사건에 의해 열리기도 한다.

③ 문제 흐름(problem stream), 이슈 흐름(issue stream), 정치 흐름(political stream)이 만날 때 '정책의 창'이 열린다고 본다.

④ 마치(J. G. March)와 올슨(J. P. Olsen)이 제시한 쓰레기통 모형을 발전시킨 것이다.

13 조직구조의 설계에 있어서 '조정의 원리'에 대한 설명으로 옳지 않은 것은?

① 수직적 연결은 상위계층의 관리자가 하위계층의 관리자를 통제하고 하위계층 간 활동을 조정하는 것을 목적으로 한다.

② 수직적 연결방법으로는 임시적으로 조직 내의 인적·물적 자원을 결합하는 프로젝트 팀(project team)의 설치 등이 있다.

③ 수평적 연결은 동일한 계층의 부서 간 조정과 의사소통을 목적으로 한다.

④ 수평적 연결방법으로는 다수 부서 간의 긴밀한 연결과 조정을 위한 태스크포스(task force)의 설치 등이 있다.

14 우리나라의 성인지 예산제도에 대한 설명으로 옳지 않은 것은?

① 정부는 예산이 여성과 남성에게 미치는 효과를 평가하고, 그 결과를 정부의 예산편성에 반영하기 위하여 노력하여야 한다.

② 성인지 예산서는 기획재정부 장관이 각 중앙관서의 장과 협의하여 제시한 작성기준 및 방식 등에 따라 여성가족부 장관이 작성한다.

③ 성인지 예산서에는 성인지 예산의 개요, 규모, 성평등 기대효과, 성과목표 및 성별 수혜 분석 등의 내용이 포함되어야 한다.

④ 성인지 결산서에는 집행실적, 성평등 효과분석 및 평가 등이 포함되어야 한다.

15 우리나라의 결산에 대한 설명으로 옳지 않은 것은?

① 각 중앙관서의 장은 회계연도마다 소관 기금의 결산보고서를 중앙관서결산보고서에 통합하여 작성하여야 한다.

② 결산은 국회의 심의를 거쳐 국무회의의 의결과 대통령의 승인으로 종료된다.

③ 정부는 감사원의 검사를 거친 국가결산보고서를 국회에 제출하여야 한다.

④ 결산은 한 회계연도의 수입과 지출 실적을 확정적 계수로 표시하는 행위이다.

16 공무원 부패의 사례와 그 유형을 바르게 연결한 것은?

> ㉠ 무허가 업소를 단속하던 공무원이 정상적인 단속활동을 수행하다가 금품을 제공하는 특정 업소에 대해서는 단속을 하지 않는다.
>
> ㉡ 금융위기가 심각함에도 불구하고 국민들의 동요나 기업활동의 위축을 방지하기 위해 금융위기가 전혀 없다고 관련 공무원이 거짓말을 한다.
>
> ㉢ 인·허가와 관련된 업무를 담당하는 공무원의 대부분은 업무를 처리하면서 민원인으로부터 의례적으로 '급행료'를 받는다.
>
> ㉣ 거래당사자 없이 공금 횡령, 개인적 이익 편취, 회계 부정 등이 공무원에 의해 일방적으로 발생한다.

	㉠	㉡	㉢	㉣
①	제도화된 부패	회색 부패	일탈형 부패	생계형 부패
②	일탈형 부패	생계형 부패	조직 부패	회색 부패
③	일탈형 부패	백색 부패	제도화된 부패	비거래형 부패
④	조직 부패	백색 부패	생계형 부패	비거래형 부패

17 「지방자치법」상 지방의회에 대한 내용으로 옳지 않은 것은?

① 지방의회는 조례로 정하는 바에 따라 위원회를 둘 수 있으며, 위원회의 종류는 상임위원회와 특별위원회로 한다.

② 지방의회는 그 의결로 소속 의원의 사직을 허가할 수 있다. 다만, 폐회 중에는 의장이 허가할 수 있다.

③ 의장은 의결에서 표결권을 가지지 못하며, 찬성과 반대가 같으면 부결된 것으로 본다.

④ 지방의회에서 부결된 의안은 같은 회기 중에 다시 발의하거나 제출할 수 없다.

18 프렌치(J. R. P. French, Jr.)와 레이븐(B. H. Raven)의 권력유형분류에서 권력의 원천이 아닌 것은?

① 상징(symbol)

② 강제력(coercion)

③ 전문성(expertness)

④ 준거(reference)

19 전문경력관제도에 대한 설명으로 옳지 않은 것은?

① 소속 장관은 해당 기관의 일반직공무원 직위 중 순환보직이 곤란하거나 장기 재직 등이 필요한 특수 업무 분야의 직위를 인사혁신처장과 협의하여 전문경력관직위로 지정할 수 있다.

② 일반직공무원과 마찬가지로 계급 구분과 직군 및 직렬의 분류를 적용한다.

③ 전문경력관직위의 군은 직무의 특성·난이도 및 직무에 요구되는 숙련도 등에 따라 구분한다.

④ 임용권자는 일정한 경우에 전직시험을 거쳐 전문경력관을 다른 일반직공무원으로 전직시킬 수 있다.

20 지방정부의 행정서비스 공급체계 및 방식에 대한 설명으로 옳지 않은 것은?

① 정부의 직접적 공급이 아닌 대안적 서비스 공급체계(ASD: Alternative Service Delivery)는 생활쓰레기 수거, 사회복지사업 운영, 시설 관리 등의 분야에 적용되고 있다.

② 과잉생산과 독점 등이 야기한 공공부문 비효율의 해결책으로 계약방식을 통한 서비스 공급이 도입되고 있다.

③ 사용자부담 방식의 활용은 재정부담의 공평성 제고에 기여한다.

④ 사바스(E. Savas)가 제시한 공공서비스 공급유형론에 따르면, 자원봉사(voluntary service)방식은 민간이 결정하고 정부가 공급하는 유형에 속한다.

☞ 정답 및 해설 P.44

1 행정이론의 패러다임과 추구하는 가치를 바르게 연결한 것은?

① 행정관리론 – 절약과 능률성
② 신행정론 – 형평성과 탈규제
③ 신공공관리론 – 경쟁과 민주성
④ 뉴거버넌스론 – 대응성과 효율성

2 조직이론에 대한 설명으로 옳지 않은 것은?

① 구조적 상황이론 – 상황과 조직특성 간의 적합 여부가 조직의 효과성을 결정한다.
② 전략적 선택이론 – 상황이 구조를 결정하기보다는 관리자의 상황 판단과 전략이 구조를 결정한다.
③ 자원의존이론 – 조직의 안정과 생존을 위해서 조직의 주도적 · 능동적 행동을 중시한다.
④ 대리인이론 – 주인 · 대리인의 정보 비대칭 문제를 해결하기 위해 대리인에게 대폭 권한을 위임한다.

3 공공선택이론에 대한 설명으로 옳지 않은 것은?

① 사회의 비시장적인 영역들에 대해서 경제학적 방식으로 연구한다.
② 시민들의 요구와 선호에 민감하게 부응하는 제도 마련으로 민주행정의 구현에도 의의가 있다.
③ 전통적 관료제를 비판하고 그것을 대체할 공공재 공급방식의 도입을 강조한다.
④ 효용극대화를 추구한다는 합리적 개인에 대한 가정은 현실 적합성이 높다고 평가받는다.

4 다음 설명에 해당하는 예산제도는?

> • 합리적 선택을 강조하는 총체주의 방식의 예산제도이다.
> • 조직구성원의 참여가 상대적으로 높은 분권화된 관리 체계를 갖는다.
> • 예산편성에 비용 · 노력의 과다한 투입을 요구한다는 비판을 받는다.

① 성과주의예산제도　　　　　　　　② 계획예산제도
③ 영기준예산제도　　　　　　　　　④ 품목별예산제도

5 총액배분 · 자율편성제도에 대한 설명으로 옳지 않은 것은?

① 전략기획과 분권 확대를 예산편성 방식에 도입하기 위해 실시하고 있다.
② 각 중앙부처는 소관 정책과 우선순위에 입각해 연도별 재정규모, 분야별 · 부문별 지출한도를 제시한다.
③ 지출한도가 사전에 제시되기 때문에 부처의 재정사업에 대한 책임과 권한을 강화할 수 있다.
④ 부처의 재량을 확대하였지만 기획재정부는 사업별 예산통제 기능을 유지하고 있다.

6 머스그레이브(Musgrave)의 정부 재정기능의 기본 원칙에 대한 설명으로 옳지 않은 것은?

① 시장실패를 교정하고 사회적 최적 생산과 소비수준이 이루어지도록 해야 한다.
② 세입 면에서는 차별 과세를 하고, 세출 면에서는 사회보장적 지출을 통해 소외계층을 지원해야 한다.
③ 고용, 물가 등과 같은 거시경제 지표들을 안정적으로 조절해야 한다.
④ 정부에 부여된 목적과 자원을 연계하여 소기의 성과를 거둘 수 있도록 관료를 통제해야 한다.

7 「정부조직법」상 행정기관의 소속으로 옳지 않은 것은?

① 법제처 – 국무총리　　　　　　　② 국가정보원 – 대통령
③ 소방청 – 행정안전부장관　　　　④ 특허청 – 기획재정부장관

8 윌슨(Wilson)의 규제정치 유형과 예시를 연결한 것으로 옳지 않은 것은?

① 고객정치 – 농산물에 대한 최저가격 규제

② 이익집단정치 – 신문 · 방송 · 출판물의 윤리규제

③ 대중정치 – 낙태에 대한 규제

④ 기업가정치 – 식품에 대한 위생규제

9 정부에서 실시하고 있는 분석 및 평가제도에 대한 설명으로 옳은 것만을 모두 고르면?

> ㉠ 규제영향분석 –「행정규제기본법」상 규제를 신설 · 강화할 때, 규제를 받는 집단과 국민이 부담해야
>   할 비용과 편익도 비교 · 분석해야 한다.
> ㉡ 지방공기업평가 –「지방공기업법」에 근거를 두고 있으며, 원칙적으로 지방자치단체장이 실시하되
>   필요 시 행정안전부장관이 실시할 수 있다.
> ㉢ 정부업무평가 –「정부업무평가 기본법」상 국무총리는 중앙행정기관의 자체평가 결과에 대해 필요
>   시 정부업무평가위원회의 심의 · 의결을 거쳐 재평가를 할 수 있다.
> ㉣ 환경영향평가 – 2003년「환경영향평가법」에 처음으로 근거가 명시된 후 발전해 온 평가제도이다.

① ㉠, ㉢

② ㉠, ㉣

③ ㉡, ㉢

④ ㉡, ㉣

10 버먼(Berman)의 '적응적 집행'에 대한 설명으로 옳은 것은?

① 미시집행 국면에서 발생하는 정책과 집행조직 사이의 상호적응이 이루어질 때 성공적으로 집행된다.

② 거시적 집행구조는 동원, 전달자의 집행, 제도화의 세 단계로 구분된다.

③ '행정'은 행정을 통해 구체화된 정부프로그램이 집행을 담당하는 지방정부의 사업으로 받아들여지는
  것을 의미한다.

④ '채택'은 지방정부가 채택한 사업을 실행사업으로 변화시키는 것을 의미한다.

11 「지방공무원법」상 특정직 지방공무원에 해당하지 않는 것은?

① 지방의회 전문위원

② 교육감 소속의 교육전문직원

③ 자치경찰공무원

④ 지방소방공무원

12 「국가공무원법」상 공무원 인사에 대한 설명으로 옳지 않은 것은?

① 당연퇴직은 법이 정한 사유가 발생한 경우 별도의 처분 없이 공무원 관계가 소멸되는 것을 말한다.

② 직권면직은 법이 정한 사유가 발생한 경우 임용권자가 일방적으로 공무원 관계를 소멸시키는 것을 말한다.

③ 직위해제는 직무수행능력이 부족하거나 근무성적이 극히 나쁜 경우 공무원의 신분은 유지하지만 강제로 직무를 담당하지 못하게 하는 것이다.

④ 강임은 한 계급 아래로 직급을 내리는 것으로 징계의 종류 중 하나이다.

13 「지방자치법」상 주민의 감사청구에 대한 설명으로 옳지 않은 것은?

① 주민의 감사청구는 사무처리가 있었던 날이나 끝난 날부터 2년이 지나면 제기할 수 없다.

② 주무부장관이나 시·도지사는 감사청구를 수리한 날부터 60일 이내에 감사청구된 사항에 대하여 감사를 끝내는 것을 원칙으로 한다.

③ 다른 기관에서 감사한 사항이라도 새로운 사항이 발견되거나 중요 사항이 감사에서 누락된 경우는 감사청구의 대상이 될 수 있다.

④ 지방자치단체의 19세 이상의 주민은 시·도는 500명, 인구 50만 명 이상 대도시는 200명, 그밖의 시·군 및 자치구는 100명을 넘지 아니하는 범위에서 그 지방자치단체의 조례로 정하는 19세 이상의 주민수 이상의 연서로 감사를 청구할 수 있다.

14 표준운영절차(SOP)에 대한 설명으로 옳은 것은?

① 업무 담당자가 바뀌게 되면 표준운영절차로 인해 업무처리의 연속성을 유지하는 것이 어렵게 된다.

② 표준운영절차는 업무처리의 공평성을 확보하는 데 기여한다.

③ 표준운영절차에 따른 업무처리는 정책집행 현장의 특수성을 반영하기에 용이하다.

④ 정책결정모형 중 앨리슨(Allison) 모형의 Model Ⅰ은 표준운영절차에 따른 의사결정을 가정한다.

15 던리비(Dunleavy)의 관청형성 모형에 대한 설명으로 가장 옳은 것은?

① 고위 관료의 선호에 맞지 않는 기능을 민영화나 위탁계약을 통해 지방정부나 준정부기관으로 넘긴다.

② 합리적인 고위직 관료들은 소속기관의 예산극대화를 추구한다.

③ 중하위직 관료는 주로 관청예산의 증대로 이득을 얻는다.

④ 관료들이 정책결정을 할 때 사적이익보다는 공적이익을 우선시한다.

16 규제의 유형에 대한 설명으로 옳지 않은 것은?

① 리플리와 프랭클린(Ripley & Franklin)은 보호적 규제와 경쟁적 규제로 구분하고 있다.

② 경제규제는 주로 시장의 가격 기능에 개입하고 특정 기업의 시장 진입을 배제하거나 억압하는 방식으로 작동된다.

③ 포지티브 규제는 네거티브 규제보다 피규제자의 자율성을 더 보장한다.

④ 자율규제는 피규제자가 스스로 합의된 규범을 만들고 이를 구성원들에게 적용하는 형태의 규제방식이다.

17 지방재정조정제도 중 「지방교부세법」에서 규정하고 있지 않은 것은?

① 소방안전교부세

② 보통교부세

③ 조정교부금

④ 부동산교부세

18 「부정청탁 및 금품등 수수의 금지에 관한 법률 시행령」의 개정 내용 중 음식물·경조사비 등의 가액 범위로 옳지 않은 것은? (단, 합산의 경우는 배제한다)

	내용	종전(2016. 9. 8.)	개정(2018. 1. 17.)
①	유가증권	5만 원	5만 원
②	축의금, 조의금	10만 원	5만 원
③	음식물	3만 원	5만 원
④	농수산물 및 농수산 가공품	5만 원	10만 원

19 역량평가에 대한 설명으로 옳은 것만을 모두 고르면?

┌───┐
│ ㉠ 역량은 조직의 평균적인 성과자의 행동특성과 태도를 의미한다.
│ ㉡ 다수의 훈련된 평가자가 평가대상자가 수행하는 역할과 행동을 관찰하고 합의하여 평가결과를 도출한
│   다.
│ ㉢ 고위공무원단 역량평가의 대상은 문제인식, 전략적 사고, 성과지향, 변화관리, 고객만족, 조정·통
│   합의 6가지 역량으로 구성되어 있다.
│ ㉣ 고위공무원단 후보자가 되기 위해서는 역량평가를 거친 후 반드시 고위공무원단 후보자 교육과정을
│   이수해야 한다.
└───┘

① ㉠, ㉡ 　　　　　　　　　　　② ㉠, ㉣
③ ㉡, ㉢ 　　　　　　　　　　　④ ㉢, ㉣

20 유연근무제도에 대한 설명으로 옳지 않은 것은?

① 유연근무제도에는 시간선택제 전환근무제, 탄력근무제, 원격근무제가 포함된다.

② 원격근무제는 재택근무형과 스마트워크 근무형으로 구분된다.

③ 심각한 보안위험이 예상되는 업무는 온라인 원격근무를 할 수 없다.

④ 재택근무자의 재택근무일에도 시간외근무수당 실적분과 정액분을 모두 지급하여야 한다.

☞ 정답 및 해설 P.47

1 공익에 대한 설명으로 가장 옳지 않은 것은?

① 과정설은 공익을 서로 충돌하는 이익을 가진 집단들 사이에 상호조정과정을 거쳐 균형상태의 결론에 도달했을 때 실현되는 것이라고 본다.

② 실체설에서도 전체효용의 극대화를 강조하는 입장에서는 사회구성원의 효용을 계산한 다음에 전 구성원의 총효용을 극대화함으로써 공익에 도달할 수 있다고 본다.

③ 실체설에서 도덕적 절대가치를 공익의 실체로 보는 관점에서는 사회공동체나 국가의 모든 가치를 포괄하는 절대적인 선의 가치가 있다고 가정한다.

④ 실체설에서는 적법절차의 준수를 강조하며 국민주권원리에 의한 행정의 중심적 역할을 강조한다.

2 공직분류에 대한 설명으로 가장 옳은 것은?

① 직무의 종류는 다르나 곤란도와 책임도가 상당히 유사한 직위의 군을 직렬이라고 한다.

② 직무의 종류는 유사하지만 곤란도와 책임도가 서로 다른 직무의 군을 직급이라고 한다.

③ 비슷한 성격의 직렬들을 모은 직위 분류의 대단위는 직군이라고 한다.

④ 동일한 직급 내에 담당 분야가 동일한 직무의 군으로 세분화한 것을 직류라고 한다.

3 정책평가에 대한 설명으로 가장 옳지 않은 것은?

① 총괄평가(summative evaluation)는 정책이 종료된 후에 그 정책이 당초 의도했던 효과를 가져왔는지의 여부를 판단하는 활동이다.

② 메타평가(meta evaluation)는 평가자체를 대상으로 하며, 평가활동과 평가체제를 평가해 정책평가의 질을 높이고 결과활용을 증진하기 위한 목적으로 활용된다.

③ 평가성 사정(evaluability assessment)은 영향평가 또는 총괄평가를 실시한 후에 평가의 유용성, 평가의 성과증진 효과 등을 평가하는 활동이다.

④ 형성평가(formative evaluation)란 프로그램이 집행과정에 있으며 여전히 유동적일 때 프로그램의 개선을 위해서 실시하는 평가이다.

4 지방자치의 두 요소인 주민자치와 단체자치에 대한 설명으로 가장 옳은 것은?

① 주민자치의 원리는 주로 영국과 미국에서 발달하였으며, 단체자치의 원리는 주로 독일과 프랑스에서 발달하였다.

② 주민자치가 지방자치의 형식적·법제적 요소라고 한다면, 단체자치는 지방자치를 실현하기 위한 내용적·본질적 요소라고 할 수 있다.

③ 단체자치에서는 법률에 의해 권한이 명시적·한시적으로 규정되어 사무를 자주적으로 처리할 수 있는 재량의 범위가 크다.

④ 단체자치에서는 입법통제와 사법통제가 주된 통제방식이다.

5 조직이론의 유형들을 발달순으로 옳게 나열한 것은?

〈보기〉

㉠ 체제이론	㉡ 과학적 관리론
㉢ 인간관계론	㉣ 신제도이론

① ㉠ → ㉡ → ㉣ → ㉢　　　　② ㉡ → ㉢ → ㉠ → ㉣

③ ㉡ → ㉠ → ㉢ → ㉣　　　　④ ㉢ → ㉡ → ㉣ → ㉠

6 포스트모더니즘에 기초한 행정이론의 특징으로 가장 옳지 않은 것은?

① 맥락 의존적인 진리를 거부한다.

② 타자에 대한 대상화를 거부한다.

③ 고유한 이론의 영역을 거부한다.

④ 지배를 야기하는 권력을 거부한다.

7 직위분류제의 장점에 대한 설명으로 가장 옳지 않은 것은?

① 근무성적평정을 객관적으로 할 수 있는 기준을 제시해준다.

② 직위 간의 권한과 책임의 한계를 명확히 해준다.

③ 전문직업인을 양성하는 데 도움이 되고 행정의 전문화에 기여한다.

④ 조직과 직무의 변화 등에 신속히 대응할 수 있다.

8 정부회계제도의 기장방식에 대한 〈보기〉의 설명과 바르게 짝지어진 것은?

〈보기〉
㉠ 현금의 수불과는 관계없이 경제적 자원에 변동을 주는 사건이 발생된 시점에 거래를 인식하는 방식이다.
㉡ 하나의 거래를 대차평균의 원리에 따라 차변과 대변에 이중 기록하는 방식이다.

	㉠	㉡
①	현금주의	복식부기
②	발생주의	복식부기
③	발생주의	단식부기
④	현금주의	단식부기

9 전통적 관리와 TQM(Total Quality Management)에 대한 설명으로 가장 옳지 않은 것은?

① 전통적 관리체제는 기능을 중심으로 구조화되는 데 비해 TQM은 절차를 중심으로 조직이 구조화된다.

② 전통적 관리체제는 개인의 전문성을 장려하는 분업을 강조하는 데 비해 TQM은 주로 팀 안에서 업무를 수행할 것을 강조한다.

③ 전통적 관리체제는 상위층의 의사결정을 위한 정보체제를 운영하는 데 비해 TQM은 절차 내에서 변화를 이루는 사람들이 적시에 정확한 정보를 소유하는 데 초점을 둔다.

④ 전통적 관리체제는 낮은 성과의 원인을 관리자의 책임으로 간주하는 데 비해 TQM은 낮은 성과를 근로자 개인의 책임으로 간주한다.

10 「지방자치법」상 지방자치단체의 사무처리에 관한 설명으로 가장 옳지 않은 것은?

① 지방자치단체는 법령을 위반하여 그 사무를 처리할 수 없다.

② 행정처리 결과가 2개 이상의 시 · 군 및 자치구에 미치는 광역적 사무는 시 · 도가 처리한다.

③ 시 · 도와 시 · 군 및 자치구의 사무가 서로 경합하면 시 · 도에서 먼저 처리한다.

④ 지방자치단체는 법률에 다른 규정이 있는 경우를 제외하고 외교, 국방, 사법, 국세 등 국가의 존립에 필요한 사무를 처리할 수 없다.

11 현대 행정학의 주요 이론에 대한 설명으로 가장 옳지 않은 것은?

① 신공공관리론은 공공선택이론의 주장과 같이 정부의 역할을 대폭 시장에 맡겨야 한다는 입장은 아니며, 기존의 계층제적 통제를 경쟁원리에 기초한 시장체제로 대체함으로써 관료제의 효율성과 성과를 높이려 한다.

② 탈신공공관리(post-NPM)는 신공공관리의 역기능적 측면을 교정하고 통치역량을 강화하며, 구조적 통합을 통한 분절화의 확대, 재집권화와 재규제의 축소, 중앙의 정치 · 행정적 역량의 강화를 강조한다.

③ 피터스(B. Guy Peters)는 뉴거버넌스에 기초한 정부개혁 모형으로 시장모형, 참여정부 모형, 유연조직 모형, 저통제정부 모형을 제시한다.

④ 신공공관리론이 시장, 결과, 방향잡기, 공공기업가, 경쟁, 고객지향을 강조한다면 뉴거버넌스는 연계망, 신뢰, 방향잡기, 조정자, 협력체제, 임무중심을 강조한다.

12 조직문화의 일반적 기능에 관한 설명으로 가장 옳지 않은 것은?

① 조직문화는 조직구성원들에게 소속 조직원으로서의 정체성을 제공한다.

② 조직문화는 조직구성원들의 행동을 형성시킨다.

③ 조직이 처음 형성되면 조직문화는 조직을 묶어 주는 접착제 역할을 한다.

④ 조직이 성숙 및 쇠퇴 단계에 이르면 조직문화는 조직혁신을 촉진하는 요인이 된다.

13 정책유형에 대한 설명으로 가장 옳지 않은 것은?

① 로위(Lowi)는 정책의 유형에 따라 정책의 결정 및 집행과정이 달라진다고 보았으며, 정책유형에 따라 정치적 관계가 달라질 것으로 가정하고 있다.

② 로위(Lowi)는 정책유형을 배분정책, 구성정책, 규제정책, 재분배정책으로 구분하였으며, 구분의 기준이 되는 것은 강제력의 행사방법(간접적, 직접적)과 비용의 부담주체(소수에 집중 아니면 다수에 분산)이다.

③ 로위(Lowi)의 분류 중 재분배정책의 예는 연방은행의 신용통제, 누진소득세, 사회보장제도이고, 구성정책의 예는 선거구 조정, 기관신설 등이다.

④ 리플리 & 프랭클린(Ripley & Franklin)은 보호적 규제정책을 제시하는데, 이는 소수자나 사회적 약자, 그리고 일반대중을 보호하기 위해서 개인이나 집단의 권리 행사나 행동의 자유를 제한하는 정책이다.

14 우리나라의 예산안과 법률안의 의결방식에 대한 설명으로 가장 옳지 않은 것은?

① 법률에 대해서는 대통령의 거부권 행사가 가능하지만 예산은 거부권을 행사할 수 없다.

② 예산으로 법률의 개폐가 불가능하지만, 법률로는 예산을 변경할 수 있다.

③ 법률과 달리 예산안은 정부만이 편성하여 제출할 수 있다.

④ 예산안을 심의할 때 국회는 정부가 제출한 예산안의 범위 내에서 삭감할 수 있고, 정부의 동의 없이 지출예산의 각 항의 금액을 증가하거나 새 비목을 설치할 수 없다.

15 정부의 각종 위원회에 대한 설명으로 가장 옳은 것은?

① 의결위원회는 의사결정의 구속력은 있지만 집행권이 없다.

② 행정위원회의 대표적인 예로 공정거래위원회, 공직자 윤리위원회 등을 들 수 있다.

③ 행정위원회는 독립지위를 가진 행정관청으로 결정권은 없고 집행권만 갖는다.

④ 자문위원회는 계선기관으로서 사안에 따라 조사·분석 등의 기능을 수행한다.

16 정책과정에서 행위자 사이의 권력관계 이론에 대한 설명으로 가장 옳지 않은 것은?

① 헌터(Hunter)는 지역사회연구를 통해 응집력과 동료의식이 강하고 협력적인 정치 엘리트들이 지역사회를 지배한다는 엘리트론을 주장한다.

② 무의사결정(nondecision-making)론은 권력을 가진 집단은 자신들에게 불리하거나 바람직하지 않다고 생각되는 특정 이슈들이 정부 내에서 논의되지 못하도록 봉쇄한다고 설명한다.

③ 다원론을 전개한 다알(Dahl)은 New Haven시를 대상으로 한 연구에서 정책결정을 담당하는 엘리트가 분야별로 다른 형태를 보인다고 설명한다.

④ 신다원론에서는 집단 간 경쟁의 중요성은 여전히 인정하면서 집단 간 대체적 동등성의 개념을 수정하여 특정집단이 다른 집단보다 더욱 강력할 수 있다는 점을 인정하였다.

17 공직윤리와 관련한 설명으로 가장 옳지 않은 것은?

① 정무직 공무원과 일반직 4급 이상 공무원은 재산등록의무가 있다.

② 공무원이 직무와 관련하여 외국인으로부터 10만 원 또는 100달러 이상의 선물을 받은 때에는 소속 기관·단체의 장에게 신고하고 그 선물을 인도하여야 한다.

③ 세무·감사·건축·토목·환경·식품위생분야의 대민업무 담당부서에 근무하는 일반직 7급 이상의 경우 재산등록 대상에 해당한다.

④ 4급 이상 공무원과 공직유관단체 임직원은 퇴직일로부터 2년 간, 퇴직 전 5년 간 소속 부서 또는 기관 업무와 밀접한 관련이 있는 사기업체에 취업할 수 없다.

18 정부통제를 내부통제와 외부통제로 구분할 때, 내부통제가 아닌 것은?

① 감찰통제

② 예산통제

③ 인력의 정원통제

④ 정당에 의한 통제

19 행정이념에 대한 설명으로 가장 옳지 않은 것은?

① 디목(Dimock)은 기술적 능률성을 대체하는 개념으로 사회적 능률성을 제시하고 있는데, 이는 행정이 그 목적 가치인 인간과 사회를 위해서 산출을 극대화하고 그 산출이 인간과 사회의 만족에 기여하는 것을 의미한다.

② 1930년대를 분수령으로 하여 정치행정이원론의 지양과 정치행정일원론으로 전환과 때를 같이해서 행정에서 민주성의 이념이 대두되었다.

③ 효과성은 수단적·과정적 측면에 중점을 두는 반면에 능률성은 목표의 달성도를 중시한다.

④ 합법성은 법률적합성, 법에 의한 행정, 법에 근거한 행정, 즉 법치행정을 의미한다. 합법성을 지나치게 강조하는 경우 수단가치인 법의 준수가 강조되어 목표의 전환(displacement of goal), 형식주의를 가져올 수 있다.

20 직무평가의 방법 중 점수법에 대한 설명으로 가장 옳은 것은?

① 직무 전체를 종합적으로 판단해 미리 정해 놓은 등급기준표와 비교해가면서 등급을 결정한다.

② 대표가 될 만한 직무들을 선정하여 기준 직무(key job)로 정해 놓고 각 요소별로 평가할 직무와 기준 직무를 비교해 가며 점수를 부여한다.

③ 비계량적 방법을 통해 직무기술서의 정보를 검토한 후 직무 상호 간에 직무 전체의 중요도를 종합적으로 비교한다.

④ 직무평가기준표에 따라 직무의 세부 구성요소들을 구분한 후 요소별 가치를 점수화하여 측정하는데, 요소별 점수를 합산한 총점이 직무의 상대적 가치를 나타낸다.

☞ 정답 및 해설 P.50

1 정책네트워크에 대한 설명으로 옳지 않은 것은?

① 정책네트워크의 참여자는 정부뿐만 아니라 민간부문까지 포함한다.

② 정책공동체(policy community)에 비해서 이슈네트워크(issue network)는 제한된 행위자들이 정책과정에 참여하며 경계의 개방성이 낮은 특성이 있다.

③ 헤클로(Heclo)는 하위정부모형을 비판적으로 검토하면서 정책이슈를 중심으로 유동적이며 개방적인 참여자들 간의 상호작용 현상을 묘사하기 위한 대안적 모형을 제안하였다.

④ 하위정부(sub-government)는 선출직 의원, 정부관료, 그리고 이익집단의 역할에 초점을 맞춘다.

2 「책임운영기관의 설치·운영에 관한 법률」상 책임운영기관에 대한 설명으로 옳지 않은 것은?

① 책임운영기관은 기관장에게 재정상의 자율성을 부여하고 그 운영성과에 대해 책임을 지도록 하는 행정기관의 특성을 갖는다.

② 소속책임운영기관에 두는 공무원의 총 정원 한도는 총리령으로 정하며, 이 경우 고위공무원단에 속하는 공무원의 정원은 부령으로 정한다.

③ 소속책임운영기관 소속 공무원의 임용시험은 기관장이 실시함을 원칙으로 한다.

④ 기관장의 근무기간은 5년의 범위에서 소속중앙행정기관의 장이 정하되, 최소한 2년 이상으로 하여야 한다.

3 「지방자치법」상 주민참여 수단에 대한 설명으로 옳지 않은 것은?

① 지방자치단체의 장은 주민에게 과도한 부담을 주거나 중대한 영향을 미치는 지방자치단체의 주요 결정사항 등에 대하여 주민투표에 부칠 수 있다.

② 19세 이상의 주민은 그 지방자치단체와 그 장의 권한에 속하는 사무의 처리가 법령에 위반되거나 공익을 현저히 해친다고 인정되면 감사를 청구할 수 있다.

③ 주민은 그 지방자치단체의 장을 소환할 권리는 갖지만, 비례대표 지방의회의원을 소환할 권리를 가지고 있지는 못하다.

④ 주민은 행정기구를 설치하거나 변경하는 것에 관한 사항이나 공공시설의 설치를 반대하는 사항의 조례를 제정하거나 개정하거나 폐지할 것을 청구할 수 있다.

4 나카무라(Nakamura)와 스몰우드(Smallwood)의 정책결정자와 정책집행자의 관계 유형 중 다음 설명에 해당하는 것은?

- 정책집행자는 공식적 정책결정자로 하여금 자신이 결정한 정책목표를 받아들이도록 설득 또는 강제할 수 있다.
- 정책집행자는 목표를 달성하기 위한 수단을 획득하기 위해 정책결정자와 협상한다.
- 미국 FBI의 국장직을 수행했던 후버(Hoover) 국장이 대표적인 예이다.

① 지시적 위임형
② 협상형
③ 재량적 실험가형
④ 관료적 기업가형

5 공익에 대한 설명으로 옳은 것은?

① 「국가공무원법」은 제1조에서 공무원은 국민 전체의 봉사자로서 공익을 추구해야 함을 명시하고 있다.

② 「공무원 헌장」은 공무원이 실천해야 하는 가치로 공익을 명시하고 있다.

③ 신공공서비스론에서는 공익을 행정의 목적이 아닌 부산물로 보아야 한다는 점을 강조한다.

④ 공익에 대한 실체설에서는 공익을 사익 간 타협 또는 집단 간 상호작용의 산물로 본다.

6 공공서비스의 공급 주체 중 정부 부처 형태의 공기업에 해당하는 것은?

① 한국철도공사   ② 한국소비자원
③ 국립중앙극장   ④ 한국연구재단

7 앨리슨(Allison) 모형에 대한 설명으로 옳은 것은?

① 합리적 행위자 모형에서는 국가전체의 이익과 국가목표 추구를 위해서 개인의 이익을 고려하지 않는 것을 경계하며 국가가 단일적인 결정자임을 부정한다.

② 조직과정모형에서 조직은 불확실성을 회피하기 위하여 정책결정을 할 때 표준운영절차(SOP)나 프로그램 목록(program repertory)에 의존하지 않는다.

③ 관료정치모형은 여러 다양한 문제에 관심을 갖는 다수의 행위자를 상정하며 이들의 목표는 일관되지 않다.

④ 외교안보문제 분석에 있어서 설명력을 높이기 위한 대안적 모형으로 조직과정모형을 고려하지는 않는다.

8 정부규제에 대한 설명으로 옳은 것만을 모두 고르면?

> ㉠ 포지티브(positive) 규제가 네거티브(negative) 규제보다 자율성을 더 보장해준다.
> ㉡ 환경규제와 산업재해규제는 사회규제의 성격이 강하다.
> ㉢ 공동규제는 정부로부터 위임을 받은 민간집단에 의해 이뤄지는 규제를 의미한다.
> ㉣ 수단규제는 정부의 목표를 달성하기 위해 필요한 기술이나 행위에 대해 사전적으로 규제하는 것을 의미한다.

① ㉠, ㉡   ② ㉢, ㉣
③ ㉠, ㉡, ㉢   ④ ㉡, ㉢, ㉣

9 「정부업무평가 기본법」상 정책평가제도에 대한 설명으로 옳지 않은 것은?

① 지방자치단체의 장은 정부업무평가시행계획에 기초하여 자체평가계획을 매년 수립하여야 한다.

② 국무총리는 2 이상의 중앙행정기관 관련 시책, 주요 현안시책, 혁신관리 및 대통령령이 정하는 대상 부문에 대하여 특정평가를 실시하고, 그 결과를 공개하여야 한다.

③ 중앙행정기관 또는 지방자치단체의 소속기관이 행하는 정책은 정부업무평가의 대상에 포함된다.

④ 정부업무평가위원회는 위원장 1인과 14인 이내의 위원으로 구성한다.

10 지방선거에 대한 설명으로 옳은 것은?

① 이승만 정부에서 처음으로 시 · 읍 · 면 의회의원을 뽑는 지방선거가 실시되었다.

② 박정희 정부부터 노태우 정부 시기까지는 지방선거가 실시되지 않았다.

③ 지방자치단체장과 지방의회의원을 동시에 뽑는 선거는 김대중 정부에서 처음으로 실시되었다.

④ 2010년 지방선거부터 정당공천제가 기초지방의원까지 확대되었지만 많은 문제점이 지적되면서 현재 는 실시되지 않고 있다.

11 다음 설명에 해당하는 조직의 인간관은?

> • 인간을 자신의 이익을 극대화하기 위해 행동하는 존재로 본다.
> • 인간은 조직에 의해 통제 · 동기화되는 수동적 존재이며, 조직은 인간의 감정과 같은 주관적 요소를 통제할 수 있도록 설계돼야 한다.

① 합리적 · 경제적 인간관

② 사회적 인간관

③ 자아실현적 인간관

④ 복잡한 인간관

12 근무성적평정에서 나타나기 쉬운 집중화 경향과 관대화 경향을 시정하기 위한 방법으로 적절한 것은?

① 자기평정법

② 목표관리제 평정법

③ 중요사건기록법

④ 강제배분법

13 정부가 동원하는 공공재원에 대한 설명으로 옳지 않은 것은?

① 조세로 투자된 자본시설은 개인이 대가를 지불하지 않는 것으로 인식되어 과다 수요 혹은 과다 지출되는 비효율성 문제가 발생할 수 있다.

② 수익자부담금은 시장기구와 유사한 매커니즘을 통해 공공서비스의 최적 수준을 지향하여 자원 배분의 효율성을 제고할 수 있다.

③ 국공채는 사회간접자본(SOC) 관련 사업이나 시설로 인해 편익을 얻게 될 경우 후세대도 비용을 분담하기 때문에 세대 간 형평성을 훼손시킨다.

④ 조세의 경우 납세자인 국민들은 정부지출을 통제하고 성과에 대한 직접적인 책임을 요구할 수 있다.

14 정부의 위원회 조직에 대한 설명으로 옳지 않은 것은?

① 결정에 대한 책임의 공유와 분산이 특징이다.

② 복수인으로 구성된 합의형 조직의 한 형태다.

③ 국민권익위원회는 의사결정의 권한이 없는 자문위원회에 해당된다.

④ 소청심사위원회는 행정관청적 성격을 지닌 행정위원회에 해당된다.

15 리더십에 대한 설명으로 옳지 않은 것은?

① 특성론에 대한 비판은 지도자의 자질이 집단의 특성·조직목표·상황에 따라 완전히 달라질 수 있고, 동일한 자질을 갖는 것은 아니며, 반드시 갖춰야 할 보편적인 자질은 없다는 것이다.

② 행태이론에서는 눈에 보이지 않는 능력 등 리더가 갖춘 속성보다 리더가 실제 어떤 행동을 하는가에 초점을 맞춘다.

③ 상황론에서는 리더십을 특정한 맥락 속에서 발휘되는 것으로 파악해, 상황 유형별로 효율적인 리더의 행태를 찾아내기 위한 연구를 수행하였다.

④ 번스(Burns)의 리더십이론에서 거래적 리더십은 카리스마적 리더십을 기반으로 하므로 카리스마적 리더십과 중첩되는 측면이 있다.

16 동기이론에 대한 설명으로 옳지 않은 것은?

① 매슬로우(Maslow)는 충족된 욕구는 동기부여의 역할이 약화되고 그 다음 단계의 욕구가 새로운 동기 요인이 된다고 하였다.

② 앨더퍼(Alderfer)는 매슬로우의 5단계 욕구이론을 수정해서 인간의 욕구를 3단계로 나누었다.

③ 허즈버그(Herzberg)는 불만요인(위생요인)을 없앤다고 해서 적극적으로 만족감을 느끼는 것은 아니라고 했다.

④ 브룸(Vroom)의 기대이론에서 수단성(instrumentality)은 특정한 결과에 대한 선호의 강도를 의미한다.

17 공무원의 근무방식과 형태에 대한 설명으로 옳지 않은 것은?

① 유연근무제는 공무원의 근무방식과 형태를 개인·업무·기관 특성에 따라 선택할 수 있는 제도이다.

② 시간선택제 근무는 통상적인 전일제 근무시간(주 40시간)보다 길거나 짧은 시간을 근무하는 제도이다.

③ 탄력근무제는 전일제 근무시간을 지키되 근무시간, 근무일수를 자율 조정할 수 있는 제도이다.

④ 원격근무제는 직장 이외의 장소에서 정보통신망을 이용하여 근무하는 제도이다.

18 다음 설명에 해당하는 교육훈련 방법은?

> 서로 모르는 사람 10명 내외로 소집단을 만들어 허심탄회하게 자신의 느낌을 말하고 다른 사람이 자신을 어떻게 생각하는지를 귀담아듣는 방법으로 훈련을 진행하기 위한 전문가의 역할이 요구된다.

① 역할연기
② 직무순환
③ 감수성 훈련
④ 프로그램화 학습

19 품목별 예산제도에 대한 설명으로 옳은 것은?

① 지출을 통제하고 공무원들로 하여금 회계적 책임을 쉽게 확보할 수 있는 데 용이하다.
② 미국 케네디 행정부의 국방장관인 맥나마라(McNamara)가 국방부에 최초로 도입하였다.
③ 거리 청소, 노면 보수 등과 같이 활동 단위를 중심으로 예산재원을 배분한다.
④ 능률적인 관리를 위하여 구성원의 참여를 촉진한다는 점에서는 목표에 의한 관리(MBO)와 비슷하다.

20 예산집행에 대한 설명으로 옳지 않은 것은?

① 예산의 재배정은 행정부처의 장이 실무부서에게 지출을 할 수 있는 권한을 부여하는 것을 의미한다.
② 예산의 전용을 위해서 정부 부처는 미리 국회의 승인을 받아야 한다.
③ 예비비는 공무원 인건비 인상을 위한 인건비 충당을 목적으로 사용할 수 없다.
④ 사고이월은 집행과정에서 재해 등의 이유로 불가피하게 다음 연도로 이월된 경비를 말한다.

☞ 정답 및 해설 P.53

1 행정이 추구하는 가치에 대한 설명으로 옳지 않은 것은?

① 합리성은 어떤 행위가 궁극적인 목표달성을 위한 최적의 수단이 되느냐를 가리키는 개념이다.

② 효과성은 투입 대비 산출의 비율을, 능률성은 목표의 달성도를 나타내는 개념이다.

③ 행정의 민주성은 대외적으로 국민 의사의 존중·수렴과 대내적으로 행정조직의 민주적 운영이라는 두 가지 측면이 있다.

④ 수평적 형평성이란 동등한 것을 동등하게 취급하는 것, 수직적 형평성이란 동등하지 않은 것을 서로 다르게 취급하는 것을 의미한다.

2 대표관료제에 대한 설명으로 옳지 않은 것은?

① 소극적 대표가 적극적 대표를 촉진한다는 가정 하에 제도를 운영해 왔다.

② 엽관주의 폐단을 시정하기 위해 등장하였으며 역차별의 문제를 완화할 수 있다.

③ 소극적 대표성은 전체 사회의 인구 구성적 특성과 가치를 반영하는 관료제의 인적 구성을 강조한다.

④ 우리나라는 균형인사제도를 통해 장애인·지방인재·저소득층 등에 대한 공직진출 지원을 하고 있다.

3 조직의 의사결정에 대한 설명으로 옳지 않은 것은?

① 전통적 델파이 기법은 전문가들의 다양성을 고려해 의견일치를 유도하지 않는다.

② 현실의 세계에서는 완벽한 합리성이 아닌 제한된 합리성의 상황에서 의사결정이 이루어진다.

③ 브레인스토밍 과정에서는 타인의 아이디어를 비판하거나 평가하지 말아야 한다.

④ 고도로 집권화된 구조나 기능을 중심으로 편제된 조직의 의사결정은 최고관리자 개인이 주도하는 경우가 많다.

4 정책 환경의 불확실성을 극복하는 대처방안 중 소극적인 방법에 해당하는 것은?

① 상황에 대한 정보의 획득

② 정책실험의 수행

③ 협상이나 타협

④ 지연이나 회피

5 광역행정에 대한 설명으로 옳지 않은 것은?

① 기존의 행정구역을 초월해 더 넓은 지역을 대상으로 행정을 수행한다.

② 행정권과 주민의 생활권을 일치시켜 행정 효율성을 증진시킬 수 있다.

③ 규모의 경제를 확보하기 어렵다.

④ 지방자치단체 간에 균질한 행정서비스를 제공하는 계기로 작용해 왔다.

6 옴부즈만(Ombudsman) 제도에 대한 설명으로 옳지 않은 것은?

① 행정에 대한 통제 기능을 수행한다.

② 스웨덴에서는 19세기에 채택되었다.

③ 옴부즈만을 임명하는 주체는 입법기관, 행정수반 등 국가별로 상이하다.

④ 우리나라의 국민권익위원회는 헌법상 독립성을 보장하기 위해 대통령 소속으로 설치되었다.

7 통합재정에 대한 설명으로 옳은 것은?

① 일반회계, 특별회계, 기금을 포함한다.

② 통합재정의 기관 범위에 공공기관은 포함되지만, 지방자치단체는 포함되지 않는다.

③ 국민의 입장에서 느끼는 정부의 지출 규모이며 내부거래를 포함한다.

④ 2005년부터 정부의 재정규모 통계로 사용하고 있으며 세입과 세출을 총계 개념으로 파악한다.

8 로위(Lowi)가 제시한 구성정책의 사례로 옳지 않은 것은?

① 공직자 보수에 관한 정책

② 선거구 조정 정책

③ 정부기관이나 기구 신설에 관한 정책

④ 국유지 불하 정책

9 예산과정에 대한 설명으로 옳은 것은?

① 예산과정은 예산편성 – 예산집행 – 예산심의 – 예산결산의 순으로 이루어진다.

② 예산집행의 신축성을 확보하기 위해 예비비, 총액계상 제도 등을 활용하고 있다.

③ 예산제도 개선 등으로 절약된 예산 일부를 예산성과금으로 지급할 수 있지만 다른 사업에 사용할 수는 없다.

④ 각 중앙부처가 총액 한도를 지정한 후에 사업별 예산을 편성하고 있어 기획재정부의 사업별 예산통제 기능은 미약하다.

10 2016년 이후 정부조직의 변화에 대한 설명으로 옳지 않은 것은?

① 중소기업, 벤처기업 등에 관한 사무를 관장하는 중소벤처기업부를 신설하였다.

② 행정안전부의 외청으로 소방청을 신설하였다.

③ 국가보훈처가 차관급에서 장관급으로 격상되었다.

④ 한국수자원공사에 대한 관할권을 환경부에서 국토교통부로 이관하였다.

11 직업공무원제에 대한 설명으로 옳지 않은 것은?

① 젊고 우수한 인재가 공직을 직업으로 선택해 일생을 바쳐 성실히 근무하도록 운영하는 인사제도이다.

② 폐쇄적 임용을 통해 공무원집단의 보수화를 예방하고 전문행정가 양성을 촉진한다.

③ 행정의 안정성을 확보할 수 있고, 높은 수준의 행동규범을 유지하는 데 도움이 된다.

④ 조직 내에 승진적체가 심화되면서 직원들의 불만이 증가할 수 있다.

12 미국에서 등장한 행정이론인 신행정학(New Public Administration)에 대한 설명으로 옳지 않은 것은?

① 신행정학은 미국의 사회문제 해결을 촉구한 반면 발전행정은 제3세계의 근대화 지원에 주력하였다.

② 신행정학은 정치행정이원론에 입각하여 독자적인 행정이론의 발전을 이루고자 하였다.

③ 신행정학은 가치에 대한 새로운 인식을 기초로 규범적이며 처방적인 연구를 강조하였다.

④ 신행정학은 왈도(Waldo)가 주도한 1968년 미노브룩(Minnowbrook) 회의를 계기로 태동하였다.

13 '변혁적 리더십(transformational leadership)'에 대한 설명으로 옳지 않은 것은?

① 조직참여의 기대가 적은 경우에 적합하며 예외관리에 초점을 둔다.

② 리더가 부하에게 특별한 관심을 보이거나 자긍심과 신념을 심어준다.

③ 리더가 부하들의 창의성을 계발하는 지적 자극(intellectual stimulation)을 중시한다.

④ 리더가 인본주의, 평화 등 도덕적 가치와 이상을 호소하는 방식으로 부하들의 의식수준을 높인다.

14 정책결정모형에 대한 설명으로 옳지 않은 것은?

① 린드블롬(Lindblom)같은 점증주의자들은 합리모형이 불가능한 일을 정책결정자에게 강요함으로써 바람직한 정책결정에 도움을 주지 못한다고 주장한다.

② 사이먼(Simon)의 만족모형은 합리모형에 대한 심각한 도전이자, 인간의 인지능력이라는 기본적인 요소에서 출발했기에 이론적 영향이 컸다.

③ 에치오니(Etzioni)는 합리모형과 점증모형의 단점을 극복하기 위하여 최적모형을 주장하였다.

④ 스타인부르너(Steinbruner)는 시스템 공학의 사이버네틱스 개념을 응용하여 관료제에서 이루어지는 정책결정을 단순하게 묘사하고자 노력하였다.

15 주민참여제도에 대한 설명으로 옳지 않은 것은?

① 주민참여제도에는 주민투표, 주민소환, 주민소송 등이 있다.

② 「지방자치법」에서는 주민소송에 관한 사항을 명시하고 있다.

③ 지역구지방의회의원에 대한 주민소환투표는 당해 지방의회의원의 지역선거구를 대상으로 한다.

④ 지방자치단체가 조례를 제정하면 해당 지역에 거주하는 18세 이상의 외국인에게도 주민투표권이 부여된다.

16 다음 특징을 가진 정책변동 모형은?

> • 분석단위로서 정책하위체제(policy sub-system)에 초점을 두고 정책변화를 이해한다.
> • 신념체계, 정책학습 등의 요인은 정책변동에 영향을 준다.
> • 정책변동 과정에서 정책중재자(policy mediator)가 중요한 역할을 한다.

① 정책흐름(Policy Stream) 모형

② 단절적 균형(Punctuated Equilibrium) 모형

③ 정책지지연합(Advocacy Coalition Framework) 모형

④ 정책패러다임 변동(Paradigm Shift) 모형

17 정책평가에서 내적 타당성에 대한 설명으로 옳지 않은 것은?

① 준실험설계보다 진실험설계를 사용할 때 내적 타당성의 저해요인이 다양하게 나타난다.

② 정책의 집행과 효과 사이에 존재하는 인과관계의 추론이 가능한 평가가 내적 타당성이 있는 평가이다.

③ 허위변수나 혼란변수를 배제할 수 있다면 내적 타당성을 높일 수 있다.

④ 선발요인이나 상실요인을 통제하기 위해서는 무작위배정이나 사전측정이 필요하다.

18 공무원의 근무성적평정에 대한 설명으로 옳은 것은?

① 평정대상자의 근무실적과 직무수행능력을 평가하지만 적성, 근무태도 등은 평가하지 않는다.

② 중요사건기록법은 평정대상자로 하여금 자신의 근무실적을 스스로 보고하도록 하는 방법이다.

③ 평정자가 평정대상자를 다른 평정대상자와 비교함으로써 발생하는 오류는 대비오차이다.

④ 우리나라의 6급 이하 공무원에게는 직무성과계약제가 적용되고 있다.

19 예비타당성조사에 대한 설명으로 옳은 것은?

① 기존에 유지된 타당성조사의 문제점을 보완하기 위해 2013년부터 도입하였다.

② 신규 사업 중 총사업비가 300억 원 이상인 사업은 예비타당성조사대상에 포함된다.

③ 중앙행정기관의 장은 예비타당성조사를 실시하고 기획재정부장관과 그 결과를 협의해야 한다.

④ 조사대상 사업의 경제성, 정책적 필요성 등을 종합적으로 검토하여 그 타당성 여부를 판단한다.

20 국가채무에 대한 설명으로 옳지 않은 것은?

① 기획재정부장관은 국가채무관리계획을 수립하여야 한다.

② 국채를 발행하고자 할 때에는 국회의 의결을 얻어야 한다.

③ 우리나라가 발행하는 국채의 종류에 국고채와 재정증권은 포함되지 않는다.

④ 우리나라의 GDP 대비 국가채무비율은 일본과 미국보다 낮은 상태이다.

☞ 정답 및 해설 P.56

1 정치-행정 일원론에 대한 설명으로 가장 옳지 않은 것은?

① 공공조직의 관리자들은 정책 결정자를 위한 지원, 정보제공의 역할만을 수행한다.

② 공공조직의 관리자들은 정책을 구체화하면서 정책 결정 기능을 수행한다.

③ 공공조직의 관리자들이 수집, 분석, 제시하는 정보가 가치판단적인 요소를 내포한다.

④ 행정의 파급효과는 정치적인 요소를 내포한다.

2 목표관리제(MBO)와 성과관리제를 비교한 〈보기〉의 설명 중 옳은 것을 모두 고르면?

〈보기〉
㉠ 목표관리제는 개인이나 부서의 목표를 조직의 관리자가 제시한다는 측면에서 조직목표 달성을 위한 하향식접근이다.
㉡ 목표관리제와 성과관리제 모두 성과지표별로 목표달성수준을 설정하고 사후의 목표달성도에 따라 보상과 재정지원의 차등을 약속하는 계약을 체결한다.
㉢ 성과평가에서는 평가의 타당성, 신뢰성, 객관성을 확보하는 것이 중요하다.
㉣ 성과관리는 조직의 비전과 목표로부터 이를 달성하기 위한 부서단위의 목표와 성과지표, 개인단위의 목표와 지표를 제시한다는 점에서 상향식 접근이다.

① ㉢

② ㉡, ㉢

③ ㉠, ㉡, ㉢

④ ㉡, ㉢, ㉣

3 다원주의(Pluralism)에 대한 설명으로 가장 옳지 않은 것은?

① 권력은 다양한 세력들에게 분산되어 있다.

② 정책영역별로 영향력을 행사하는 엘리트들이 각기 다르다.

③ 이익집단들 간의 영향력 차이는 주로 정부의 정책 과정에 대한 상이한 접근기회에 기인한다.

④ 이익집단들 간의 영향력 차이는 있지만 전체적으로 균형을 유지하고 있다.

4 공익에 대한 설명으로 가장 옳지 않은 것은?

① 과정설은 개인의 사익을 초월한 공동체 전체의 공익이 따로 있다고 보는 견해이다.

② 실체설은 사회 전 구성원의 총효용을 극대화함으로써 공익에 도달할 수 있다고 보는 견해이다.

③ 과정설은 공익이 사익의 총합이거나 사익 간의 타협 · 조정 과정을 통해 얻어지는 것으로 보는 견해이다.

④ 실체설은 사회공동체 내지 국가의 모든 가치를 포괄하는 절대적인 선의 가치가 있다고 보는 견해이다.

5 합리성의 제약요인으로 가장 옳지 않은 것은?

① 다수 간의 조화된 가치선호　　　　② 감정적 요소

③ 비용의 과다　　　　　　　　　　　④ 지식 및 정보의 불완전성

6 우리나라의 책임운영기관(Executive Agency)에 대한 설명으로 가장 옳지 않은 것은?

① 신공공관리론(NPM)의 조직원리에 따라 등장한 성과중심 정부 실현의 한 방안으로 도입되었다.

② 책임운영기관의 장에게 행정 및 재정상의 자율성을 부여하고 그 운영성과에 대하여 책임을 지도록 하는 행정기관을 말한다.

③ 책임운영기관은 사무성격에 따라 조사연구형, 교육훈련형, 문화형, 의료형, 시설관리형, 그 밖에 대통령령으로 정하는 기타 유형으로 구분된다.

④ 「책임운영기관의 설치 · 운영에 관한 법률」에 근거하여 1995년부터 제도가 시행되었다.

7 행정통제에 대한 설명으로 가장 옳지 않은 것은?

① 행정 권한의 강화 및 행정재량권의 확대가 두드러지면서 행정책임 확보의 수단으로서 행정통제의 중요성이 커지고 있다.

② 의회는 국가의 예산을 심의하고 승인하거나 혹은 지출을 금지하거나 제한하는 등의 조치를 통하여 행정부를 통제한다.

③ 행정이 전문성과 복잡성을 띠게 된 현대 행정국가 시대에는 내부 통제보다 외부 통제가 점차 강조되고 있다.

④ 일반 국민은 선거권이나 국민투표권의 행사를 통하여 행정을 간접적으로 통제한다.

8 로위(Lowi)의 정책유형 중 선거구의 조정 등 헌법상 운영규칙과 관련된 정책으로 가장 옳은 것은?

① 구성정책
② 배분정책
③ 규제정책
④ 재분배정책

9 행정통제의 유형 중 공식적 · 내부통제 유형에 포함되는 방식으로 가장 옳은 것은?

① 정당에 의한 통제
② 감사원에 의한 통제
③ 사법부에 의한 통제
④ 동료집단의 평판에 의한 통제

10 허시(Hersey)와 블랜차드(Blanchard)는 부하의 성숙도(Maturity)에 따른 효과적인 리더십을 제시하였다. 부하가 가장 미성숙한 상황에서 점점 성숙해간다고 할 때, 가장 효과적인 리더십 유형을 〈보기〉에서 골라 순서대로 나열한 것은?

〈보기〉

(개) 참여형 　　　 (내) 설득형 　　　 (대) 위임형 　　　 (래) 지시형

① (대)→(개)→(내)→(래) 　　　② (래)→(개)→(내)→(대)

③ (래)→(내)→(개)→(대) 　　　④ (래)→(내)→(대)→(개)

11 조직의 규모에 대한 설명으로 가장 옳은 것은?

① 조직의 규모가 클수록 공식화 수준이 낮아진다.

② 조직의 규모가 클수록 조직 내 구성원의 응집력이 강해진다.

③ 조직의 규모가 클수록 분권화되는 경향이 있다.

④ 조직의 규모가 클수록 복잡성이 낮아진다.

12 지방자치단체의 재정자립도에 대한 설명으로 가장 옳지 않은 것은?

① 재정자립도는 세입총액에서 지방세수입과 세외수입이 차지하는 비율을 나타낸다.

② 자주재원이 적더라도 중앙정부가 지방교부세를 증액하면 재정자립도는 올라간다.

③ 재정자립도가 높다고 지방정부의 실질적 재정이 반드시 좋다고 볼 수는 없다.

④ 국세의 지방세 이전은 재정자립도 증대에 도움이 된다.

13 우리나라 지방자치단체 주민투표제도에 대한 설명으로 가장 옳은 것은?

① 1994년 「지방자치법」 개정에서 도입된 이래 지금까지 시행되고 있다.

② 주민투표에 부쳐진 사항은 법에서 정한 경우를 제외하고는 주민투표권자 총수의 3분의 1 이상의 투표와 유효 투표 수 과반수의 득표로 확정된다.

③ 지방자치단체의 장은 주민 또는 지방의회의 청구에 의한 경우가 아닌 자신의 직권으로 주민투표를 실시할 수 없다.

④ 일반 공직선거와 마찬가지로 외국인은 어떠한 경우에도 주민투표에 참여할 수 없다.

14 네트워크 조직구조가 가지는 일반적인 장점에 대한 설명으로 가장 옳지 않은 것은?

① 조직의 유연성과 자율성 강화를 통해 창의력을 발휘할 수 있다.

② 통합과 학습을 통해 경쟁력을 제고할 수 있다.

③ 조직의 네트워크화를 통해 환경 변화에 따른 불확실성을 감소시킬 수 있다.

④ 조직의 정체성과 응집력을 강화시킬 수 있다.

15 조직 내에서 구성원 A는 구성원 B와 동일한 정도로 일을 하였음에도 구성원 B에 비하여 보상을 적게 받았다고 느낄 때 애덤스(J. Stacy Adams)의 공정성이론에 의거하여 취할 수 있는 구성원 A의 행동 전략으로 가장 옳지 않은 것은?

① 자신의 투입을 변화시킨다.

② 구성원 B의 투입과 산출에 대해 의도적으로 자신의 지각을 변경한다.

③ 이직을 한다.

④ 구성원 B의 투입과 산출의 실제량을 자신의 것과 객관적으로 비교하여 보상의 재산정을 요구한다.

16 배치전환에 대한 설명으로 가장 옳지 않은 것은?

① 능력의 정체와 퇴행현상을 방지할 수 있다.

② 직무의 부적응을 해소하고 조직 구성원에게 재적응의 기회를 부여할 수 있다.

③ 행정의 전문성과 능률성을 증진시킬 수 있다.

④ 정당한 징계절차에 의하지 않고 일종의 징계수단으로 활용될 가능성이 존재한다.

17 예산 유형에 대한 〈보기〉의 설명 중 옳은 것을 모두 고르면?

〈보기〉
㉠ 준예산은 회계연도 개시 전까지 예산이 의결되지 않을 경우 편성하는 예산이다.
㉡ 본예산은 매 회계연도 개시 전에 국회의 심의 · 의결을 거쳐 성립되는 예산이다.
㉢ 추가경정예산은 본예산과 별개로 성립하며 결산 심의 역시 별도로 이루어진다.
㉣ 우리나라는 1960년도 이후부터 잠정예산제도를 채택하고 있다.

① ㉠, ㉡

② ㉠, ㉣

③ ㉡, ㉢

④ ㉢, ㉣

18 계급제와 직위분류제에 대한 설명으로 가장 옳은 것은?

① 과학적 관리론과 실적제의 발달은 직위분류제의 쇠퇴와 계급제의 발전에 기여했다.

② 우리나라 「국가공무원법」에는 직위분류제 주요 구성 개념인 '직위, 직군, 직렬, 직류, 직급' 등이 제시되어 있다.

③ 직위분류제는 공무원 개인의 능력이나 자격을 기준으로 공직분류체계를 형성한다.

④ 계급제와 직위분류제는 절대 양립불가능하며 우리나라는 계급제를 기반으로 한다.

19 〈보기〉의 설명에 해당하는 근무성적 평정 방법으로 가장 옳은 것은?

> 〈보기〉
> 저는 학생들을 평가함에 있어 성적 분포의 비율을 미리 정해 놓고 등급을 줍니다. 비록 평가 대상 전원이 다소 부족하더라도 일정 비율의 인원이 좋은 평가를 받거나, 혹은 전원이 우수하더라도 일부의 학생은 낮은 평가를 받게 되지만, 이 방법을 통해 학생들의 성적 분포가 과도하게 한쪽으로 집중되는 것을 막아 평정 오차를 방지할 수 있다는 점에서 유용합니다.

① 강제배분법   ② 서열법
③ 도표식 평정척도법   ④ 강제선택법

20 지방자치의 이념과 사상적 계보에 대한 설명으로 가장 옳은 것은?

① 자치권의 인식에서 주민자치는 전래권으로, 단체자치는 고유권으로 본다.
② 주민자치는 지방분권의 이념을, 단체자치는 민주주의 이념을 강조한다.
③ 주민자치는 의결기관과 집행기관을 분리하여 대립시키는 기관분리형을 채택하는 반면, 단체자치는 의결기관이 집행기관도 되는 기관통합형을 채택한다.
④ 사무구분에서 주민자치는 자치사무와 위임사무를 구분하지 않지만, 단체자치는 이를 구분한다.

☞ 정답 및 해설 P.59

1 작은정부를 적극적으로 옹호하는 것은?

① 행정권 우월화를 인정하는 정치 · 행정 일원론

② 경제공황 극복을 위한 뉴딜정책

③ 사회복지 프로그램의 확대

④ 신공공관리론

2 기능(functional) 구조와 사업(project) 구조의 통합을 시도하는 조직 형태는?

① 팀제 조직

② 위원회 조직

③ 매트릭스 조직

④ 네트워크 조직

3 지방재정의 세입항목 중 자주재원에 해당하는 것은?

① 지방교부세

② 재산임대수입

③ 조정교부금

④ 국고보조금

4 국내 최고 대학을 졸업했기 때문에 일을 잘했을 것이라고 생각하여 피평정자에게 높은 근무성적평정 등급을 부여할 경우 평정자가 범하는 오류는?

① 선입견에 의한 오류

② 집중화 경향으로 인한 오류

③ 엄격화 경향으로 인한 오류

④ 첫머리 효과에 의한 오류

5 행정 가치에 대한 설명으로 옳지 않은 것은?

① 공익 과정설에 따르면 사익을 초월한 별도의 공익이란 존재할 수 없다.

② 롤스(Rawls)는 사회정의의 제1원리와 제2원리가 충돌할 경우 제1원리가 우선이라고 주장한다.

③ 파레토 최적 상태는 형평성 가치를 뒷받침하는 기준이다.

④ 근대 이후 합리성은 목표를 달성하는 수단과 관련된 개념이다.

6 기술과 조직구조의 관계에 대한 페로(Perrow)의 설명으로 옳지 않은 것은?

① 정형화된(routine) 기술은 공식성 및 집권성이 높은 조직구조와 부합한다.

② 비정형화된(non-routine) 기술은 부하들에 대한 상사의 통솔범위를 넓힐 수밖에 없을 것이다.

③ 공학적(engineering) 기술은 문제의 분석가능성이 높다.

④ 기예적(craft) 기술은 대체로 유기적 조직구조와 부합한다.

7 지방분권 추진 원칙 중 다음 설명에 해당하는 것은?

> • 기능 배분에 있어 가까운 정부에게 우선적 관할권을 부여한다.
> • 민간이 처리할 수 있다면 정부가 관여해서는 안 된다.
> • 가까운 지방정부가 처리할 수 있는 업무에 상급 지방정부나 중앙정부가 관여해서는 안 된다.

① 보충성의 원칙

② 포괄성의 원칙

③ 형평성의 원칙

④ 경제성의 원칙

8 정책집행의 하향식 접근(top-down approach)에 대한 설명으로 옳은 것만을 모두 고르면?

> ㉠ 집행이 일어나는 현장에 초점을 맞춘다.
> ㉡ 일선공무원의 전문지식과 문제해결능력을 중시한다.
> ㉢ 하위직보다는 고위직이 주도한다.
> ㉣ 정책결정자는 정책집행에 영향을 미치는 정치적·조직적·기술적 과정을 충분히 통제할 수 있다.

① ㉠, ㉡   ② ㉠, ㉢

③ ㉡, ㉣   ④ ㉢, ㉣

9 조직구성 원리에 대한 설명으로 옳지 않은 것은?

① 분업의 원리 – 일은 가능한 한 세분해야 한다.

② 통솔범위의 원리 – 한 명의 상관이 감독하는 부하의 수는 상관의 통제능력 범위 내로 한정해야 한다.

③ 명령통일의 원리 – 여러 상관이 지시한 명령이 서로 다를 경우 내용이 통일될 때까지 명령을 따르지 않아야 한다.

④ 조정의 원리 – 권한 배분의 구조를 통해 분화된 활동들을 통합해야 한다.

10 직업공무원제의 단점을 보완하는 것으로 옳지 않은 것은?

① 개방형 인사제도

② 계약제 임용제도

③ 계급정년제의 도입

④ 정치적 중립의 강화

11 A 예산제도에서 강조하는 기능은?

> A 예산제도는 당시 미국의 국방장관이었던 맥나마라(McNamara)에 의해 국방부에 처음 도입되었고, 국방부의 성공적인 예산개혁에 공감한 존슨(Johnson) 대통령이 1965년에 전 연방정부에 도입하였다.

① 통제 　　　　　　　　　　② 관리

③ 기획 　　　　　　　　　　④ 감축

12 직위분류제의 단점은?

① 행정의 전문성 결여

② 조직 내 인력 배치의 신축성 부족

③ 계급 간 차별 심화

④ 직무경계의 불명확성

13 행정통제의 유형 중 외부통제가 아닌 것은?

① 감사원의 직무감찰

② 의회의 국정감사

③ 법원의 행정명령 위법 여부 심사

④ 헌법재판소의 권한쟁의심판

14 민간투자사업자가 사회기반시설 준공과 동시에 해당 시설 소유권을 정부로 이전하는 대신 시설관리운영권을 획득하고, 정부는 해당 시설을 임차 사용하여 약정기간 임대료를 민간에게 지급하는 방식은?

① BTO(Build-Transfer-Operate)

② BTL(Build-Transfer-Lease)

③ BOT(Build-Own-Transfer)

④ BOO(Build-Own-Operate)

15 정책평가의 논리에서 수단과 목표 간의 인과관계에 대한 설명으로 옳은 것만을 모두 고르면?

> ㉠ 정책목표의 달성이 정책수단의 실현에 선행해서 존재해야 한다.
> ㉡ 특정 정책수단 실현과 정책목표 달성 간 관계를 설명하는 다른 요인이 배제되어야 한다.
> ㉢ 정책수단의 변화 정도에 따라 정책목표의 달성 정도도 변해야 한다.

① ㉠

② ㉢

③ ㉠, ㉡

④ ㉡, ㉢

16 비용·편익분석에 대한 설명으로 옳지 않은 것은?

① 분야가 다른 정책이나 프로그램은 비교할 수 없다.

② 정책대안의 비용과 편익을 모두 가시적인 화폐 가치로 바꾸어 측정한다.

③ 미래의 비용과 편익의 가치를 현재가치로 환산하는데 할인율(discount rate)을 적용한다.

④ 편익의 현재가치가 비용의 현재가치를 초과하면 순현재가치(NPV)는 0보다 크다.

17 정책결정 모형에 대한 설명으로 옳은 것만을 모두 고르면?

> ㉠ 만족 모형에서는 정책결정을 근본적 결정과 세부적 결정으로 구분한다.
> ㉡ 점증주의 모형은 현상유지를 옹호하므로 보수적이라는 비판을 받고 있다.
> ㉢ 쓰레기통 모형에서 의사결정의 4가지 요소는 문제, 해결책, 선택기회, 참여자이다.
> ㉣ 갈등의 준해결과 표준운영절차(SOP)의 활용은 최적모형의 특징이다.

① ㉠, ㉡
② ㉠, ㉣
③ ㉡, ㉢
④ ㉢, ㉣

18 조세지출 예산제도에 대한 설명으로 옳지 않은 것은?

① 세제 지원을 통해 제공한 혜택을 예산지출로 인정하는 것이다.

② 예산지출이 직접적 예산 집행이라면 조세지출은 세제상의 혜택을 통한 간접지출의 성격을 띤다.

③ 직접 보조금과 대비해 눈에 보이지 않는 숨겨진 보조금이라고 이해할 수 있다.

④ 세금 자체를 부과하지 않는 비과세는 조세지출의 방법으로 볼 수 없다.

19 유비쿼터스 전자정부에 대한 설명으로 옳은 것만을 모두 고르면?

> ㉠ 기술적으로 브로드밴드와 무선, 모바일 네트워크, 센싱, 칩 등을 기반으로 한다.
> ㉡ 서비스 전달 측면에서 지능적인 업무수행과 개개인의 수요에 맞는 맞춤형 서비스를 제공한다.
> ㉢ Any-time, Any-where, Any-device, Any-network, Any-service 환경에서 실현되는 정부를 지향한다.

① ㉠, ㉡
② ㉠, ㉢
③ ㉡, ㉢
④ ㉠, ㉡, ㉢

20 민원행정의 성격에 대한 설명으로 옳은 것만을 모두 고르면?

> ㉠ 규정에 따라 서비스를 제공하는 전달적 행정이다.
> ㉡ 행정기관도 민원을 제기하는 주체가 될 수 있다.
> ㉢ 행정구제수단으로 볼 수 없다.

① ㉠

② ㉢

③ ㉠, ㉡

④ ㉡, ㉢

1 정치 · 행정 이원론에 대한 설명으로 옳은 것은?

① 정당정치의 개입으로부터 자유로운 행정 영역을 강조하였다.

② 1930년대 뉴딜정책은 정치 · 행정 이원론이 등장하게 된 중요 배경이다.

③ 과학적 관리론과 행정개혁운동은 정치 · 행정 이원론의 한계를 지적하였다.

④ 정치 · 행정 이원론을 대표하는 애플비(Appleby)는 정치와 행정이 단절적이라고 보았다.

2 무의사결정론에 대한 설명으로 옳지 않은 것은?

① 정치체제 내의 지배적 규범이나 절차가 강조되어 변화를 위한 주장은 통제된다고 본다.

② 엘리트들에게 안전한 이슈만이 논의되고 불리한 이슈는 거론조차 못하게 봉쇄된다고 한다.

③ 위협과 같은 폭력적 방법을 통해 특정한 이슈의 등장이 방해받기도 한다고 주장한다.

④ 조직의 주의집중력과 가용자원은 한계가 있어 일부 사회문제만이 정책의제로 선택된다고 주장한다.

3 우리나라 지방자치에 대한 설명으로 옳은 것은?

① 자치사법권은 인정되고 있다.

② 지방자치단체의 예산안 편성권은 지방자치단체장에 속한다.

③ 자치입법권은 지방의회만이 행사할 수 있는 전속적 권한이다.

④ '세종특별자치시'와 제주특별자치도의 '제주시'는 기초자치단체로서 자치권을 가지고 있다.

4 총체적 품질관리(Total Quality Management)에 대한 설명으로 옳은 것만을 모두 고르면?

> ㉠ 고객의 요구를 존중한다.
> ㉡ 무결점을 향한 지속적 개선을 중시한다.
> ㉢ 집권화된 기획과 사후적 통제를 강조한다.
> ㉣ 문제해결의 주된 방법은 집단적 노력에서 개인적 노력으로 옮아간다.

① ㉠, ㉡   ② ㉠, ㉢

③ ㉡, ㉣   ④ ㉢, ㉣

5 프렌치와 레이븐(French & Raven)이 주장하는 권력의 원천에 대한 설명으로 옳지 않은 것은?

① 합법적 권력은 권한과 유사하며 상사가 보유한 직위에 기반한다.

② 강압적 권력은 카리스마 개념과 유사하며 인간의 공포에 기반한다.

③ 전문적 권력은 조직 내 공식적 직위와 항상 일치하는 것은 아니다.

④ 준거적 권력은 자신보다 뛰어나다고 생각하는 사람을 닮고자 할 때 발생한다.

6 직위분류제와 관련하여 다음 설명에 해당하는 것은?

> • 직무의 곤란성과 책임성을 기준으로 상대적 가치를 결정하는 것이다.
> • 서열법, 분류법, 점수법 등을 활용한다.
> • 개인에게 공정한 보수를 제공하는 데 필요한 작업이다.

① 직무조사

② 직무분석

③ 직무평가

④ 정급

7 다음 설명에 해당하는 정책결정모형은?

> 지난 30년간 자료를 중심으로 전국의 자연재난 발생현황을 개략적으로 파악한 다음, 홍수와 지진 등 두 가지 이상의 재난이 한 해에 동시에 발생한 지역을 중심으로 다시 면밀하게 관찰하며 정책을 결정한다.

① 만족모형
② 점증모형
③ 최적모형
④ 혼합탐사모형

8 예산의 집행에 대한 설명으로 옳은 것은?

① 기획재정부장관은 각 중앙관서의 장에게 예산을 배정한 때에는 감사원에 통지하여야 한다.
② 기획재정부장관은 반기별 예산배정계획을 작성하여 국회의 심의를 받은 뒤에 예산을 배정한다.
③ 중앙관서의 장에게 자금을 사용할 수 있는 권한을 부여하는 것을 예산 재배정이라고 한다.
④ 기획재정부장관은 매년 2월 말까지 예산집행지침을 각 중앙관서의 장과 국회예산정책처에 통보하여야 한다.

9 정책평가를 위한 측정도구의 타당성과 신뢰성에 대한 설명으로 옳지 않은 것은?

① 타당성은 없지만 신뢰성이 높은 측정도구가 있을 수 있다.
② 신뢰성이 없지만 타당성이 높은 측정도구는 있을 수 없다.
③ 신뢰성은 측정도구의 타당성을 담보할 수 있는 충분조건이다.
④ 타당성이 없는 측정도구는 제1종 오류를 범하는 원인이 될 수 있다.

10 공무원의 인사이동에 대한 설명으로 옳은 것은?

① 겸임은 한 사람에게 둘 이상의 직위를 부여하는 것으로 그 대상은 특정직 공무원이며, 겸임 기간은 3년 이내로 한다.

② 전직은 인사 관할을 달리하는 기관 사이의 수평적 인사이동에 해당하며, 예외적인 경우에만 전직시험을 거치도록 하고 있다.

③ 같은 직급 내에서 직위 등을 변경하는 전보는 수평적 인사이동에 해당하며, 전보의 오용과 남용을 방지하기 위해 전보가 제한되는 기간이나 범위를 두고 있다.

④ 예산 감소 등으로 직위가 폐지되어 하위 계급의 직위에 임용하려면 별도의 심사 절차를 거쳐야 하고, 강임된 공무원에게는 강임된 계급의 봉급이 지급된다.

11 조직 내 갈등에 대한 설명으로 옳지 않은 것은?

① 과업의 상호의존성이 높은 경우 잠재적 갈등이 야기될 수 있다.

② 고전적 관점에서 갈등은 조직 효과성에 부정적인 영향을 끼친다고 가정한다.

③ 의사소통 과정에서 충분한 양의 정보도 갈등을 유발하는 경우가 있다.

④ 진행단계별로 분류할 때 지각된 갈등은 갈등이 야기될 수 있는 상황 또는 조건을 의미한다.

12 예산제도에 대한 설명으로 옳지 않은 것은?

① 품목별 예산제도는 일에 대한 정보를 제공하며, 세입과 세출의 유기적 연계를 고려한다.

② 성과주의 예산제도는 업무량과 단위당 원가를 곱하여 예산액을 산정한다.

③ 계획예산제도는 비용편익분석 등을 활용함으로써 자원 배분의 합리화를 추구한다.

④ 영기준 예산제도는 예산 편성에서 의사결정단위(decision unit) 설정, 의사결정 패키지 작성 등이 필요하다.

13 단체위임사무와 기관위임사무에 대한 설명으로 옳지 않은 것은?

① 지방의회는 기관위임사무에 대해 조례제정권을 행사할 수 없다.

② 보건소의 운영업무와 병역자원의 관리업무는 대표적인 기관위임사무이다.

③ 중앙정부는 단체위임사무에 대해 사전적 통제보다 사후적 통제를 주로 한다.

④ 기관위임사무의 처리를 위한 비용은 국가가 부담한다.

14 행정학의 접근 방법에 대한 설명으로 옳은 것은?

① 법적 · 제도적 접근 방법은 개인이나 집단의 속성과 행태를 행정 현상의 설명변수로 규정한다.

② 신제도주의 접근 방법에서는 제도를 공식적인 구조나 조직 등에 한정하지 않고, 비공식적인 규범 등도 포함한다.

③ 후기 행태주의 접근 방법은 행정을 자연 · 문화적 환경과 관련하여 이해하면서 행정체제의 개방성을 강조한다.

④ 툴민(Toulmin)의 논변적 접근 방법은 환경을 포함하여 거시적인 관점에서 행정 현상을 분석하고, 확실성을 지닌 법칙 발견을 강조한다.

15 공리주의적 관점에서 공익을 설명한 것으로 옳은 것만을 모두 고르면?

> ㉠ 사회 전체의 효용이 증가하면 공익이 향상된다.
> ㉡ 목적론적 윤리론을 따르고 있다.
> ㉢ 효율성(efficiency)보다는 합법성(legitimacy)이 윤리적 행정의 판단기준이다.

① ㉠

② ㉢

③ ㉠, ㉡

④ ㉡, ㉢

16 책임운영기관에 대한 설명으로 옳지 않은 것은?

① 기관장에게 기관 운영의 자율성을 보장하고, 기관 운영 성과에 대해 책임을 지도록 한다.

② 공공성이 크기 때문에 민영화하기 어려운 업무를 정부가 직접 수행하기 위해 고안된 것이다.

③ 객관적이고 신뢰할 수 있는 성과평가 시스템 구축은 책임운영기관의 성공 여부를 결정짓는 요건 중의 하나이다.

④ 1970년대 영국에서 집행기관(executive agency)이라는 이름으로 처음 도입되었고, 우리나라는 1990년부터 운영하고 있다.

17 정책변동에 대한 설명으로 옳지 않은 것은?

① 킹던(Kingdon)의 정책흐름이론에 따르면 정책변동은 정책문제의 흐름, 정치의 흐름, 정책대안의 흐름이 결합하여 이루어진다.

② 무치아로니(Mucciaroni)의 이익집단 위상변동모형에서 이슈맥락은 환경적 요인과 같이 정책의 유지 혹은 변동에 영향을 미치는 정책요인을 말한다.

③ 실질적인 정책내용이 변하더라도 정책목표가 변하지 않는다면 이를 정책유지라 한다.

④ 정책목표를 달성하기 위한 전반적인 정책수단을 소멸시키고 이를 대체할 다른 정책을 마련하지 않는 것을 정책종결이라 한다.

18 우리나라 인사제도에 대한 설명으로 옳지 않은 것은?

① 인사혁신처는 비독립형 단독제 형태의 중앙인사기관이다.

② 전문경력관이란 직무 분야가 특수한 직위에 임용되는 일반직 공무원을 말한다.

③ 별정직 공무원의 근무상한연령은 65세이며, 일반임기제 공무원으로 채용할 수 있다.

④ 각 부처의 고위공무원을 범정부적 차원에서 효율적으로 관리하고자 고위공무원단 제도를 운영하고 있다.

19 정책변수에 대한 설명으로 옳은 것만을 모두 고르면?

> ㉠ 매개변수 – 독립변수의 원인인 동시에 종속변수의 원인이 되는 제3의 변수
> ㉡ 조절변수 – 독립변수와 종속변수 간에 상호작용 효과를 나타나게 하는 제3의 변수
> ㉢ 억제변수 – 독립변수와 종속변수 간에 상관관계가 없는데도 있는 것으로 나타나게 하는 제3의 변수
> ㉣ 허위변수 – 독립변수와 종속변수 모두에게 영향을 미치며 이들 사이의 공동변화를 설명하는 제3의 변수

① ㉠, ㉢   ② ㉠, ㉣
③ ㉡, ㉢   ④ ㉡, ㉣

20 세계잉여금에 대한 설명으로 옳은 것만을 모두 고르면?

> ㉠ 일반회계, 특별회계가 포함되고 기금은 제외된다.
> ㉡ 적자 국채 발행 규모와 부(－)의 관계이며, 국가의 재정 건전성을 파악하는데 효과적이다.
> ㉢ 결산의 결과 발생한 세계잉여금은 전액 추가경정예산에 편성하여야 한다.

① ㉠   ② ㉢
③ ㉠, ㉡   ④ ㉡, ㉢

정답 및 해설

2014. 3. 22.
사회복지직 시행

---

1 ④
④는 인간관계론의 특성이다. 과학적 관리론은 인간을 합리적이고 경제적인 존재로 인식하고 있다.

2 ④
정책승계는 정책목표가 변동되지는 않지만 정책수단인 사업, 조직, 예산 등에 있어서 중대한 변화가 발생한다.
※ Hogwood & Peters의 정책변동의 유형

구분	정책목표 변동	정책의 성격 변동
정책혁신(문제 등장)	○	○
정책유지(문제 지속)	×	×
정책승계(문제 변질)	×	○
정책종결(문제 소멸)	○	○

3 ②
② 계급제는 폐쇄형 충원으로 해당 공직에 자리가 비었을 때 내부 충원을 원칙으로 한다. 외부 충원을 하는 개방형 충원은 직위분류제의 특성이다.

4 ②
ⓒ 지방교부세 중 보통교부세에 대한 설명이다.
ⓒ 국고보조금 중 단체위임사무를 위임한 대가로 지급하는 부담금에 대한 설명이다.

5 ④
성과주의 예산 … (세부)사업과 예산을 연계시키는 제도를 말한다.
① 기획예산
② 품목별 예산
③ 영기준 예산

6 ①
① 전통적 관료제에 대한 설명이다.

7 ③
③ 정당 사무국장은 공무원이 아니므로 비공식적 정책참여자이다.
※ **정책결정 참여자**
　ⓐ 공식적 참여자 : 국회의원, 대통령, 행정부처 장관, 관료집단, 사법부, 헌법재판소, 중앙선거관리위원회, 지방자치단체 장, 국무총리 등
　ⓑ 비공식적 참여자 : 정당, 이익집단, 시민단체, 언론기관, 전문가, 일반 국민 등

8 ③
③ 주인에게 불리한 선택으로 인한 문제 해결에 초점을 둔다.
※ **대리인이론** … 재화와 용역의 수요자를 일종의 주인으로 보고 공급자를 대리인으로 볼 때, 양자의 관계는 서로의 의무를 구체화하는 일정계약에 의해 지배된다고 보는 이론이다.

9 ④
제시문은 상황론적 리더십의 특징에 해당한다.
• 추종자의 성숙단계에 따라 효율적인 리더십 스타일이 달라진다. → Hersey & Blanchard의 생애주기이론으로 3차원적 리더십
• 가장 유리하거나 가장 불리한 조건에서는 과업중심적 리더십이 효과적이다. → Fiedler의 상황적응론적 리더십

10 ③
③ 학습조직 활성화에 리더의 역할이 중요하며 구성원들이 이를 공유하도록 유도하는 리더십을 중시한다.

11 ②
제도화된 부패(systemic corruption) … G. E. Caiden이 주장하는 이론으로 행정 체제 내에서 부패가 실질적인 규범의 위치를 차지함으로써 조직의 본래적 임무수행을 위한 공식

적 행동규범이 예외적인 것으로 전락한 상황을 말한다.

① 일탈형 부패 : 개인적인 부패행위에서 많이 발생한다. 무허가업소를 단속하던 단속원이 금품을 제공하는 특정 업소에 대해 단속을 하지 않는 것 등이 한 예라 할 수 있다.

③ 백색 부패(白色腐敗) : 이론상으로는 일탈행위로 규정될 수 있으나 구성원의 다수가 어느 정도 용인하는 부패를 말한다. 선의의 부패로서 용인할 수 있는 관례화된 부패, 떡값과 같은 관행으로 치부하는 행위 등이 이에 해당한다.

④ 생계형 부패 : 작은 부패(petty corruption)라고도 한다.

12 ③
㉠㉡㉥은 내부통제기관에 해당한다.

13 ②
② 비경합적이고 비배타적인 성격의 공공재 과소공급은 시장실패의 원인이다.

14 ①
① 배분정책은 국민에게 권리나 금전적 이익 등을 배분하는 것을 주된 내용으로 하는 정책이다.

② 규제 정책은 개인이나 일부 집단에 대해 재산권 행사나 행동의 자유를 구속, 억제하여 반사적으로 다른 사람들을 보호하려는 정책이다.

③ 재분배 정책은 고소득층으로부터 저소득층으로의 부의 재분배를 목적으로 하는 정책이다.

④ 구성 정책은 정부의 새로운 기구나 조직을 설립하거나, 공직자 보수, 연금정책 등 정치체제의 구조 및 운영에 관련된 정책이다.

15 ①
① Y. Dror의 최적모형에 대한 설명이다.

16 ②
㉣ 가 중앙관서의 장은 매년 1월 31일까지 당해 회계연도부터 5회계연도 이상의 기간 동안의 신규사업 및 기획재정부장관이 정하는 주요 계속사업에 대한 중기사업계획서를 기획재정부장관에게 제출하여야 한다.〈국가재정법 제28조(중기사업계획서의 제출)〉

㉠ 기획재정부장관은 국무회의의 심의를 거쳐 대통령의 승인을 얻은 다음 연도의 예산안편성지침을 매년 3월 31일까지 각 중앙관서의 장에게 통보하여야 한다.〈국가재정법 제29조(예산안편성지침의 통보) 제1항〉

㉤ 각 중앙관서의 장은 제29조의 규정에 따른 예산안편성지침에 따라 그 소관에 속하는 다음 연도의 세입세출예산·계속비·명시이월비 및 국고채무부담행위 요구서를 작성하여 매년 5월 31일까지 기획재정부장관에게 제출하여야 한다.〈국가재정법 제31조(예산요구서의 제출) 제1항〉

㉡ 기획재정부장관은 제1항의 규정에 따라 제출된 예산요구서가 제29조의 규정에 따른 예산안편성지침에 부합하지 아니하는 때에는 기한을 정하여 이를 수정 또는 보완하도록 요구할 수 있다.〈국가재정법 제31조(예산요구서의 제출) 제3항〉

㉢ 기획재정부장관은 제31조 제1항의 규정에 따른 예산요구서에 따라 예산안을 편성하여 국무회의의 심의를 거친 후 대통령의 승인을 얻어야 한다.〈국가재정법 제32조(예산안의 편성)〉

17 ④
배치전환 … 공무원이 종래의 책임수준과 같은 직위로 이동하는 것, 즉 동일등급 내의 인사이동으로서 보수액의 변동이 수반되지 않는다. 여기에는 전직·전보·파견근무·전입 등이 있다. 조직에 활력을 불어넣고 부처 간 교류와 협력을 증진하고자 하는 것이 본질적·적극적 용도이며 징계나 사임의 수단으로 악용되는 것은 소극적·부정적 용도이다.

18 ①
① 시·도와 시·군 및 자치구의 사무가 서로 경합하면 시·군 및 자치구가 우선 처리한다(보충성의 원칙, 기초단체 우선의 원칙).〈지방자치법 제10조(지방자치단체의 종류별 사무배분기준) 제3항〉

19 ②
㉡ 5급 이하 일반직 공무원에게 적용되는 근무성적평가에 대한 설명이다.

㉢ 다면평가제도에 대한 설명이다.

20 ④
④ 주민투표에 부쳐진 사항은 주민투표권자 총수의 3분의 1 이상의 투표와 유효투표수 중 과반수의 득표로 확정된다.〈주민투표법 제24조(주민투표결과의 확정) 제1항〉

1 ②

「공무원임용시험령」 제5조(시험방법) 제3항 … 면접시험은 해당 직무 수행에 필요한 능력 및 적격성을 검정하며, 다음 각 호의 모든 평정요소를 각각 상, 중, 하로 평정한다.
1. 공무원으로서의 정신자세
2. 전문지식과 그 응용능력
3. 의사 표현의 정확성과 논리성
4. 예의 · 품행 및 성실성
5. 창의력 · 의지력 및 발전 가능성

2 ④

④ 효과적인 업무수행을 위한 관리성은 경영과 행정 모두에서 강조된다.

3 ④

④ 예산집행의 통제
①②③ 예산집행의 신축성 보장

4 ②

점증모형은 근본적인 변화를 추구하지 않는다는 점에서 정책의 쇄신성을 저해하고 보수성을 띤다는 비판을 받는다.

5 ①

현재(2014년 이후) 우리나라의 중앙인사기관은 인사혁신처로 비독립 단독형 기관이다.
③ 독립합의형 인사기관의 특징이다.
④ 미국은 펜들턴법(1883)에 의하여 독립합의제 인사기관인 인사위원회(CSC : Civil Service Commission)가 설치되었다.
※ 비독립단독형 중앙인사기관의 장단점
　㉠ 장점 : 인사에 대한 의사결정이 신속하고 책임소재의 명확화가 가능하다.
　㉡ 단점 : 인사의 공정성 확보가 곤란하다.

6 ①

㉠ A. 사이먼(H. Simon)의 의사결정론
㉡ B. 체제이론
㉢ C. 다원주의론
㉣ D. 무의사결정론

7 ③

① 예산결정에 대한 공공선택론적 관점은 보수적 방식보다는 본질적인 문제해결을 통해 예산의 경제적 합리성을 제고할 수 있다.
② 니스카넨(W. Niskanen)에 의하면 예산결정에 있어 관료의 최적수준은 정치인의 최적수준보다 높다.
④ 재원배분 형태는 장기 균형과 정치적 상황에 따른 단기의 급격한 변화를 반복한다.

8 ③

① 자치사무는 자치단체가 전액 경비를 부담하지만, 단체위임사무는 국가와 지방정부가 공동으로 비용을 부담하고, 기관위임사무는 원칙적으로 국가가 전액 경비를 부담한다.
② 단체위임사무는 법령에 의해 국가 또는 다른 자치단체로부터 자치단체에 위임된 사무이며, 기관위임사무는 법령에 의해 하급 자치단체장에게 위임된 사무이다.
④ 자치사무와 단체위임사무는 지방의회의 관여(의결, 사무 감사 및 사무조사) 대상이지만, 기관위임사무는 관여 대상이 아니다.

9 ②

㉡ X · Y이론 : 맥그리거(D. McGregor)의 X이론은 매슬로우(A. Maslow)가 주장했던 욕구계층 중에서 주로 하위욕구를, Y이론은 주로 상위욕구를 중요시하였다.
㉢ 형평이론 : 아담스(J. Adams)의 공정성이론은 자기의 노력과 그 결과로 얻어지는 보상을 준거인물과 비교하여 불공정하다고 인식할 때 동기가 유발된다고 주장하였다.

10 ④

도슨과 로빈슨은 '경제적 지원모형'에서 정책을 좌우하는 것은 소득 수준과 같은 사회경제적 요인이라고 보았으며, 정치체제 등 정치적 요인과 정책은 허위 관계에 있다고 하였다.
④ 도슨과 로빈슨(R. Dawson & J. Robinson)이 주장한 경제적 자원모형은 사회경제적 변수, 정치체제, 정책의 순차적인 관계를 부인하였다.

11 ③

공공재는 비배제성과 비경합성을 지니는 재화이다.
①②④ 요금재

12 ①

② 훈련된 무능
③ 변동에의 저항
④ 할거주의

13 ④

④ 「공공기관의 정보공개에 관한 법률 시행령」 제3조(외국인의 정보공개 청구)> …「공공기관의 정보공개에 관한 법률」 제5조 제2항에 따라 정보공개를 청구할 수 있는 외국인은 다음 각 호의 어느 하나에 해당하는 자로 한다.
  1. 국내에 일정한 주소를 두고 거주하거나 학술·연구를 위하여 일시적으로 체류하는 사람
  2. 국내에 사무소를 두고 있는 법인 또는 단체

14 ③

③ 신고전적 조직이론은 인간의 조직 내 사회적 관계를 중점적으로 다루었으나 조직과 환경의 관계를 고려하지 못했다.

15 ②

② 전자정부의 구현은 정보의 분산화를 통한 신속하고 분권적인 정책결정을 기대할 수 있다.

16 ①

① 보충성의 원칙에 따라 지방자치단체가 일차적으로 사무를 처리하고 지방자치단체가 처리하기 곤란한 사무는 중앙정부가 보충적으로 처리해야 한다.

17 ④

ⓐ 정실주의에 대한 설명이다. 엽관주의는 정당에 대한 충성도 및 공헌도를 관직의 임용기준으로 삼는다.
ⓑ 엽관주의는 선거를 통해 민주성, 책임성을 확보함으로써 민주주의의 실천원리로 대두되었다.
ⓒ 실적주의는 국민에 대한 관료의 대응성을 저해한다는 단점이 있다.

18 ③

ⓐ – B. 가정분석
ⓑ – C. 계층분석
ⓒ – A. 경계분석
ⓓ – D. 분류분석

19 ③

③ 중앙정부 총지출은 일반회계, 특별회계, 기금의 지출에서 회계와 기금 간 내부거래 및 채무상환 등의 보전거래를 제외하고 융자수입을 차감하지 않은 중앙정부 지출규모를 말하는 것으로 경상지출에 자본지출과 융자지출을 더해 산출한다.
④ 중앙정부의 통합재정 산출방식이다.

20 ②

ⓐ 정부규제는 파생적 외부효과를 야기한다는 단점이 있다.
ⓓ 시장유인적 규제는 비강제적 규제로 규제효과를 담보할 수 없다는 단점이 있다.

2014. 6. 21.
제1회 지방직 시행

---

1 ①

정책평가의 내적 타당성 저해요인
ⓐ 외재적 요인 : 선발요인
ⓑ 내재적 요인 : 역사요인, 측정요인, 성숙효과, 상실요소, 회귀인공요소, 오염효과 등

2 ④

④ 목표대치 현상은 수단에 지나치게 집착함으로써 목표를 소홀히 여기는 관료제의 부정적인 병리현상 중 하나이다.

3 ①

수혜자와 비용부담자 간 갈등이 발생하는 정책은 규제정책과 재분배정책이다.

4 ④

④ 비용과 편익의 괴리는 정부실패 현상이다.

※ 큰 정부론과 작은 정부론
　㉠ 큰 정부론 : 정부개입을 강조하는 진보주의에 해당되며 전통적 정부가 한 예이다.
　㉡ 작은 정부론 : 1970년대말 정부실패로 대두된 신자유주의에 해당되며 신공공관리론 하의 기업가적 정부가 한 예이다.

5 ④

신공공관리론이 지향하는 가치는 작은 정부, 기업가적 정부이다.
　㉠ 하이예크는 「노예에로의 길」에서 사회주의의 길은 노예로 가는 길이라고 주장했다. 하이예크는 자유시장경제의 작동원리를 부각시킨 경제학자이다.
　㉡ 미국의 '위대한 사회' 정책은 미국의 존슨정부가 추진한 빈곤과의 전쟁으로 행정국가 절정기에 추진되었던 복지정책이다.
　㉣ 오스본과 게블러의 「정부 재창조」는 효율적이고 결과지향적 행정체제를 갖춘 신자유주의에 입각한 작고 강한 정부를 주장한다. 바람직한 정부운영의 10대 원리로 촉진적 정부, 지역사회 주도정부, 경쟁적 정부, 사명지향적 정부, 성과지향적 정부, 고객위주의 정부, 기업가적 정부, 미래대비적 정부, 분권적 정부, 시장지향적 정부를 제시한다.

6 ②

특별회계는 일반회계와 구분하여 경리하지만 일반회계로부터의 전입은 가능하다.

7 ①

　㉠ 수입규제(고객집단 정치)
　㉡ 음란물규제(대중적 정치)
　㉢ 한약규제(이익집단 정치)
　㉣ 원자력발전규제(기업가적 정치)
　※ 윌슨(Wilson)의 규제정치 유형

규제편익 규제비용	규제 편익	
	넓게 분산	좁게 집중
규제비용 넓게 분산	대중정치 －음란물 규제, 낙태규제 등	고객정치 －수입규제, 직업면허 등
좁게 집중	기업가 정치 －환경오염규제 등	이익집단정치 －한약분쟁, 의약분업규제 등

8 ③

① 합리모형은 완전합리성을 전제로 한다.
② 점증모형은 정치적 합리성을 중시한다.
④ 쓰레기통모형은 대학·연구소와 같이 응집력이 약한 조직이 혼란한 상황에서 의사결정을 하는 상황을 설명한 모형이다.

9 ④

④ 호손효과는 실험에 참가한 개인이 자신이 관찰되고 있다는 사실을 알 때 자신의 행동을 바꾸거나 작업의 능률이 올라가는 현상을 말한다. 따라서 보기처럼 대상자들을 격려시켜 실험한다는 말은 잘못된 것이다.

10 ②

㉢ 매클리랜드(McClelland)의 성취동기이론은 내용이론이다.
㉠㉡㉣은 모두 과정이론이다.

※ 동기부여 이론
　㉠ 동기부여 내용이론 : 인간 행동을 동기화시키는 원동력이 무엇인가, 무엇이 행동을 일으키는가에 대한 연구이다. 욕구계층이론, 욕구충족요인 이원론, X-Y 이론, MaClelland의 성취동기이론 등이 있다.
　㉡ 동기부여 과정이론 : 행동이 어떻게 유지되고 어떤 단계를 밟아 진행되는지 그 과정을 연구한 이론들로 욕구상태에서 행동이 어떻게 유도되고 어떤 단계를 밟아 행동이 촉발되는가에 초점을 둔다. Vroom의 기대이론, Adams의 공정성이론, Locke의 목표설정이론 등이 대표적이다.

11 ②

대표관료제는 수직적 형평성이 제고되는 균형인사 제도로 수평적 형평성이 저해되기 때문에 실적주의와 갈등을 빚는 제도이다.

12 ②

엽관주의는 정당지도자가 정당충성도와 선거 공헌도에 따라 공무원을 임용하는 제도로 이렇게 임용된 공무원은 자신의 신분을 연장시키기 위해 국민의 요구를 더욱 적극적으로 행정에 반영시킨다. 엽관제도는 대응성, 민주성, 책임성을 제고한다.

13 ③

조직성격 면에서 기존 행정관리와 비교하면 기존 행정관리가 계층제적 조직인 반면 지식 행정관리는 학습 조직에 기반을 두고 있다.

14 ③

③ 재무적 관점의 성과지표는 전통적 후행지표이다.

※ 균형성과관리(BSC)의 지표별 특징과 내용

관점	특성	내용
재무적 관점	민간 부문에서 중시하는 전통적 후행지표	매출, 자본수익률, 예산대비차이 등
고객 관점	공공부문이 중시하는 대외적 지표	고객만족도, 정책순응도, 민원인의 불만율, 신규 고객의 증감 등
프로세스 (절차) 관점	업무처리 과정 중심 지표	의사결정과정에서의 시민 참여도, 적법절차, 커뮤니케이션 구조 등
학습과 성장 관점	미래적 관점의 선행지표	인적 자원의 역량, 지식의 축적, 정보시스템 구축, 학습동아리 수, 제안 건수, 직무만족도 등

15 ①

매트릭스 구조는 수직적인 기능구조와 수평적인 사업구조를 서로 결합시킨 조직구조로 대면과 회의를 통해 의사소통이 활성화된다는 장점을 가지는 반면 이원적 권한구조로 인해 과업조정이 곤란하고 신속한 의사결정이 곤란하다는 단점을 가지고 있다.

16 ④

발생주의는 수입과 지출의 '실질적인 원인이 발생한 시점'을 기준으로 하는 회계방식이다.

17 ④

① 지출통제예산은 지출 총액만을 통제하며 집행부의 자율집행을 허용한다.
② 우리나라는 2004년부터 통합재정수지에 지방정부예산을 포함시켰다.
③ 융자지출은 정부가 국민에게 융자해준 것으로 적자요인으로 간주한다.

18 ③

③ 우리나라에서는 2005년 노무현 정부 때 국가공무원법을 개정하여 도입하였고 이듬해인 2006년부터 시행하였다.

19 ③

ⓒ 조례안이 지방의회에서 의결되면 의장은 의결된 날부터 5일 이내에 그 지방자치단체의 장에게 이를 이송하여야 한다. <지방자치법 제26조(조례와 규칙의 제정 절차 등) 제1항>

ⓔ 제3항에 따른 재의요구를 받은 지방의회가 재의에 부쳐 재적의원 과반수의 출석과 출석의원 3분의 2이상의 찬성으로 전과 같은 의결을 하면 그 조례안은 조례로서 확정된다. <동법 제26조(조례와 규칙의 제정 절차 등) 제4항>

20 ②

지방자치단체의 사무에 관한 그 장의 명령이나 처분이 법령에 위반되거나 현저히 부당하여 공익을 해친다고 인정되면 시·도에 대하여는 주무부장관이, 시·군 및 자치구에 대하여는 시·도지사가 기간을 정하여 서면으로 시정할 것을 명하고, 그 기간에 이행하지 아니하면 이를 취소하거나 정지할 수 있다. 이 경우자치사무에 관한 명령이나 처분에 대하여는 법령을 위반하는 것에 한한다. <지방자치법 제169조(위법·부당한 명령·처분의 시정) 제1항>

2014. 6. 28.
서울특별시 시행

---

1 ①

새로운 문제(수도이전 문제 등)보다는 평소 일상화된 정책문제(주택문제, 실업문제 등)가 보다 쉽게 정책의제화된다.

2 ①

사이어트와 마치가 주장한 회사모형은 연합모형이라고도 불린다. 이 모형은 조직의 전체적 목표 달성의 극대화보다는 각 하위조직들 간의 하위목표 달성에 관심을 가지며 따라서 대안선택에 있어서도 장기적인 비전과 전략보다는 예측 가능한 단기 전략에 치중한다.

3 ⑤

크리밍(Creaming) 효과와 호오손(Hawthorne) 효과는 외적 타당도를 저해하는 요인들이다.

4 ④

성과지표란 개인 또는 조직의 성과를 측정하는 데 사용되는 척도로 이 문제에서 성과지표는 교육이수를 통해 최종적으로 취업한 사람의 수를 나타낸다.
① 투입지표, ②③ 산출지표, ⑤ 영향지표

5 ③

㉠ 진보주의 정부관이 아닌 보수주의 정부관에 대한 설명이다.
㉡ 공공선택론의 입장은 정부를 공공재의 생산자로 규정하고 있으며 대규모 관료제에 의한 행정보다 시민의 선호에 부응할 수 있는 분권화되고 시장화 된 제도적 장치를 선호한다.

6 ⑤

롤스(J. Rawls)는 그의 저서 「정의론」에서 정의의 제1원리가 제2원리에 우선하고 제2원리 중에서는 '기회균등의 원리'가 '차등원리'에 우선한다고 주장한다.

※ 롤스(J. Rawls)의 정의의 원리
㉠ 제1의 원리(동등한 자유의 원리) : 다른 사람의 자유와 상충되지 않는 범위 내에서 최대한으로 자유에 대하여 동등한 권리를 가진다.
㉡ 제2의 원리(정당한 불평등의 원리)
  • 기회균등의 원리 : 사회경제적 불평등은 그 원천이 되는 모든 직무와 직위에 대한 공평한 기회균등 하에 발생한 것이어야 한다. → 직무와 직위는 모든 사람에게 공정한 기회균등이 이루어져야 한다.
  • 차등조정의 원리 : 사회경제적 불평등은 불평등이 가장 불리한 입장에 있는 사람에게도 이익이 되는 경우에만 정당화될 수 있다.
제1의 원리와 제2의 원리가 충돌할 때에는 제1원리가 제2원리에 우선한다. 제2원리 내에서 기회균등의 원리와 차등조정의 원리가 충돌할 때에는 기회균등의 원리가 차등의 원리에 우선한다.

7 ④

④ 책임경영방식은 정부가 시장수단을 통해 직접 공급하는 방식이다. 내부시장화된 형태로서 구성원의 신분도 공무원이며 기관 역시 정부조직이다.

8 ②

내부수익률(IRR) … 어떤 사업에 대해 사업기간 동안의 현금 수익 흐름을 현재가치로 환산하여 합한 값이 투자지출과 같아지도록 할인하는 이자율이다. 계산방법은 $\sum_{t=0}^{N} \frac{C_t}{(1+r)^t} = 0$ 으로 r값을 찾아야 한다. $80 = \frac{120}{1+r}$ 이므로 r은 0.5가 된다.

9 ⑤

⑤ 방송통신위원회는 대통령 직속의 위원회이다.

10 ③

각 중앙관서의 장은 성과금을 지급하거나 절약된 예산을 다른 사업에 사용하고자 할 때 예산성과금 심사위원회의 심사를 거쳐야 한다.

※〈국가재정법 제49조(예산성과금의 지급 등)〉
① 각 중앙관서의 장은 예산의 집행방법 또는 제도의 개선 등으로 인하여 수입이 증대되거나 지출이 절약된 때에는 이에 기여한 자에게 성과금을 지급할 수 있으며 절약된 예산을 다른 사업에 사용할 수 있다.
② 각 중앙관서의 장은 제1항의 규정에 따라 성과금을 지급하거나 절약된 예산을 다른 사업에 사용하고자 하는 때에는 예산성과금심사위원회의 심사를 거쳐야 한다.

11 ①

중앙행정기관의 장과 지방자치단체의 장이 사무를 처리할 때 의견을 달리하는 경우 이를 협의·조정하기 위해 설치하는 기구는 '행정협의조정위원회'이다.〈지방자치법 제168조 (중앙행정기관과 지방자치단체 간 협의 조정) 참고〉

※ 우리나라 분쟁조정제도

지방정부 상호간	• 동일 시·도내 기초단체 간	지방분쟁조정위원회의 의결에 따라 시·도지사가 조정 결정
	• 광역과 기초단체 간 • 시·도를 달리하는 기초단체 간	중앙분쟁조정위원회의 의결에 따라 행정안전부 장관이 조정 결정
중앙정부와 지방정부 간	국무총리 소속 행정협의조정위원회에서 조정	

12 ①

총액배분자율편성예산제도 … 톱다운(Top Down)제도라고도 하며 재정당국이 정해준 예산한도 내에서 부처별로 자유롭게 예산을 편성할 수 있도록 하여 부처의 자율성을 높이는 예산편성제도이다. 이 제도는 재정당국과 각 부처의 역할분담으로 재원배분의 효율성·투명성·자율성을 제고할 수 있고, 예산편성 과정의 비효율성을 제거할 수 있을 뿐만 아니라 칸막이식 재원을 확보하려는 유인을 축소시킬 수 있다는 장점이 있다. 하지만 일단 부문 간·부처 간 배분기준 또는 한도가 설정되면 이것이 다음 연도의 배분기준이 되어 합리적인 연차별 조정이 어려워질 수도 있다. 현재 우리나라에서는 전략적 재원배분을 강화하고 각 부처 자율을 확대할 수 있도록 2005년 예산편성부터 이 제도를 도입, 추진하고 있다.

13 ②

정부 3.0 … 공공정보를 적극적으로 개방하고 공유하며 부처 간 칸막이를 없애 소통하고 협력함으로써, 국민 맞춤형 서비스를 제공하고 동시에 일자리 창출과 창조경제를 지원하는 새로운 정부운영 패러다임이다. 크게 투명한 정부, 유능한 정부, 서비스 정부를 지향하며 빅데이터를 이용한 과학적 행정구현의 실현을 지향한다.

14 ⑤

특별지방행정기관 … 특정 중앙행정기관에 소속된 지방행정조직으로 소속 중앙행정기관의 행정사무만을 관장하는 지방행정기관이다. 따라서 지방자치단체 즉 보통지방행정기관과 대비되며 여기에는 지방환경청, 지방국토관리청, 지방국세청, 지방병무청, 지방영림서 등이 있다.
① 국가적 통일성과 행정의 전문성을 중시한다.
② 중앙정부의 통제로 지방자치를 저해한다.
③ 지방자치단체와의 불명확한 역할배분으로 행정의 낭비와 비효율을 가져온다.
④ 지방자치단체와의 이원적 업무수행으로 지역별 책임행정을 저해할 수 있다.

15 ③

③ 상속세는 국세에 속하기 때문에 서울특별시에서 확보할 수 있는 자주재원으로 볼 수 없다.
※ 〈지방세기본법 제8조(지방자치단체의 세목) 제1항〉 … 특별시세와 광역시세는 다음 각 호와 같다. 다만, 광역시의 군 지역에서는 제2항에 따른 도세를 광역시세로 한다.
  1. 보통세 – 취득세, 레저세, 담배소비세, 지방소비세, 주민세, 지방소득세, 자동차세
  2. 목적세 – 지역자원시설세, 지방교육세

16 ④

㉠ 허즈버그의 욕구충족요인 이원론에 의하면 불만족 요인을 아무리 충족해도 인간은 불만족감이 감소할 뿐 만족감이 증가하지 않으며 반대로 만족 요인을 충분히 충족시켜주면 만족감이 증가하나 이 욕구가 충족되지 않는다고 불만족감이 증가한다고 보지는 않았다.
㉣ 호손실험은 사회적 인간관과 관련이 있다.

17 ②

① 한국조폐공사 – 준시장형 공기업
③ 한국농어촌공사 – 위탁집행형 준정부기관
④ 국민연금공단 – 기금관리형 준정부기관
⑤ 한국연구재단 – 위탁집행형 준정부기관

18 ③

③ 인사권자의 재량권이 확대되어 정치적 리더십이 강화되고 조직 장악력을 높여준다.
※ **개방형 인사체제** … 공직의 모든 계급이나 직위를 불문하고 신규채용이 허용되는 인사제도로 특히 상위직급에서의 충원으로 인한 새로운 지식이나 기술·아이디어의 도입, 그리고 이로 인한 공무원의 질적 향상과 행정능률화에 주안점을 두고 있다.

19 ①

① 상동적 오차(error of stereotyping) : 어떤 사람에 대한 전반적 지식 없이 특징에 의해서 그 사람을 평가하는 편견의 일종이다.
② 연속화의 오차(error of hallo effect) : 평정자의 판단이 연속적으로 다른 사람의 평가에도 영향을 주는 현상이다.
③ 관대화의 오차(error of leniency) : 평가 결과의 분포가 우수한 쪽에 집중되는 경향을 말한다.
④ 규칙적 오차(systematic error) : 어떤 평가자가 다른 평가자에 비해 언제나 후한 점수를 주거나 나쁜 점수를 주는 현상을 말한다.
⑤ 시간적 오차(recency error) : 전체 근무성적 평정기간의 근무성적을 종합해 평가하지 못하고 최근의 근무성적에 대한 인상을 가지고 평가하는 현상을 말한다.

20 ⑤

⑤ 국가채무관리계획은 기획재정부장관이 국회재정운용계획에 첨부하여 국회에 제출해야 한다.

※〈국가재정법 제34조(예산안의 첨부서류)〉
1. 세입세출예산 총계표 및 순계표
2. 세입세출예산사업별 설명서
2의2. 세입예산 추계분석보고서
3. 계속비에 관한 전년도말까지의 지출액 또는 지출추정액, 해당 연도 이후의 지출예정액과 사업전체의 계획 및 그 진행 상황에 관한 명세서
3의2. 제50조에 따른 총사업비 관리대상 사업의 사업별 개요, 전년도 대비 총사업비 증감 내역과 증감 사유, 해당 연도까지의 연부액 및 해당 연도 이후의 지출예정액
4. 국고채무부담행위 설명서
5. 국고채무부담행위로서 다음 연도 이후에 걸치는 것인 경우 전년도말까지의 지출액 또는 지출추정액과 해당 연도 이후의 지출예정액에 관한 명세서
5의2. 완성에 2년 이상 소요되는 사업으로서 대통령령으로 정하는 대규모 사업의 국고채무부담행위 총규모
6. 예산정원표와 예산안편성기준단가
7. 국유재산의 전전년도 말 기준 현재액과 전년도말과 해당 연도 말 기준 현재액 추정에 관한 명세서
8. 제8조 제2항의 규정에 따른 성과계획서
9. 성인지 예산서
10. 「조세특례제한법」 제142조의 2에 따른 조세지출예산서
11. 제40조 제2항 및 제41조의 규정에 따라 독립기관의 세출예산요구액을 감액하거나 감사원의 세출예산요구액을 감액한 때에는 그 규모 및 이유와 감액에 대한 해당 기관의 장의 의견
12. 회계와 기금 간 또는 회계 상호 간 여유재원의 전입·전출 명세서 그 밖에 재정의 상황과 예산안의 내용을 명백히 할 수 있는 서류
13. 「국유재산특례제한법」 제10조 제1항에 따른 국유재산특례지출예산서
15. 제38조 제2항에 따라 예비타당성조사를 실시하지 아니한 사업의 내역 및 사유
16. 지방자치단체 국고보조사업 예산안에 따른 분야별 총 대응지방비 소요 추계서

2015. 3. 14.
사회복지직 시행

---

1 ③
③ 점증모형은 의사결정과정에 있어서 집단의 합의를 중시하는 특징을 가지고 있다. 또한 정책을 결정하는 데 있어서는 기존의 정책에 부분적·순차적인 수정 또는 일부 향상된 대안의 선택을 함으로써 기존의 정책을 쉽게 축소하거나 종결하기 어렵게 한다.

2 ④
④ 주민의 참여가 확대됨으로써 행정적 비용은 증가하고 행정의 능률성은 저하된다.

3 ①
② 신제도주의는 행태주의적 접근방법을 거부한다.
③ 역사적 신제도주의는 분석수준 면에서 방법론적 전체주의의 입장을 취한다.
④ 역사적 신제도주의에 대한 설명이다.

4 ②
① 행정의 가치적 측면에서 기업가적 정부는 경제성, 효과성, 그리고 효율성을 중시한다.
③ 행정관리 방식에 있어서 전통적인 관료제 정부는 사후대처를 중시한다.
④ 공공서비스를 제공함에 있어서 전통적인 관료제 정부는 독점적 공급을 중시한다.

5 ②
② 지방자치단체의 자체평가위원회는 공정성과 객관성을 확보하기 위하여 3분의 2 이상의 민간위원으로 구성되어야 한다.〈정부업무평가 기본법 제14조(중앙행정기관의 자체평가) 제2항〉
③ 행정자치부가 2017년 행정안전부로 명칭이 변경되었다.

6 ③

③ 신공공서비스론은 시장주의에 반발하고 공동체적 가치를 중시하므로 수입확보의 활성화를 강조하지 않는다. 수입확보를 강조하는 것은 신공공관리론이다.

7 ④

④ 합리모형의 한계에 해당한다.

※ **쓰레기통 모형** … 정책결정이 일정한 규칙에 따라 이루어지는 것이 아니라, 네 가지 요소(문제, 해결책, 선택 기회, 참여자)가 쓰레기통 속에서와 같이 뒤죽박죽 움직이다가 어떤 계기로 서로 만나게 될 때 이루어진다고 보는 정책결정 모형이다. 불분명한 선호와 목표, 불분명한 인과관계, 시간적 제한, 조직화된 무질서와 혼돈 등이 특징이다.

8 ③

③ 매트릭스조직은 조직이 비일상적인 기술을 사용하거나 다수의 복잡하고 상호 의존적인 활동을 수행할 때 적합한 조직이다.

9 ①

ⓒ 기대감, 수단성, 보상의 유의미성에 의해 동기의 강도가 결정된다고 주장한 학자는 브룸(Vroom)이다. 브룸은 3가지 요인 이외에도 부하의 능력과 환경적 요인도 중요하다고 보았다.

ⓔ 인간의 욕구체계는 매우 복잡하고 때와 장소, 조직생활의 경험, 직무 등 여러 상황에 따라서 달라진다고 주장한 학자는 샤인(Schein)이다. 핵맨과 올드햄은 개인의 심리와 직무의 특성을 연결한 직무특성이론을 제시하였다.

10 ②

② 행태주의 관점의 갈등관리 이론에서는 갈등을 자연적이고 불가피한 것으로 간주하였다. 보기의 내용은 상호작용주의 관점에 대한 설명이다.

※ **Robbins & Judge 갈등관리 관점**

ⓐ 전통적 관점(갈등역기능론) : 갈등을 부정적인 것으로 보아 회피의 대상으로 인식한다.

ⓑ 행태주의 관점(갈등불가피론) : 갈등은 자연적이고 불가피한 것이다. 수용의 대상이다.

ⓒ 상호주의 관점 : 갈등을 조직변화의 원동력으로 보는 관점이다. 갈등의 수용에 그치지 않고 적극적으로 갈등을 조장한다.

11 ④

④ 직업공무원제는 계급제라는 공직분류의 체계로 인해 전문행정가 양성이 어렵다. 따라서 행정의 전문화와 기술화를 저해시킨다.

12 ①

① 국방비, 공무원의 보수, 교육비와 같은 경직성 경비가 많으면 영기준 예산제도의 적용이 제한된다.

※ **영기준 예산제도(ZBB)** … 기존 사업과 새로운 사업을 구분하지 않고 매년 모든 사업의 타당성을 영기준에서 엄밀히 분석하여 예산을 편성하는 제도로 자원의 능률적 배분과 예산 절감을 가져올 수 있고, 의사 결정과 계획 기능의 개선에 이바지하며 신속한 예산 조정 등 변동 대응성의 증진에 기여한다. 하지만 오히려 더 많은 비용을 초래할 수 있고 경직성 경비가 많을 경우 효용성이 떨어지며 예산 결정에 작용하는 정치적 요인 등을 간과할 수도 있다.

13 ②

① 늘어나는 행정수요에 대응하여 세수가 확대될 수 있어야 한다는 원칙

③ 경기변동에 관계없이 세수가 안정적으로 확보되어야 한다는 원칙

④ 가급적 많은 주민이 경비를 나누어 분담해야 한다는 원칙

14 ①

① 청와대에 의한 통제는 공식적 내부 통제(나)에 해당한다.

15 ④

④ 정의의 제1원리가 제2원리에 우선하고, 제2원리 중에서는 '기회균등의 원리'가 '차등원리'에 우선되어야 한다.

16 ①

① 기획재정부장관은 회계연도마다 중앙관서결산보고서를 통합하여 국가의 결산보고서를 작성한 후 국무회의 심의를 거쳐 대통령의 승인을 받아야 한다. 〈국가회계법 제13조(결산의 수행) 제3항〉

② 〈국가회계기준에 관한 규칙 제5조(재무제표와 부속서류) 제1항〉

③ 〈동법 제27조(재정운영표의 작성기준)〉

④ 〈동법 제7조(재정상태표) 제1항〉

재정상태표, 재정운영표, 순자산변동표로 구성된다. 재정상태표는 특정 시점(저량)의 정부 재정상태를 나타내며 부채 및 순자산(자산-부채)으로 구성된다. 재정운영표는 유량 개념 재무제표로서 한 회계연도 동안의 운영성과(운영차액=성과-비용)를 알려준다.

17 ①

- ㉠ – 역량평가제
- ㉡ – 직무성과관리제
- ㉢ – 다면평가제
- ㉣ – 근무성적평정제

18 ③

③ 우리나라 지방자치단체의 기관구성 형태는 의결기관과 집행기관이 분리된 기관대립형이다.

② 의장 및 부의장에 대한 불신임 결의권은 인정되지만, 지방자치단체장에 대한 불신임권은 인정되지 않는다.〈지방자치법 제55조(의장불신임의 의결) 참고〉

19 ②

② 정보의 비대칭성이 발생하지 않도록 하기 위해 정보를 공유해야 하며 그렇게 하기 위해서 정보관리는 누구나 정보를 이용할 수 있도록 비배제성의 원리가 적용되어야 한다.

20 ②

- ㉡ 분배정책은 안정적 정책집행을 위한 제도화 가능성이 높고 갈등이나 반발이 별로 없어 집행이 용이하다.
- ㉣ 재분배정책에서는 자원배분에 있어서 이해당사자들 간의 관계가 불안정적이고, 집행을 둘러싼 논란이 있으며 이데올로기적 논쟁이 일어난다. 정책의 수혜자와 비용부담자 간 첨예한 대립이 나타난다.

2015. 4. 18.
인사혁신처 시행

---

1 ②

이해관계자의 규모가 큰 경우에는 정책의제 채택가능성이 높지만, 이해관계자의 분포가 넓고 조직화 정도가 낮은 경우에는 집단행동의 딜레마가 생기기 때문에 의제채택 가능성이 낮다. 이해관계자의 분포가 넓다는 것은 이해관계자가 분산되어 있어 집단의 응집력이 약함을 의미하며, 단순히 문제를 인지하는 집단이나 이해관계집단이 큰 경우와는 구별된다.

2 ①

특별지방행정기관은 국가가 국가사무를 처리하게 하기 위하여 지역별로 설치한 일선기관으로, 자치단체가 아니기 때문에 지역 주민과 지방의회의 참여가 제약되어 책임행정 실현이 어렵다.

3 ①

① 직무평가 : 직무의 난이도와 책임의 경중에 따라 직위의 상대적 수준과 등급을 구분하는 것
② 직무분석 : 직무에 관한 정보를 체계적으로 수집 및 처리하는 활동으로, '직위 < 직류 < 직렬 < 직군'으로 통합하는 것
③ 정급 : 직위를 직급 또는 직무등급에 배정하는 것
④ 직급명세 : 직급별로 명칭, 자격요건, 채용조건 보수 등을 명확히 규정하는 것

4 ②

앨리슨은 쿠바미사일 위기사건을 연구대상으로 하여 의사결정모형을 세 가지로 분류하였는데, 관료정치모형은 독립적인 개개인으로 구성된 조직의 상층부에서 나타나는 모형이고, 조직과정모형은 느슨한 하위조직들의 연합체로서 조직의 하층부에서 나타나는 모형이라고 하였다.

※ Allison의 정책결정모형

구분	합리모형 (모형 I)	조직모형 (모형 II)	관료정치모형 (모형 III)
조직관	조정과 통제가 잘된 유기체	하위조직들의 연합체	독립적인 개인적 행위자들의 집합체
권력소재	최고지도자	반독립적인 하위조직들이 분산소유	개인적 행위자들의 정치적 자원에 의존
행위자의 목표	조직전체의 목표	조직전체의 목표와 하위조직들의 목표	조직전체·하위조직·개별적 행위자들의 목표
목표의 공유	매우 강함	약함	매우 약함
정책결정의 양태	최고지도자가 직접 명령하고 지시	SOP와 프로그램	정치적 게임 규칙에 따른 타협, 흥정, 지배
일관성	매우 강함	약함	매우 약함

5 ④
㉠ 정책대안의 효과가 실제로 발생하였는데 없다고 판단하여 옳은 대안을 선택하지 않은 경우 – 제2종 오류
㉡ 문제 자체를 잘못 정의한 경우 – 제3종 오류(메타오류, 근본 오류)
㉢ 정책대안의 효과가 실제 발생하지 않았는데 있다고 판단하여 잘못된 대안을 선택한 경우 – 제1종 오류

6 ②
㉡ 계약에 의해 수평적 관계를 형성하고, 구성원 간 참여와 신뢰에 의해 운영된다.
㉢ 타율적 관리보다는 자발적 연결과 관리, 즉 과정적 자율성이 중요하다.

7 ①
기계적 조직과 유기적 조직의 특성

기계적 조직	유기적 조직
• 계층제	• 분화된 채널
• 고층구조	• 저층구조
• 공식적·몰인간적 대면관계	• 비공식적·인간적 대면 관계
• 권위의 정당성 확보	• 도전받는 권위
• 금전적 동기부여	• 복합적 동기부여
• 단순한 과제	• 복합적 과제
• 명확한 조직목표와 과제	• 모호한 조직목표와 과제
• 분명한 책임관계	• 모호한 책임관계
• 분업적 과제	• 분업이 어려운 과제
• 성과 측정이 가능	• 성과 측정이 어려움
• 좁은 직무범위	• 넓은 직무범위
• 표준운영절차	• 간소한 규칙·절차

8 ②
기관위임사무는 국가 사무를 지방자치단체가 수행함으로 인하여 국가와 지방자치단체 간 책임소재를 불명확하게 하는 문제를 야기한다.

9 ④
④ 신공공관리론은 행정과 경영을 동일시하며 기업경영의 원리와 기법을 그대로 공공부문에 이식하려 한다는 비판이 따른다. 거버넌스나 신공공서비스이론은 이러한 신공공관리론의 한계를 보완하려는 것이다.
① 법률적·제도론적 접근방법은 공식적 제도나 법률에 기반을 두고 있기 때문에 제도 이면에 존재하는 행정의 동태적 측면을 체계적으로 파악할 수 없다는 측면에서 제도의 동태적 생성과 변화과정, 제도와 제도 내 행위자 사이의 관계를 분석하는 신제도주의와 구별된다.
② 생태론적 접근방법은 후진국의 행정현상을 설명하는 데 크게 기여했으며, 행정의 보편적 이론보다는 중범위이론의 구축에 자극을 주어 행정학의 과학화에 기여였다.
③ 합리적 선택 신제도주의는 개체주의에, 사회학적 신제도주의는 방법론적 전체주의에 기반을 두고 있다.

10 ④
신공공서비스론에서는 기업형 정부와 고객지향적 행정관에 의하여 시민을 주인이 아닌 고객의 관점으로 이해하는 신공공관리론에 대한 반발에서 출발하여 주권자로서 시민성의 회복을 강조한다. 하지만 신공공서비스는 시장원리의 무분별한 도입에 반하여 시민을 국정의 객체로서의 고객이 아닌 국정의 주체로서의 시민으로 보아야 한다고 주장한다.

11 ②

민영화, 민간위탁과 같이 공공서비스 공급 기능을 시장에 의존하는 경우 책임소재의 불명확, 서비스 이용의 형평성 문제, 공급 중단으로 인한 안정성의 문제가 발생할 수 있다.

12 ③

직권면직은 공무원의 강제퇴직 수단이라는 점에서 징계면직과 유사하지만, 국가공무원법 상 징계 종류에 해당하지는 않는다. 「국가공무원법」 제79조에 따라 상 징계는 파면, 해임, 강등, 정직, 감봉, 견책 등으로 구성된다. 파면과 해임에 의한 강제퇴직은 징계면직에 해당한다.

13 ③

③ 기획재정부장관은 국무회의의 심의를 거쳐 대통령의 승인을 얻은 다음 연도의 예산안편성지침을 매년 3월 31일까지 각 중앙관서의 장에게 통보하고, 통보한 예산안편성지침을 국회 예산결산특별위원회에 보고하여야 한다. <국가재정법 제29조, 제30조>

④ 정부가 예산안을 편성하여 국회에 제출하는 기한을 헌법에서는 회계연도 개시 90일 전까지, 국가재정법에서는 회계연도 개시 120일 전까지로 규정하고 있다. 국가재정법의 내용이 헌법 규정 · 범위에 반하지 않으므로 합헌이다.

14 ④

예비타당성 조사 … 예비타당성조사란 정부 재정이 대규모로 투입되는 사업의 정책적 · 경제적 타당성을 사전에 검증 · 평가하기 위한 제도로, 기획재정부가 국가재정의 전반적인 관점에서 수행한다. 조사 초점에 따라 경제적 분석과 정책적 분석으로 나뉜다.

㉠ 경제적 분석 : 비용편익분석, 민감도 분석 등 계량적 분석 기법을 사용한다. 민감도 분석이란 일차적인 비용편익분석 후에 통제 불가능한 외생변수 값에 따라 대안의 결과나 우선순위가 어떻게 달라지는지를 분석하는 것이다.

㉡ 정책적 분석 : 계층화분석(AHP) 등 질적인 분석 기법을 이용하며, 상위 계획과의 연관성, 지역경제에 대한 파급효과, 사업추진 의지 등을 고려한다.

15 ③

㉢ 재무, 고객, 내부 프로세스, 학습과 성장의 4가지 관점 간의 균형을 중시하며, 내부요소와 외부요소, 장기적 측면과 단기적 측면, 계량적 지표와 질적 지표를 모두 고려한다.

㉣ 과정과 결과의 균형을 중시한다. 내부프로세스 관점에서 과정을, 고객 또는 재무적 관점에서 결과를 특히 중시한다.

16 ③

만족모형의 연장으로서 회사모형은 회사를 여러 하위조직들의 연합체로 이해하여 연합모형이라 표현되기도 한다. 연합체 내에서 각 하위조직은 자기 조직 이익의 극대화를 추구하는 국지적 합리성을 보이며, 이로 인하여 갈등은 완전한 해결이 아닌 준해결(해소)에 머물게 된다. 제한적 합리성을 가정하는 만족모형의 연장이므로 문제 중심의 탐색과 조직의 학습을 통한 표준운영절차의 확립을 강조하며, 환경의 불확실성으로 인해 장기적 대응이 어려우므로 단기적 반응과 단기적 피드백을 중시한다.

17 ①②

① 공무원의 수직적 이동에는 승진과 강임이 있으며, 전직 · 전보는 직급이나 계급의 변동이 없는 상태에서 직렬이나 직위만 바뀌는 수평적 인사이동에 해당한다.

② 강등은 1계급 아래로 직급을 내리고(고위공무원단에 속하는 공무원은 3급으로 임용하고, 연구관 및 지도관은 연구사 및 지도사로 한다) 공무원신분을 보유하나 3개월간 직무에 종사하지 못하며 그 기간 중 보수는 전액을 감한다. <국가공무원법 제80조(징계의 효력) 제1항>

18 ④

④ 오염허가서(pollution permits) 혹은 배출권을 보유하고 있는 경제주체만 오염물질을 배출할 수 있게 허용하는 방식은 간접적 규제방식에 해당한다. 직접적 규제(명령지시적 규제)는 직접적으로 법령에 근거하여 특정행위가 형성 · 발생할 것을 요구하거나 금지제한하기 위한 것으로 기준, 규칙 제정, 처분 또는 명령 등을 내리고 이를 어길 경우 형사처벌을 하는 강도 높은 규제로서 오염물질 배출행위 자체를 금지하는 방식이고, 간접적 규제(시장유인적 규제)는 규제의 상대방으로 하여금 규제방식에 대한 선택권을 부여하는 방식이다. 오염허가서 또는 오염물질 배출권은 일정한 경제적 부담을 통해 오염물질 배출에 대한 권리를 인정받는 방식으로 대표적인 간접적 규제 방식에 해당한다.

① 교정적 조세(피구세 : Pigouvian tax)는 부정적 외부효과를 해결하기 위한 방식으로서 사회 전체적인 최적의 생산수준에서 발생하는 외부효과의 양에 해당하는 만큼의 조세를 모든 생산물에 대해 부과하는 방법이다.

② 긍정적 외부효과(외부경제)를 유발하는 기업에 대해서는 과소공급을 막기 위한 보조금 지급이 해결수단이 된다.

③ 코우즈의 정리(R. Coase theorem)는 소유권의 명확화를 통해 시장에서 외부효과가 발생하더라도 당사자 간의 자발적인 협상 등 시장기제에 의해 외부효과가 해결될 수 있다는 이론이다.

19 ②

①② 행정자치부는 2017년 행정안전부로 명칭이 변경되었다.

※ 〈국가정보화 기본법 제6조(국가정보화 기본계획의 수립)〉
① 정부는 국가정보화의 효율적, 체계적 추진을 위하여 5년마다 국가정보화 기본계획(이하 "기본계획"이라 한다)을 수립하여야 한다.
② 기본계획은 과학기술정보통신부장관이 국가와 지방자치단체의 부문계획을 종합하여 「정보통신 진흥 및 융합 활성화 등에 관한 특별법」 제7조에 따른 정보통신전략위원회의 심의를 거쳐 수립·확정한다.

※ 정보화 업무 소관
㉠ 과학기술정보통신부 : 국가정보화
• 국가정보화 기본계획
• 국가정보 보호
㉡ 행정안전부 : 행정정보화
• 전자정부 업무
• 정보기술 아키텍처(ITA)
• 정부참조모델(GRM)
• 개인정보 보호

20 ①

행정활동의 목표를 개선하고 서비스의 양과 질을 개선하려는 접근방법으로 분권화의 확대, 권한 재조정, 명령계통 수정 등에 관심을 갖는 것은 구조적 개혁(restructuring)의 특징에 해당한다. 기능 중복의 해소, 권한과 책임의 재조정, 명령계통 수정 등의 원리전략과 분권화의 확대는 고전적인 구조중심의 접근방법이다.

※ 행정개혁의 접근법

구조적 접근법	원리 전략	기능 중복 제거, 책임 재규정, 표준절차 간소화, 절차 개선, 통솔 범위 수정, 의사소통체계 수정 등
	분권화 전략	분권화가 이루어지면 공식조직, 행태, 의사소통의 변화가 이루어진다는 관점
관리기술적 접근법		운영 과정이나 일의 흐름을 개선
행태적 접근법		감수성 훈련 등

1 ②

② 신공공관리론에 대한 설명이다. 신공공서비스이론의 기대하는 조직은 조직 내외적으로 공유된 리더십을 갖는 협동적 구조이다.

2 ①

① 쓰레기통모형은 J. March, M. Cohen, Olsen 등이 주장한 모형으로서 문제의 흐름, 해결책의 흐름, 참여자의 흐름, 선택기회의 흐름이 우연히 동시에 한 곳에서 모여질 때 의사결정이 성립된다고 본다. 즉, 의사결정은 조직화된 환경, 참여자, 목표수단의 불확실 상태에서 우연한 계기로 인해 정책결정이 이루어진다고 보는 것이다.

3 ①

① 재분배정책에 대한 설명이다. 분배정책은 공공 서비스·권리·혜택 등을 사회의 특정 부분에 분배하는 것을 목적으로 하며 국가조세로 재원이 충당되고 정책환경으로부터 저항보다는 순응도가 매우 높아 정부는 정책에 대한 자율성을 갖게 된다. 대체적으로 정책대상 집단 간의 큰 갈등은 찾아보기 어려운 정책으로 상호불간섭 내지는 상호수용으로 특징지어진다.

4 ④

살라몬(Salamon)의 '직접성의 정도에 따른 행정(정책) 수단 분류'에 의할 때, 정부 소비, 경제 규제, 대출 보험 등이 직접성이 높다.

※ Salamon의 직접성 정도에 따른 정책수단 분류

직접성 정도	정책수단
높음	정부소비, 경제규제, 보험, 직접대부(대출), 공공정보제공, 공기업 등
중간	조세지출(조세감면), 계약, 사회규제, 교정조세, 부과금, 벌금, 라벨부착요구 등
낮음	바우처, 정부지원기업, 보조금, 지급보증 등

5 ③

① 신공관리론은 정부의 역할을 노젓기(rowing) 역할보다는 촉진적 정부로서의 방향잡기(steering) 역할을 강조한다.

② 신공관리론의 고객중심적 접근은 국민을 수동적인 존재로 국한시킬수 있다.

④ 신공관리론은 규제 이외의 다른 대안을 탐색하며 규제의 완화를 제시한다.

6 ②

② 고전적 조직이론에 대한 설명이다. 신고전적 조직이론은 계층적 구조와 분업보다는 비공식 조직, 인간의 사회적·감정적·심리적 측면과 사회적 능률성을 중시한다.

※ 신고전 조직이론의 특징

　㉠ 인간관계의 관리에 중점을 두어 관리의 인간적 능률화를 목표로 한다.

　㉡ 의사소통의 원활화, 민주적 리더십의 발휘, 참여의 확대에 의한 심리적 욕구의 충족 등 능률향상에 기여하는 요소에 대한 관리자의 적극적 역할이 강조된다.

　㉢ 비공식 조직, 인간의 사회적·감정적·심리적 측면과 사회적 능률성을 중시한다.

　㉣ 조직과 내부환경의 상호관계를 중시한다.

7 ④

조정교부금은 특별시장이나 광역시장이 시세 수입 중의 일정액을 확보하여 해당 지방자치단체의 관할 구역 안의 자치구 상호 간의 재원을 조정하는 제도로 조정교부금의 운영권한은 특별시·광역시에 있고, 자율성과 신축성이 보장된다. 조정교부금의 재원은 특별시·광역시의 보통세로 하기 때문에 목적세인 지방교육세는 재원이 될 수 없다.

※ <지방세기본법 제8조(지방자치단체의 세목) 제1항> … 특별시세와 광역시세는 다음 각 호와 같다. 다만, 광역시의 군 지역에서는 제2항에 따른 도세를 광역시세로 한다.

　1. 보통세 − 취득세, 레저세, 담배소비세, 지방소비세, 주민세, 지방소득세, 자동차세

　2. 목적세 − 지역자원시설세, 지방교육세

8 ②

수입규제, 진입규제 등 각종 협의의 경제규제는 고객정치에 해당한다.

※ 윌슨의 규제정치모형

구분		감지된 편익	
		넓게 분산	좁게 집중
감지된 비용	넓게 분산	대중정치	고객정치
	좁게 집중	기업가정치	이익집단정치

① 각종 위생 및 안전 규제는 비용은 소수의 동질적 집단에 집중되어 있으나 편익은 대다수에 넓게 확산되어 있는 경우이므로 기업가정치에 해당한다.

③ 낙태규제는 감지된 비용과 편익이 쌍방 모두 불특정 다수에 미치는 것으로 대중정치에 해당한다.

④ 농산물에 대한 최저가격 규제는 소수의 집단에게 편익이 귀속되며 비용은 불특정 다수인에게 부담되는 것이므로 고객정치에 해당한다.

9 ④

④ 역사적 신제도주의는 경로의존적인 사회적 인과관계를 강조하여 제도의 지속성을 중시하지만, 전쟁, 혁명, 심각한 경제위기 등 외부적 충격으로 인해 특정 제도가 중단될 수 있는 가능성을 인정한다.

※ 신제도론의 유파별 비교

구분	사회학적 신제도주의	합리적 신제도주의	역사적 신제도주의
개념	개인의 행위를 제약하는 의미구조, 상징, 인지적·도덕적 기초, 사회·문화	개인들의 전략적 상호작용에 의하여 제도가 구조화	동일 목적의 제도가 나라마다 다르게 형성되는 역사적 특징
범위	제도 자체를 분석	개인의 거래행위 분석	국가, 정치체제 =제도
선호	내생적 (사회적 제약이 개인 선호를 결정)	외생적 (사회적 제약을 받지 않음)	내생적 (집단의 선호를 결정하는 정치체제가 개인선호를 재형성)
접근법	귀납적(경험적, 현상학)	연역적, 방법론적 개체주의	귀납적(사례연구, 비교연구)

10 ④

④ 엽관주의 인사는 행정에 대한 민주적 통제를 강화시킨다.

※ 엽관주의 인사의 단점
　　㉠ 유능한 인물의 배제로 행정능률이 저하될 수 있다.
　　㉡ 불필요한 직위 남설과 예산낭비가 초래된다.
　　㉢ 관료의 정당사병화로 행정의 국민에 대한 책임성이
　　　　결여된다.
　　㉣ 행정의 비전문성과 안정성 미확보의 우려가 있다.

11 ②

② 피터(Peter)가 제시한 Peter의 원리이다. 굿셀(Goodsell)
은 관료제 병리에 대한 연구자가 아니라 관료제를 적극적으
로 옹호한 미국 행정학자이다.
※ 피터(Peter)의 원리 … 관료제 내의 개인은 자신의 능력한
　　계까지 승진한다는 원칙으로 무능력한 자가 계속 승진함
　　으로써 감당하기 곤란한 직위까지 승진하는 경우 부하의
　　능력보다는 규칙의 준수, 명령에의 복종 등을 더 중시하
　　게 되는 병리현상이 나타난다.

12 ③

③ 관료적 기업가형이 아니라 재량적 실험가형에 대한 설명
이다. 관료적 기업가형은 정책집행자들이 강력한 권한을 갖
고 정책과정 전체를 관장하며 결정권까지 행사하는 것이다.
※ Nakamura & Smallwood 정책집행자 유형

유형	정책결정자 역할	정책집행자 역할	정책평가 기준
고전적 기술자형	구체적 목표 설정	기술적 권한을 소유, 기술적 문제에서만 재량권 행사	효과성, 능률성
지시적 위임가형		행정적 권한 소유, 구체적 집행에 대한 재량권 행사	
협상자형	정책 목표와 수단에 대해 결정자-집행자 간 협상		주민 만족도
재량적 실험가형	추상적 목표 설정	목표 설정, 수단 선택에 대한 광범위한 재량	수익자 대응성
관료적 기업가형	형식적 결정권	(추상적 목표까지도 설정하는) 정책과정 전반에 걸쳐 결정권 행사	체제 유지도

13 ①

① 주로 업무의 특성과 리더십 스타일 사이의 관계에 초점
을 맞추는 접근법은 행태론적 접근법이다. 특성론적 접근법
은 지도자 개인의 자질 및 특성에 따라서 리더십이 발휘된
다고 보는 것으로 개인적 능력을 지도력의 원천으로 생각하
는 접근법이다.

14 ③

③ 자원의존이론은 조직이 상황 요인에 단순히 반응만 하는
것이 아니며, 상황적 제약 조건들은 최고결정자의 전략적
조정을 통해 어느 정도까지는 완화될 수 있다고 본다. 어떤
조직도 필요로 하는 다양한 모든 자원을 획득할 수 없다는
전제하에 조직이 환경적 요인에 대응하여 적극적으로 대처
함으로써 환경에 대한 적응을 위한 전략적 결정을 내린다는
이론이다. 조직도 환경의 영향력을 일정한 수준에서 통제할
수 있는 능력을 갖고 있음을 강조한다.
※ 거시 조직 이론의 분류

분석수준 ＼ 환경에 대한 인식	결정론	임의론
개별조직	• 구조적상황론	• 전략적 선택론 • 자원의존이론
조직군	• 조직군 생태론 • 조직경제학 • 제도화이론	• 공동체 생태론

15 ④

예산 단일의 원칙 … 복수 예산이 아닌 단일한 예산을 가져야
한다는 원칙으로 그 예외로 특별회계, 기금, 추가경정예산
이 있다.

16 ①

① 직급은 직무의 종류·곤란성과 책임도가 상당히 유사한
직위의 군을 말한다.〈국가공무원법 제5조〉
※ 직위 … 1명의 공무원에게 부여할 수 있는 직무와 책임을
　　말한다.

17 ②

② 예산의 배정과 재배정은 신축성을 유지하는 수단이 아니
라 통제수단이다.
※ 예산의 신축성 확보방안 … 예산의 이용·전용, 예산의 이
　　체·이월, 예비비, 계속비, 국고채무부담행위, 긴급배정 등

18 ③

③ 공공서비스의 균질화는 국가나 광역행정의 특징이다. 지방자치는 일정한 지역을 기초로 하는 지방자치단체가 그 지방의 행정사무를 자율적으로 처리하는 활동과정으로 지역실정에 맞는 행정수행이 요구되기 때문에 공공서비스가 다른 지역과 차별화될 수 있다. 지방자치는 행정의 민주성을 제고하며, 정책의 지역적 실험이 용이하고 민주주의 훈련장이 되기도 한다.

19 ①

〈국가재정법 제89조(추가경정예산안의 편성)〉
1. 전쟁이나 대규모 자연재해가 발생한 경우
2. 경기침체, 대량실업, 남북관계의 변화, 경제협력과 같은 대내·외 여건에 중대한 변화가 발생하였거나 발생할 우려가 있는 경우
3. 법령에 따라 국가가 지급하여야 하는 지출이 발생하거나 증가하는 경우

20 ④

④ 주민은 그 지방자치단체의 장 및 지방의회의원(비례대표 지방의회의원은 제외한다)을 소환할 권리를 가진다. 〈지방자치법 제20조(주민소환)〉

2015. 6. 27
제1회 지방직 시행

---

1 ④

④ 행정의 본질적 가치로는 공익성, 사회적 형평, 정의, 자유, 평등, 복지가 있으며, 수단적 가치로는 합법성, 능률성, 민주성, 합리성, 효과성, 가외성, 생산성, 신뢰성, 투명성 등이 있다.

2 ①

① 폐쇄형 인사제도가 계급제에 바탕을 두고 있으며, 전문가보다는 일반행정가 중심의 인사체제를 이룬다.

3 ④

④ 거래비용 경제학에 대한 설명이며, 거시적 조직이론에 해당한다. 이는 현대적 조직이론이다.

※ 조직이론 분류

구분	고전적 이론	신고전적 이론	현대적 이론
인간관	경제적 인간	사회적 인간	복잡한 인간
가치	기계적 능률성	사회적 능률성	다원적 목표, 가치, 이념
주요 연구대상	공직적 구조	비공식적 구조	고전과 신고전의 통합
주요변수	구조	인간	환경

4 ③

제시된 글은 맥그리거의 Y이론에 대한 설명이다.
①②④ X이론에 해당한다.

※ 맥그리거의 X, Y이론

X이론	Y이론
• 사람은 일을 싫어하고, 어떻게든 피하려고 한다. • 사람은 일을 싫어하기 때문에 강요나 명령, 징벌 등이 필요하다. • 사람은 대개 야심을 품으려 하지 않고 책임은 가급적 피하려고 하며 안전과 안정을 바란다. • 창조성이 풍부한 사람은 드물다.	• 사람은 원래 일을 싫어하지 않는다. 조건에 따라 일도 얼마든지 만족의 대상이 될 수 있다. • 스스로 납득하고 헌신이 필요한 목표달성을 위해서라면 누구든지 열심히 일한다. • 사람은 대개 책임감을 갖고 맡은 일을 잘 처리하려고 노력한다. • 일반적으로 사람들은 창조적이고 궁리할 줄 알며 상상력을 갖고 있는 존재다.

5 ①

① 공익의 과정설에 관한 설명이다. 공익의 과정설은 민주적 조정과정에 의한 공익의 도출을 중시한다. 따라서 정부와 공무원의 역할이 소극적이다.
②③④ 공익의 실체설에 관한 설명이다.

6 ①

① 보기에 나타난 시장실패의 주된 요인은 공유지의 비극 문제이다. 공유지의 비극이란 소유권 구분 없이 자원을 공유할 경우 나타나는 사회적 비효율의 결과를 말한다.

7 ③

③ 행정기관 소속위원회는 내부 공무원과 외부 전문가로 구성한다.

8 ③

③ 정부 3.0은 일방향 서비스 제공의 '정부 1.0'이나 단순 양방향 제공의 '정부 2.0' 운영 방식을 지양하고, 국민 개개인의 편익을 위한 양방향 맞춤형 서비스를 제공한다.

9 ②

ⓒ 중앙정부의 공공재 공급을 설명하는 이론이다.
ⓒ 중앙집권 논리에 해당한다.
※ Tibout 가설
소규모 구역에 의한 지방자치를 옹호하는 이론이다. 여러 지방정부가 존재하므로 선호에 따라 지방간 이동이 가능하다. 이를 통해 지방공공재 공급의 적정 규모가 결정될 수 있다고 설명한다.
※ Samuelson의 공공재 공급 이론
공공재 공급은 정치적 과정으로밖에 공급될 수 없다는 이론으로 중앙정부의 역할을 중요시한다.

10 ④

④ 우리나라 중앙정부와 지방정부 간의 분쟁을 조정하는 국무총리 소속의 행정협의조정위원회는 직무이행명령권이나 대집행권이 없어 강제력을 지니지 않는다.

11 ③

③ 저소득층을 위한 근로장려금 제도는 고소득층으로부터 저소득층으로 소득이 이전되는 재분배정책에 해당한다.
① 개인이나 일부집단에 대한 권리행사의 제한이나 의무를 부과하는 정책을 말한다.
② 권리나 이익, 또는 서비스를 배분하는 정책을 말한다.
④ 정책적 목표에 의해 국민들에게 인적·물적 자원을 부담시키는 정책을 말한다.

12 ④

④ 공무원의 소속기관 및 훈련기관 등의 주체가 저항하는 이유이다.
①②③ 공무원 개인이 저항하는 이유이다.

13 ②

② 무의사결정은 기득권 세력이 그 권력을 이용해 기존의 이익배분 상태를 유지하거나 보호하고자 하는 것을 말한다. 기득권을 가진 개인 또는 지배집단이 그 사회의 지배적인 가치·이해에 대해 도전을 받게 될 우려가 있거나 어떤 이슈의 작용으로 인해 불이익한 사태가 발생할 것을 방지하기 위하여 행해지는 것이 보통이다.

14 ④

① 통일성의 원칙
② 한계성의 원칙
③ 명료성의 원칙
※ 예산의 원칙과 그 예외

예산의 원칙	예외
공개성 원칙	신임예산, 기밀정보비(국정원 예산)
명료성 원칙	총괄예산
완전성 원칙	순계예산, 현물출자, 외국차관전대, 기금, 수입대체경비
단일성 원칙	추가경정예산, 특별회계, 기금
한정성 원칙	예비비, 이용·전용, 이월, 계속비, 과년도수입, 과년도지출
통일성 원칙	목적세, 수입대체경비, 특별회계, 기금
사전의결 원칙	사고이월, 준예산, 예비비 지출, 전용, 재정상 긴급명령, 선결처분
정확성 원칙	

15 ①

① 아이오와(Iowa) 대학에서는 리더의 행태(행태론)에 따라 권위주의형, 민주형, 자유방임형의 세 가지 유형으로 구분하였다.
※ 피들러(Fiedler)의 상황적응모형
LPC(Least Preferred Coworker;가장 선호하지 않는 동료) 척도에 따라 과업지향 리더십(I)와 관계지향 리더십(C)으로 구분하였다. 또한 리더와 부하의 신뢰 정도, 직위권력, 과업구조의 명확성 정도 등 상황변수도 고려하였다.

16 ②

① 정부는 제32조의 규정에 따라 대통령의 승인을 얻은 예산안을 회계연도 개시 120일 전까지 국회에 제출하여야 한다.〈국가재정법 제33조(예산안의 국회제출)〉
③ 예산의 배정과 재배정 제도는 신축성을 확보하기 위한 것이 아니라, 재정통제제도이다.
④ 우리나라는 예산불성립 시 조치로써 준예산 제도를 채택하고 있다. 가예산 제도는 제1공화국에서 사용한 적 있다.

17 ②

② 고충심사위원회의 결정은 구속력이 없다.

18 ③

③ 레저세는 경륜 · 경정 · 경마 등의 사업자 또는 사업장에 부과하는 것으로 '경주 · 마권세'가 2002년에 개칭된 세목이다. 국세인 개별소비세는 레저세와 별개이며, 지금도 국세기본법에 명시되어 있다.

19 ①

② 권위주의적 정치 · 행정문화 속에서 행정의 내 · 외부통제가 효과적으로 이루어지지 못하였다.

③ 헌법재판소는 권한쟁의심판, 헌법소원심판, 탄핵심판, 위헌법률심판을 통해 행정에 대한 통제기능을 수행한다.

④ 입법부의 구성이 야당 우위일 경우 효과적인 행정통제 기능을 수행할 수 있다.

20 ①

① 구제도주의의 특징이다.

※ **구제도주의와 신제도주의의 특징**

구제도주의	신제도주의
국가기관의 공식적인 구조와 법체계에 초점을 맞추는 것으로서 특정한 정치체제의 특징을 구체적으로 '기술하는 차원'에 머물러 있다.	일련의 행위 규범이나 관행, 규칙들도 인간의 행위를 규칙적으로 제약할 경우 제도에 포함, 개인행위를 제약하는 제반의 요소들을 총칭, 제도의 개념을 광의로 파악한다.
단순히 제도의 기술에 초점을 둔다	제도를 사회현상을 설명하기 위한 핵심변수로 설정, 제도의 공식적 구조적 측면에 초점을 맞추지만, 이를 통해서 개인의 행위를 설명하려는 목적을 갖는다.
단순한 제도의 특성을 기술한다(행정학적 기술).	제도라는 변수를 통해서 국가의 정책을 설명하려는 의도를 지닌다(정치학적 기술).
	정책의 차이와 변화를 설명하기 위한 중범위 수준의 변수들을 제시해줌으로써 미시적 또는 거시적 행정학이 갖고 있는 한계를 보완한다.

---

1 ③

③ 민주적 의사결정은 수단적 행정가치 중 민주성과 관련이 있다.

※ **행정가치**

ㄱ 본질적 행정가치
- 행정을 통해 이룩하고자 하는 궁극적 가치
- 공익, 정의, 형평성, 자유(평등), 복지

ㄴ 수단적 행정가치
- 본질적 가치를 달성하기 위한 수단이 되는 가치
- 합법성, 능률성, 민주성, 합리성, 효과성, 신뢰성, 책임성, 가외성

2 ③

③ 일선관료는 상당한 재량권을 가지고 매우 복잡한 업무를 수행한다. 집행 업무의 단순성과 정형화는 일선 관료들이 처한 업무 환경이 아니라, 결과적으로 나타나는 행동양식이다.

※ **립스키의 일선관료제론** … 일선관료란 시민과 직접 접촉하는 공무원(교사, 경찰, 복지요원 등)을 말한다. 이들은 규칙적인 직무수행과정에서 시민들과 끊임없이 대면적으로 상호작용하며 시민들에게 미치는 잠재적 영향력과 직무의 자율성이 광범위하지만 업무 과다에도 불구하고 시간과 자원이 불충분하다. 따라서 직무에의 적응방식으로 단순화와 정형화를 시도한다.

3 ④

명목집단기법 … 대안제시, 제한된 토론, 표결 단계로 이루어지는 의사결정기법이다. 토론이 산만하게 진행되는 것을 막을 수 있지만 집단구성원 간 의사소통을 원활하게 할 수 없다는 단점이 있다.

4 ①

① 직무의 난이도와 책임에 따라 결정되는 보수는 직무급이며, 직능급이란 직무수행 능력에 따라 결정되는 보수이다.

※ 보수제도

보수의 원칙	보수 제도	보수결정 기준	원리
생활 보장의 원칙	생활급	생계비	보수의 하한선
	연공급 (근속급)	근무연수	동일 근속, 동일 보수
노동 대가의 원칙	직무급	직무의 종류와 곤란도	동일 직무 (노동), 동일 보수
	직능급	직무수행 능력	동일 능력 (노동력), 동일 보수
	성과급	근무 실적, 성과	동일 성과, 동일 보수

5 ②

② 일선공무원의 재량과 자율의 확대는 상향식 접근에서 효과적인 정책집행 조건이다.

※ 정책집행연구의 접근방법

ⓐ 하향식 접근방법 : 정책결정자가 집행과정에 대하여 절대적 영향력을 가지며, 집행참여자의 구성이나 행동을 통제할 수 있다고 보는 관점으로 효과적 집행을 위해서는 명확한 정책목표나 법령, 자세한 계획, 엄격한 통제가 있어야 하고, 집행은 비정치적·기술적 성격을 띠어야 하며, 정책과정은 엄격한 계층적 조직구조를 따른다.

ⓑ 상향식 접근방법 : 정책의 실질적 내용이 집행과정에서 참여자 간의 갈등과 협상을 거치면서 형성·결정되며, 집행활동이란 조직 내 개인의 활동을 출발점으로 하면서, 문제의 상황에 대응하여 일어나는 것이라고 본다. 일선관료의 재량행위의 확대와 주민의 참여를 필요로 한다.

6 ②

TQM(총체적 품질관리) … 고객만족을 목표로 서비스의 질을 향상시키기 위하여 전 생산공정 과정에서의 하자여부를 총체적으로 재검토하는 기법으로 조직전체의 책임이 강조되고 팀워크가 중시되며 전체적 입장에서 투입과 과정의 계속적인 개선을 모색하는 장기적·전략적인 품질관리를 위한 원칙 또는 관리철학이다.

7 ①

① 직위분류제는 업무의 전문화로 인하여 상위직급에서의 업무 통합이 어렵다는 단점이 있다.

8 ①

주민참여예산제도는 재정협치(재정거버넌스)로서 성과 관리(신성과주의예산)와 거리가 멀다.

※ **주민참여예산제도** … 지방의회가 예산안을 의결하기 전에 집행부의 예산편성 과정에 주민이나 그 대표, 또는 주민의 이익을 대변할 수 있는 전문가 등이 간담회, 공청회, 서면 또는 인터넷 설문조사, 사업공모 등을 통해 참여하는 제도

9 ③

③ 지방자치단체는 법률로 정하는 바에 따라 지방세를 부과·징수할 수 있다〈지방자치법 제135조〉.

10 ③

③ 국가재정법 제50조 총사업비의 관리에 대한 내용이다.

※ **예비타당성조사(국가재정법 제38조 제1항)** … 기획재정부장관은 총사업비가 500억 원 이상이고 국가의 재정지원 규모가 300억 원 이상인 신규 사업으로서 다음의 어느 하나에 해당하는 대규모사업에 대한 예산을 편성하기 위하여 미리 예비타당성조사를 실시하고, 그 결과를 요약하여 국회 소관 상임위원회와 예산결산특별위원회에 제출하여야 한다. 다만, 제4호의 사업은 제출된 중기사업계획서에 의한 재정지출이 500억 원 이상 수반되는 신규 사업으로 한다.

1. 건설공사가 포함된 사업
2. 「지능정보화 기본법」 제14조 제1항에 따른 지능정보화 산업
3. 「과학기술기본법」에 따른 국가연구개발사업
4. 그 밖에 사회복지, 보건, 교육, 노동, 문화 및 관광, 환경 보호, 농림해양수산, 산업·중소기업 분야의 사업

11 ③

③ 시장주의와 신관리주의를 결합한 이론으로 행정의 효과성과 능률성을 극대화하고자 한 이론은 신공공관리론이다.

※ 신공공관리론과 신공공서비스론의 비교

구분	신공공관리론	신공공서비스론
이론	경제이론, 실증주의	민주주의, 실증주의, 현상학, 비판이론, 포스트모더니즘
합리성과 행태모형	기술적·경제적 합리성, 경제적 인간관	전략적 합리성, 정치적·경제적·조직적 합리성에 대한 다원적 접근
공익에 대한 입장	개인들의 총이익	공유 가치에 대한 담론의 결과
관료의 반응 대상	고객	시민
정부의 역할	방향잡기	서비스 제공자
정책목표의 달성기제	개인 및 비영리기구를 활용한 정책목표 달성기재와 유인체제 창출	동의된 욕구를 충족시키기 위한 공공기관, 비영리기관, 개인들의 연합체 구축
책임에 대한 접근	시장지향적	다면적(공무원은 법, 지역공동체 가치, 정치규범, 전문적 기준 및 시민들의 이익에 기여)
행정재량	기업적 목적을 달성하기 위해 넓은 재량을 허용	재량이 필요하지만 책임이 수반됨
기대하는 조직구조	기본적 통제를 수행하는 분권화된 공조직	조직 내외적으로 공유된 리더십을 갖는 협동적 구조
관리의 동기유발	기업가정신, 정부의 규모를 축소하려는 이데올로기적 욕구	공공서비스, 사회에 기여하려는 욕구

12 ②

① 평정요소를 나열하고 각 평정요소마다 그 우열을 나타내는 척도인 등급을 표시한 평정표를 사용하는 방법

③ 일정한 시간당 수행한 작업량을 측정하거나 또는 일정한 작업량을 달성하는 데 소요된 시간을 계산하여 그 성적을 평가하는 방법

④ 직무수행기준을 설정하고 피평정자의 직무수행을 이 기준과 비교함으로써 평정하는 방법

13 ②

② 우리나라 정부는 「비영리민간단체 지원법」을 통해 비영리민간단체의 자발적인 활동을 보장하고 건전한 민간단체로의 성장을 지원함으로써 비영리민간단체의 공익활동증진과 민주사회발전에 기여하도록 하고 있다〈비영리민간단체 지원법 제1조〉. 비영리민간단체의 활동은 자율성이 보장되어야 하며, 행정안전부장관 또는 시·도지사는 공익활동에 참여하는 비영리민간단체에 대하여 필요한 행정지원 및 이 법이 정하는 재정지원을 할 수 있다〈동법 제5조〉.

14 ②

② 샐러몬은 형평성에 대한 고려가 특히 중요한 경우에는 직접적 수단이 간접적 수단보다 적절하다고 주장한다.

※ 정책수단의 유형

직접성 정도	행정 수단
높음	공기업·정부의 직접시행(정부소비), 보험, 직접 대출, 경제적 규제, 공공 정보 제공
중간	조세지출(조세감면), 계약, 사회적 규제, 벌금
낮음	손해책임법, 보조금, 대출보증, 정부출자기업, 바우처

15 ④

④ 두 대안과 상관없는 다른 대안으로부터 영향을 받지 않고 결정되어야 한다(독립성의 원리).

※ 애로우의 바람직한 의사결정방법의 기본조건

- ㉠ 파레토의 원리 : 사회적 선호체계가 개별 구성원의 선호체계를 존중해야 한다.
- ㉡ 이행성의 원리 : A＞B이면서 B＞C라면, A＞C여야 한다. 즉, 단봉적 선호이어야 한다.
- ㉢ 독립성의 원리 : 두 대안과 상관없는 다른 대안으로부터 영향을 받지 않고 결정되어야 한다
- ㉣ 비독재성의 원리 : 어느 누구도 집합적인 선택의 과정에서 결정적인 영향력을 행사해서는 안 된다.
- ㉤ 선호의 비제한성 원리 : 개개인의 선택의 자유가 제한되어서는 안 된다.

애로우는 다섯 가지 기본조건 중 파레토의 원리(㉠), 이행성의 원리(㉡), 독립성의 원리(㉢)를 '합리성의 원리'로, 비독재성의 원리(㉣), 선호의 비제한성 원리(㉤)를 '민주성의 원리'로 구분하였다. 애로우는 합리성의 원리와 민주성의 원리를 모두 충족시켜주는 집단적 선택규칙은 존재하지 않는다고 하였는데 이를 '애로우의 불가능성 정리'라 한다. 즉, 어떠한 사회적 의사결정도 민주적이면서 동시에 효율적일 수가 없다는 것이다.

16 ④

④ 맥클리랜드는 잠재되어 있는 개인의 욕구를 성취욕구, 권력욕구, 친교욕구 세 가지로 나누고 성취욕구가 높을수록 생산성이 높아진다고 주장한다.

17 ①

① 품목별 예산제도(LIBS)에 대한 설명이다.

※ 프로그램 예산제도

ㄱ 동일한 정책을 수행하는 단위사업의 묶음(프로그램)을 중심으로 예산을 편성한다.

ㄴ 프로그램 중심의 예산편성을 함으로써 성과지향적 예산 편성 및 운용이 가능하다.

ㄷ 기본구조 : 정부의 기능 – 정책 – 프로그램 – 단위사업의 계층구조로 이루어진다.

18 ①

① "복합민원"이란 하나의 민원 목적을 실현하기 위하여 관계법령등에 따라 여러 관계 기관(민원과 관련된 단체·협회 등을 포함한다. 이하 같다) 또는 관계 부서의 인가·허가·승인·추천·협의 또는 확인 등을 거쳐 처리되는 법정민원을 말한다.〈민원 처리에 관한 법률 제2조 제5호〉

• "다수인관련민원"이란 5세대(世帶) 이상의 공동이해와 관련되어 5명 이상이 연명으로 제출하는 민원을 말한다.〈동법 제2조 제6호〉

19 ③

특별지방자치단체 … 지방자치단체 외에 특정한 목적을 수행하기 위하여 필요에 의해 따로 설치되는 지방자치단체이다. 특별지방자치단체의 설립은 지방자치단체의 난립과 구역·조직·재무 등의 제도에 복잡성과 혼란을 초래할 수 있다는 단점이 있다.

20 ①

① 「공공기관의 정보공개에 관한 법률」 제4조 제2항

② 모든 국민은 정보의 공개를 청구할 권리를 가지며, 외국인의 정보공개 청구에 관하여는 대통령령으로 정한다〈동법 제5조〉.

③ 다른 법률 또는 법률에서 위임한 명령에 따라 비밀이나 비공개 사항으로 규정된 정보는 공개하지 않을 수 있다〈동법 제9조 제1항 제1호〉.

④ 공공기관은 부득이한 사유로 정보공개 청구를 받은 날부터 10일 이내에 공개 여부를 결정할 수 없을 때에는 그 기간이 끝나는 날의 다음 날부터 기산하여 10일의 범위에서 공개 여부 결정기간을 연장할 수 있다. 이 경우 공공기관은 연장된 사실과 연장 사유를 청구인에게 지체 없이 문서로 통지하여야 한다〈동법 제11조 제1항, 제2항〉.

2016. 4. 9
인사혁신처 시행

---

1 ①

제시문은 가외성에 대한 설명이다.

※ 가외성의 특징

ㄱ 중첩성 : 어떤 문제나 과업을 여러 기관들이 상호의존하며 중첩적으로 관리·수행한다.

ㄴ 반복성 : 동일한 과업을 별도의 기관에서 독립적으로 수행한다.

ㄷ 등전위성 : 보조기능을 예비하여 주기관이 수행하지 못할 때 보조기관이 수행할 수 있도록 한다.

2 ④

'열린재정(재정정보공개시스템)'에 따르면 2014년 국세 징수액은 부가가치세 약 58조 원, 소득세 약 54조 원, 법인세 약 42조 원의 순으로 큰 비중을 차지하고 있다(그림 참조).

열린재정 2014년 국세수입내역

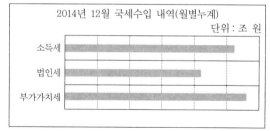

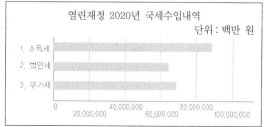

3 ③

① 직급은 직위에 포함된 직무의 성질, 난이도, 책임의 정도가 유사해 채용과 보수 등에서 동일하게 다룰 수 있는 직위의 집단이다.
② 직군은 직무 종류가 광범위하게 유사한 직렬의 군이다.
④ 직류는 동일 직렬 내에서 담당 직책이 유사한 직무군이다.

4 ①

수입대체경비는 국가가 특별한 용역 또는 시설을 제공하고 그 제공을 받은 자로부터 비용을 징수하는 경우의 당해 경비로서 기획재정부장관이 정하는 경비를 의미하며, 「국가재정법」상 예산총계주의 원칙의 예외로 규정되어 있다.

5 ③

③ 고위공무원단에 속하는 공무원의 신규채용 임용권은 대통령이 가진다.〈고위공무원단 인사규정 제5조〉

6 ②

조직시민행동(OCB) … 공식적 역할과 관련된 의무나 그에 따른 계약이나 보상체계와 직접적으로는 관련 없지만 조직 전반에 도움이 되고자 하는 조직구성원의 자발적 행위이다.
② 구성원들의 역할모호성 지각은 조직시민행동에 부정적인 영향을 미친다.

7 ③

정책 지지연합 모형은 상향적 접근법과 하향적 접근법의 특성을 결합하려는 시도로, 지지연합이라는 행위자 집단에 초점을 둔다. 정책하위체제에는 신념을 공유하는 정책 지지연합이 있으며 정책 지지연합과 외부변수와의 상호작용 및 정책학습을 통하여 정책변동이 이루어진다고 본다.

8 ③

③ 빅데이터(big data)의 3대 특징은 다양성(Variety), 속도(Velocity), 규모(Volume)이다.

9 ②

② 예산결산특별위원회는 소관 상임위원회의 예비심사 내용을 존중하여야 하며, 소관 상임위원회에서 삭감한 세출예산 각 항의 금액을 증가하게 하거나 새 비목을 설치할 경우에는 소관 상임위원회의 동의를 받아야 한다. 다만, 새 비목의 설치에 대한 동의 요청이 소관 상임위원회에 회부되어 회부된 때부터 72시간 이내에 동의 여부가 예산결산특별위원회에 통지되지 아니한 경우에는 소관 상임위원회의 동의가 있는 것으로 본다. <국회법 제84조(예산안·결산의 회부 및 심사) 제5항>

10 ④

④ 합의와 관련하여 이슈네트워크는 어느 정도의 합의는 있으나 항상 갈등이 있고, 정책커뮤니티는 모든 참여자가 기본적인 가치관을 공유하며 성과의 정통성을 수용한다.

※ 이슈네트워크와 정책공동체(정책커뮤니티)의 비교

구분	이슈네트워크	정책공동체
참여자	광범위한 다수, 개방적	관료, 전문가 등의 제한적 참여
자원 소유 정도	일부 참여자만 자원 소유	참여자 간 동등하게 자원 소유
참여자간 관계	경쟁적, 갈등적. 제로섬게임	의존적, 협력적, 정합게임
가치·목표	공유감 약함	공유감 높음
접촉빈도	유동적	높음
정책산출 예측가능성	곤란	가능

11 ①

준예산 … 국가의 예산이 법정기간 내에 성립하지 못한 경우, 정부가 일정한 범위 내에서 전 회계연도 예산에 준하여 집행하는 잠정적인 예산이다. 국회의결을 별도로 필요로 하지 않는다는 점에서 사전의결 원칙에 대한 예외이다.

12 ②

제한적 열거주의 … 자치법에 구체적으로 열거된 사항 외에도 자치단체가 조례로 처리할 사무를 따로 정할 수 있는 제도
② 우리나라는 예시적 포괄주의로 지방사무를 배분하고 있다. 지방자치법에서 포괄적 예시만 하고, 동법 시행령에서 광역과 기초 간 사무배분을 하고 있다.

13 ④

집단사고 … 구성원들의 이성적인 사고를 마비시켜 합리적인 결정을 하지 못하도록 만드는 집단의 왜곡된 사고방식

④ 최종 대안을 도출한 후에는 각 참여자들에게 반대의견을 제시할 수 있는 기회를 부여해야 집단사고를 예방할 수 있다.

14 ④

④ 정부실패는 정부라는 공공조직에 내재하는 구조적 요인 (독점적 성격, 관료제적 특징) 때문에 발생하기도 한다.

15 ③

역사요인 … 실험자가 의도하지 않은 어떤 특정 사건의 우연한 발생으로 실험의 효과가 왜곡되는 현상으로 사건효과라고도 함.

상실요인 … 연구기간 중 실험집단의 일부가 탈락해 남아있는 최종 실험집단 구성원이 최초와 다른 특성을 가짐에 따라 발생하는 것

회귀요인 … 실험 전 1회 측정에서 극단적인 점수를 얻은 것을 기초로 개인들을 선발하게 되면, 다음의 측정에서 그들의 평균점수가 덜 극단적인 방향으로 이동하게 되는 것

검사요인 … 실험 전 측정한 그 자체가 실험에 영향을 주는 것(동일한 시험문제를 사전과 사후에 사용하게 되면 사후시험에서는 점수가 높게 나타나는 것)

③ 제시된 상황은 유류가격 급등이라는 뜻밖의 사건 발생으로 내적 타당성이 저해되는 경우이다.

16 ④

④ 공직윤리 확보를 위한 행동강령은 주로 법률의 하위형식으로 규정하고 있는데, 이는 시대적 윤리경향을 빠르게 반영할 수 있도록 하기 위함이다.

17 ①

① 민츠버그에 의하면 연락 역할 담당자는 상당한 <u>비공식적 권한</u>을 부여받아 조직 내 부문 간 의사전달 문제를 처리한다.

18 ②

② 티부가설은 공급되는 공공서비스는 지방정부 간에 파급효과 및 외부효과를 발생시키지 않는다고 전제한다.

※ **티부가설**

주민들이 지역(지방자치단체) 간에 자유롭게 이동할 수 있기 때문에 지방공공재에 대한 주민들의 선호가 표시되며, 따라서 지방공공재 공급의 적정 규모가 결정될 수 있다. 다음과 같은 가정을 전제로 한다.

㉠ 다수의 지역사회(지방정부) 존재

㉡ 완전한 정보

㉢ 지역 간 자유로운 이동 – 완전한 이동

㉣ 단위당 평균비용 동일 – 규모의 경제 작용하지 않음, 규모수익불변

㉤ 외부효과의 부존재

㉥ 배당수입에 의한 소득 – 재산세

㉦ 한 가지 이상의 고정적 생산요소 존재

㉧ 최적규모의 추구 – 규모가 크면 주민 유출, 작으면 주민유입

19 ④

직무평가방법

㉠ 서열법 : 비계량적 방법을 통해 직무기술서의 정보를 검토한 후 직무 상호 간에 직무전체의 중요도를 종합적으로 비교한다.

㉡ 분류법 : 직무 전체를 종합적으로 판단해 미리 정해 놓은 등급기준표와 비교해가면서 등급을 결정한다.

㉢ 점수법 : 직무평가표에 따라 직무의 세부 구성요소들을 구분한 후 요소별 가치를 점수화하여 측정하는데, 요소별 점수를 합산한 총점이 직무의 상대적 가치를 나타낸다.

㉣ 요소비교법 : 대표가 될 만한 직무들을 선정하여 기준직무 (key job)로 정해놓고 각 요소별로 평가할 직무와 기준직무를 비교해가며 점수를 부여한다.

20 ②

㉢ 하위정부론은 정책분야별로 <u>이익집단, 의회 상임위원회, 해당 관료조직</u> 3자가 폐쇄적 은밀한 결탁을 하고 정책에 중요한 영향력을 행사한다는 이론이다.

1 ③

③ X 비효율성으로 인해 정부실패가 야기되어 정부의 시장 개입 정당성이 약화된다.

2 ①

① 매슬로우는 상위 차원의 욕구가 충족되지 못하거나 좌절될 경우, 하위 욕구를 더욱 더 충족시키고자 하는 욕구의 하향적 퇴행현상을 고려하지 못하였다는 단점이 있다.

3 ③

③ 계획예산제도와 영기준예산제도는 총체주의 접근을 적용한 대표적 사례이다.

4 ②

ⓒ 옴부즈만 제도는 스웨덴에서 최초로 도입되었다.
ⓔ 우리나라의 경우 국무총리 소속의 국민권익위원회가 옴부즈만에 해당한다.

5 ③

③ 기관대립형은 집행부와 의회의 기구가 병존함에 따라 견제와 균형의 원리를 실현할 수 있지만, 갈등과 대립이 많아 지방행정의 비효율성이 증가할 수 있다는 단점이 있다.

6 ①

타르-베이비 효과 … 타르 베이비란 해리스(J. C. Harris)의 소설 속에서 토끼를 유혹하기 위해 사용되는 타르 인형에서 유래된 말로, 토끼들이 타르 칠을 한 인형을 친구로 착각해 주변에 자꾸 모여들게 되듯이 잘못 이루어진 정부 규제가 다른 정부 규제를 불러오는 현상을 말한다.

7 ①

순현재가치와 편익 · 비용 비는 둘 다 할인율을 통해 미래가치를 현재가치로 환산하여 평가해야 하므로 할인율의 크기에 따라 그 값이 달라져 영향을 받는다.

8 ①

델파이 분석 … 익명성이 유지되는 전문가들을 대상으로 설문을 반복하여 특정 주제에 대한 합의를 도출하는 접근 방식으로, 응답결과가 통계적으로 처리되어 비교적 객관적인 결론 도출이 가능하며 익명성이 유지되어 외부효과로 인한 왜곡이 방지된다는 장점이 있다.

9 ③

ⓒ 로즈는 중앙정부는 법적 자원, 재정적 자원에서 우위를 점하며, 지방정부는 정보자원과 조직자원의 측면에서 우위를 점한다고 주장한다.
ⓔ 라이트 모형 중 분리형에서는 지방정부의 권위가 독립적인 데 비하여, 포괄형에서는 계층적이다.

10 ④

Hall의 정책 패러다임 변동모형 … 정책은 정책목표, 정책산출물, 기술 · 정책 환경 등의 3가지 변수를 포함하여 형성된다고 본다. 또한 정책변동을 세 가지 유형으로 구분하였다.
ⓐ 1차적 변동 : 정책목표와 정책 산출물의 근본적인 변화 없이 산출물의 수준만 변동
ⓑ 2차적 변동 : 정책목표에는 변화가 없으나 정책 산출물 변동
ⓒ 3차적 변동 : 정책환경, 정책목표, 정책 산출물이 급격하게 변동
Hall은 이 중 3차적 변동을 패러다임 변동모형이라 하였으며, 이를 통해 근본적인 정책변동이 가능하다고 주장하였다.

11 ④

④ 엄격한 명령계통에 따라 상명하복의 관계 유지를 위해서는 통솔범위를 좁게 설정한다.

12 ①

① 제도적 책임성이란 공무원이 공식적인 각종 제도적 통제로 인하여 국민요구에 부응하는 타율적이고 수동적인 책임을 말한다. 공무원이 전문가로서의 직업윤리와 책임감에 기초해서 자발적인 재량을 발휘해 확보되는 행정책임은 자율적 책임성이다.

13 ③

〈지방세기본법 제8조(지방자치단체의 세목)〉

① 특별시세와 광역시세는 다음과 같다. 다만 광역시의 군(郡) 지역에서는 제2항에 따른 도세를 광역시세로 한다.
  1. 보통세 – 취득세, 레저세, 담배소비세, 지방소비세, 주민세, 지방소득세, 자동차세
  2. 목적세 – 지역자원시설세, 지방교육세

② 도세는 다음 각 호와 같다.
  1. 보통세 – 취득세, 등록면허세, 레저세, 지방소비세
  2. 목적세 – 지역자원시설세, 지방교육세

14 ②

※ 정책평가의 타당도를 저해하는 제3의 변수
  ㉠ 선행변수 : 독립변수에 앞서면서 독립변수에 대해 유효한 영향력을 행사하는 변수
  ㉡ 매개변수 : 독립변수와 종속변수의 사이에서 독립변수의 결과인 동시에 종속변수의 원인이 되는 변수
  ㉢ 허위변수 : 독립변수와 종속변수 간에 실제로는 전혀 상관관계가 없는데도 상관관계가 있는 것처럼 나타나도록 하는 제3의 변수
  ㉣ 혼란변수 : 종속변수 간에 상관관계가 있는 상태에서 두 변수 모두에 영향을 미쳐 정책효과를 과대 또는 축소시키는 제3의 변수
  ㉤ 억제변수 : 두 변수가 서로 상관관계가 있는데도 없는 것으로 나타나게 하는 제3의 변수
  ㉥ 왜곡변수 : 두 변수 간의 사실상의 관계를 정반대의 관계로 나타나게 하는 제3의 변수

15 ①

① 공공선택론은 역사적으로 누적 및 형성된 개인의 기득권을 유지하기 위한 보수적 접근이라는 비판을 받는다.

16 ④

④ 행정기관 소속 5급 이상 공무원 및 고위공무원단에 속하는 일반직공무원은 소속 장관의 제청으로 인사혁신처장과 협의를 거친 후에 국무총리를 거쳐 대통령이 임용하되, 고위공무원단에 속하는 일반직공무원의 경우 소속 장관은 해당 기관에 소속되지 아니한 공무원에 대하여도 임용제청할 수 있다. 이 경우 국세청장은 국회의 인사청문을 거쳐 대통령이 임명한다. 〈국가공무원법 제32조 제1항〉

17 ③

③ 공식적 의사전달은 조정과 통제가 용이하다는 장점이 있다.

18 ③

중앙인사기관은 독립성 유무와 합의성 유무에 따라 독립합의형, 독립단독형, 비독립합의형, 비독립단독형으로 구분할 수 있다. 그 중 독립합의형과 비독립단독형의 장단점은 다음과 같다.

※ 독립합의형과 비독립단독형의 장·단점

	독립합의형	비독립단독형
장점	• 신중한 의사결정 • 실적제 확립 가능 • 이익집단 요구를 균형 있게 수용 가능	• 책임소재 분명 • 신속한 의사결정 • 강력한 정책추진 가능(행정수반이 인사관리 권한 보유)
단점	• 책임소재 불분명 • 의사결정 지연 • 강력한 정책추진이 어려움	• 인사행정 정실화 가능성 • 기관장의 자의적이고 독선적인 결정을 견제하기 곤란 • 기관장 교체로 인한 인사행정의 일관성, 계속성 결여

③ 미국의 인사관리처나 영국의 공무원 장관실은 비독립단독형 중앙인사기관의 대표적인 예이다. 우리나라의 인사혁신처 역시 비독립단독형 중앙인사기관에 해당한다.

19 ②

② 품목별예산제도는 지출품목별 분류로, 정부 활동 파악이 곤란해 정부 활동의 중복 방지와 통합·조정에 불리한 예산제도이다.

20 ④

④ 주민은 그 지방자치단체의 장과 지방의회의원을 소환할 권리를 가진다. 단, 비례대표 지방의회의원은 제외된다. 〈지방자치법 제20조〉

1 ④

신공공서비스론에서는 정부의 역할을 시민과 지역공동체 내의 이익을 협상·중재하여 공유가치를 창출하는 사회봉사라고 생각한다. 이러한 맥락에서 관료의 동기 유발은 공공서비스, 사회에 기여하려는 욕구에서 기인한다고 볼 수 있다.
① 신공공관리론의 동기 유발 요인
②③ 전통적 정부관료제의 동기 유발 요인

2 ③

① 역량평가제도는 피평가자의 행동 특성을 나타내는 핵심 역량을 중심으로 다수 평가자가 여러 기법을 통해 피평가자의 역량을 평가하는 것을 목적으로 한다.
② 역량평가제도는 대상자의 미래 행동에 대한 잠재적 능력 평가가 중심이 된다.
④ 역량평가는 다양한 실행 과제를 활용하여 평가한다.

3 ②

② 일방향 집중형 상호의존성은 부서 간의 교류 수준이 매우 낮기 때문에 연쇄고리형 상호의존성이나 쌍방향 상호의존성에 비해 상대적으로 갈등이 발생할 수 있는 소지가 적다.

4 ②

② 행태주의는 실질적인 처방보다 과학적 설명을 강조하였다.

5 ③

③ 지방자치단체 분쟁조정위원회는 제3자에 의한 해결 방법으로 상호 간의 적극적 협력을 제고하기 위한 방식에 해당하지 않는다.

6 ④

④ 불완전경쟁에 대해서는 정부규제로 대응할 수 있다.
※ 시장실패 원인에 대응하는 정부의 방식

시장실패 원인	공적 공급	공적 유도	공적 규제
공공재의 존재	○		
외부효과의 발생		○ (외부경제)	○ (외부불경제)
자연독점	○		○
불완전 경쟁			○
정보비대칭		○	○

7 ①

① 시장모형은 구조 개혁 방안으로 분권화된 조직을 상정한다. 평면조직을 구조 개혁 방안으로 상정하는 것은 참여적 정부의 특징이다.
※ Peters의 뉴거버넌스 모형

구분	시장적 정부모형	참여적 정부모형	신축적 정부모형	탈 내부규제 정부모형
문제의식	독점	계층제	영속성	내부규제
조직개혁	분권화	평면조직	가상조직	–
관리개혁	성과급, 민간기법	총체적 품질관리, 팀제	가변적 인사관리, 임시조직	재량권 확대
정책결정 개혁방안	내부시장, 시장적 유인	협의, 협상	실험	기업형 정부
공익기준	저비용	참여, 협의	저비용, 조정	창의성, 활동주의
조정방안	보이지 않는 손	하의상달	조직개편	관리자의 자기이익
오류수정	시장적 신호	정치적 신호	오류의 제도화 방지	보다 많은 오류 수용

8 ③

L. Gulick & L. Urwick의 POSDCoRB(최고관리자의 7대 기능)
㉠ P : Planning(기획)
㉡ O : Organizing(조직)
㉢ S : Staffing(인사)
㉣ D : Directing(지휘)
㉤ Co : Coordinating(조정)
㉥ R : Reporting(보고)
㉦ B : Budgeting(예산)

9 ②

② 정부 3.0은 무선인터넷과 스마트 모바일을 활용한 유비 쿼터스 정부를 지향한다. 직접방문은 정부 1.0, 인터넷 기반은 정부 2.0의 서비스 제공 수단에 해당한다.

10 ①

① 「정부업무평가 기본법」에 의한 정부업무평가 대상은 중앙행정기관과 지방자치단체는 물론 공공기관도 포함된다.
② 행정자치부가 2017년 행정안전부로 명칭이 변경되었다.

11 ①

① 품목별 예산은 예산집행 부서에서 예산편성 후 중앙예산기관의 승인을 얻어 집행한다. 재정통제가 목적이므로 세부항목별로 예산을 편성하고 합법성 위주의 엄격한 회계검사가 이루어진다. 분권적·참여적이라 볼 수 없다.

12 ①

① 국가채무의 범위는 「국가재정법」 제91조 제2항에 따라 결정된다.
※ 「국가재정법」 제91조(국가채무의 관리) 제2항 ··· 금전채무는 다음의 어느 하나에 해당하는 채무를 말한다.
1. 국가의 회계 또는 기금(재원의 조성 및 운용방식 등에 따라 실질적으로 국가의 회계 또는 기금으로 보기 어려운 회계 또는 기금으로서 대통령령이 정하는 회계 또는 기금을 제외)이 발행한 채권
2. 국가의 회계 또는 기금의 차입금
3. 국가의 회계 또는 기금의 국고채무부담행위
4. 그 밖에 제1호 및 제2호에 준하는 채무로서 대통령령이 정하는 채무

13 ②

②는 보고의 원칙으로 현대적 예산의 원칙이다.
① 사전의결의 원칙, ③ 공개성의 원칙, ④ 명확성의 원칙은 모두 전통적 예산의 원칙이다.
※ **전통적 예산원칙과 현대적 예산원칙**

전통적 예산원칙 (입법부 우위, Neumark)	현대적 예산원칙 (H.Smith)
• 공개성	• 행정부 계획의 원칙
• 명확성(명료성)	• 행정부 재량의 원칙(총괄 예산제도의 도입과 관련)
• 사전 의결(사전 승인)	• 행정부 책임의 원칙
• 정확성(엄밀성)	• 보고의 원칙
• 한정성(한계성)	• 예산수단 구비의 원칙
• 통일성(국고통일, 목적구속 금지, 직접 사용 금지)	• 다원적 절차의 원칙
• 단일성	• 시기의 신축성의 원칙 (계속비, 이월 등)
• 완전성(포괄성, 총계주의 예산, 총계예산)	• 예산기구 상호성의 원칙

14 ④

④ 직위는 한 사람의 조직구성원에게 부여할 수 있는 직무와 책임의 단위를 말한다. 직위의 예시로는 기획조정실장, 복지정책과장 등을 들 수 있다.
③ 공무원임용령 상 직군은 행정직군과 기술직군으로 구분되어 있어 논란의 여지가 있는 지문이다.

15 ②

관대화 경향은 높은 점수로, 엄격화 경향은 낮은 점수로, 집중화 경향은 중간 점수로 근무성적평정이 치우치는 오류를 말한다. 따라서 이러한 경향을 방지할 수 있는 방법으로 평가 등급별 일정 비율을 지정하는 강제배분법이 효과적이다.

16 ②

② 근무성적평가제도는 5급 이하 공무원을 대상으로 시행한다.

17 ③

③ 주민협의회제도는 간접적 참여 방식에 해당한다.
협의회, 연합회, 자문위원회 등은 간접참여방식이다. 지방자치법상 주민의 직접참여제도에는 주민감사청구제도, 주민조례개폐청구제도, 주민투표제도, 주민소송제도, 주민소환제도가 있다.

18 ④

④ 전략적 선택이론의 분석 단위는 개별 조직이다.

※ 전략적 선택이론

조직구조는 재량을 지닌 관리자들의 전략적 선택에 의해 결정된다는 주장이다. J. 차일드는 구조적 상황이론을 비판하면서 구조적 상황이론에서 조직구조의 결정 요인으로 간주하고 있는 환경·기술·규모 등은 지배집단의 전략적 선택을 제약하는 제약 요인에 불과하며, 조직구조를 결정하는 절대적인 요인은 지배집단들의 이해관계와 권력이라고 설명한다.

※ 거시 조직 이론의 분류

환경에 대한 인식 분석수준	결정론	임의론
개별조직	• 구조적상황론	• 전략적 선택론 • 자원의존이론
조직군	• 조직군 생태론 • 조직경제학 • 제도화이론	• 공동체 생태론

19 ①

① McClleland의 성취동기이론에 대한 설명이다.

※ V.Vroom의 동기기대이론(VIE)

ⓒ 개념 : 개인의 동기는 자신의 노력이 어떠한 성과를 가져올 것인가 하는 기대와, 그러한 성과가 보상을 가져다주리라는 수단성에 대한 기대감의 복합적 함수에 의해 결정된다.

ⓒ 동기 유발에 영향을 미치는 요인

• 가치(Valence) : 행위의 결과로 얻게 되는 보상에 부여하는 가치. 유의성이라고도 한다.

• 수단성(Instrumentality) : 행위의 1차적 결과가 2차적 결과로서의 보상을 초래할 가능성

• 기대(Expectancy) : 자신의 행동을 통해 1차적 결과물을 가져올 수 있으리라는 자신감

20 ④

④ 특별회계는 특정 사업을 운영하거나 특정 자금을 보유하여 운영하고자 하는 경우 및 특정 세입으로 특정 세출을 충당하는 경우에 설치하는 것으로 행정부의 재량이 확대되어 국회의 예산통제가 곤란해진다.

---

1 ②

② 탈신공공관리론은 신공공관리론에 대한 비판적 관점에서 신공공관리론의 한계를 수정·보완하였다. 탈신공공관리론은 재집권화와 재규제를 주장한다.

2 ③

수직적 계층을 강조하는 구조는 기계적 구조이며, 수평적 조정을 강조하는 구조는 유기적 구조이다. 따라서 기계적 구조에서 유기적 구조 순으로 배열하면 관료제 → 사업부제 구조 → 매트릭스 구조 → 수평구조 → 네트워크이다.

3 ④

① 합리적 선택 제도주의는 방법론적 개체주의 입장에서 제도를 개인으로 환원시킨다.

② 역사적 제도주의는 제도의 지속성과 제도형성의 과정을 강조한다. 제도의 동형화를 강조하는 것은 사회학적 제도주의이다.

③ 기존 경로를 유지하려는 제도의 속성을 강조하는 것은 역사적 제도주의이다.

4 ③

정부업무평가의 종류(정부업무평가 기본법 제3장 참조)

ⓒ 중앙행정기관의 자체평가 : 중앙행정기관의 장은 그 소속기관의 정책등을 포함하여 자체평가를 실시하여야 한다.

ⓒ 지방자치단체의 자체평가 : 지방자치단체의 장은 그 소속기관의 정책등을 포함하여 자체평가를 실시하여야 한다.

ⓒ 국가위임사무등에 대한 평가 : 지방자치단체 또는 그 장이 위임받아 처리하는 국가사무, 국고보조사업 그 밖에 대통령령이 정하는 국가의 주요시책 등에 대하여 국정의 효율적인 수행을 위하여 평가가 필요한 경우에는 행정안전부장관이 관계중앙행정기관의 장과 합동으로 평가를 실시할 수 있다.

ⓒ 공공기관에 대한 평가 : 공공기관에 대한 평가는 공공기관의 특수성·전문성을 고려하고 평가의 객관성 및 공정성을 확보하기 위하여 공공기관 외부의 기관이 실시하여야 한다.

5 ④

④ 능률성은 투입 대비 산출의 비율이며, 효과성은 목표 대비 산출의 비율이므로 능률성이 떨어지더라도 효과성은 높은 값을 가질 수 있다.

① 본질적 가치는 가치 자체가 목적이 되는 가치로 공익성, 정의, 복지, 평등, 자유 등이 해당한다. 경제성은 수단적 가치이다.

② 적극적 의미의 합법성은 상황에 따라 신축성을 부여하는 법의 적합성을 강조한다. 예외 없이 적용하는 법의 안정성을 강조하는 것은 소극적 의미의 합법성이다.

③ 가외성은 여러 기관에 한 가지 기능이 혼합되는 중첩성과, 동일 기능이 여러 기관에서 독립적으로 수행되는 중복성 등을 포괄하는 개념으로, 생존가능성이나 신뢰성·적응성 확보를 위한 가치이다.

6 ②

② 최적모형은 경제적 합리성뿐만 아니라 직관, 판단, 창의 등의 초합리성도 중요시한다.

7 ③

정책평가의 절차
㉠ 정책목표의 확인 : 정책을 통해 달성하고자 하는 목표를 확인하는 단계
㉡ 정책평가 대상 및 기준의 확정 : 평가의 대상과 평가기준을 구체적으로 확정하는 단계
㉢ 인과모형의 설정 : 모형을 통해 현실세계를 단순화하는 단계
㉣ 자료 수집 및 분석 : 관련 자료를 수집하고 분석하는 단계
㉤ 평가 결과의 환류 : 평가 결과를 이용하여 정책의 효과성 제고에 활용하는 단계

8 ①

애드호크라시 ⋯ 전통적 관료제 구조와는 달리 융통적·적응적·혁신적 구조를 지닌 특별임시조직으로 다양한 전문기술을 가진 비교적 이질적인 전문가들이 프로젝트를 중심으로 집단을 구성하여 문제를 해결하는 일시적인 체제를 말한다.
① 일상적 업무 수행의 내부 효율성을 제고하기 위해서는 관료제 형태의 조직이 적합하다.

9 ①

②③ 민원인의 불만율, 신규 고객의 증감 → 고객 관점
④ 조직 내 커뮤니케이션 구조 → 내부 프로세스 관점

※ 균형성과관리(BSC)의 지표별 특징과 내용

관점	특성	내용
재무적 관점	민간 부문에서 중시하는 전통적 후행지표	매출, 자본수익률, 예산대비차이 등
고객 관점	공공부문이 중시하는 대외적 지표	고객만족도, 정책순응도, 민원인의 불만율, 신규 고객의 증감 등
프로세스 (절차) 관점	업무처리 과정 중심 지표	의사결정과정에서의 시민 참여도, 적법절차, 커뮤니케이션 구조 등
학습과 성장 관점	미래적 관점의 선행지표	인적 자원의 역량, 지식의 축적, 정보시스템 구축, 학습동아리 수, 제안 건수, 직무만족도 등

10 ③

정책네트워크 ⋯ 참여자 간 상호작용과 관계를 중심으로 정책과정을 분석하는 모형으로, 정책네트워크 유형으로는 하위정부, 정책공동체, 정책문제망 등이 있다.
③ 이음매 없는 조직은 총체적으로 구성된 유기적 조직으로 애드호크라시와 관련된 조직 모형이다.

11 ①

① 계획예산제도는 정부의 장기적인 계획 수립과 단기적인 예산편성을 유기적으로 결합시킴으로써 자원배분에 관한 의사결정을 합리적으로 행하고자 하는 예산제도로, 의사결정의 집권화를 특징으로 한다.

12 ③

〈공공기관의 운영에 관한 법률 제5조(공공기관의 구분)〉
① 기획재정부장관은 공공기관을 다음에 따라 지정한다.
 1. 공기업·준정부기관: 직원 정원, 수입액 및 자산규모가 대통령령으로 정하는 기준에 해당하는 공공기관
 2. 기타 공공기관: 제1호에 해당하는 기관 이외의 기관
④ 기획재정부장관은 제1항 및 제3항의 규정에 따른 공기업과 준정부기관을 다음 구분에 따라 세분하여 지정한다.
 1. 공기업
 가. 시장형 공기업 : 자산규모와 총수입액 중 자체수입액이 대통령령으로 정하는 기준 이상인 공기업
 나. 준시장형 공기업 : 시장형 공기업이 아닌 공기업

2. 준정부기관
  가. 기금관리형 준정부기관 : 「국가재정법」에 따라 기금을 관리하거나 기금의 관리를 위탁받은 준정부기관
  나. 위탁집행형 준정부기관 : 기금관리형 준정부기관이 아닌 준정부기관

13 ④

① 강등은 1계급 아래로 직급을 내리고 공무원 신분은 보유하나 3개월간 직무에 종사하지 못하며 그 기간 중 보수는 전액을 감한다.〈국가공무원법 제80조 제1항〉
② 정직은 1개월 이상 3개월 이하의 기간으로 하고, 정직처분을 받은 자는 그 기간 중 공무원의 신분은 보유하나 직무에 종사하지 못하며 보수는 전액을 감한다.〈동법 제80조 제3항〉
③ 감봉은 1개월 이상 3개월 이하의 기간 동안 보수의 3분의 1을 감한다.〈동법 제80조 제4항〉

14 ②

② 정치적 타협과 상호 조절을 통해 최적의 예산을 추구하는 것은 점증모형의 특징이다.

15 ①

금품등의 수수 금지의 예외〈공무원 행동강령 제14조 제3항〉
1. 중앙행정기관의 장 등이 소속 공무원이나 파견 공무원에게 지급하거나 상급자가 위로 · 격려 · 포상 등의 목적으로 하급자에게 제공하는 금품등
2. 원활한 직무수행 또는 사교 · 의례 또는 부조의 목적으로 제공되는 음식물 · 경조사비 · 선물 등으로서 중앙행정기관의 장등이 정하는 가액 범위 안의 금품등
3. 사적 거래(증여는 제외)로 인한 채무의 이행 등 정당한 권원에 의하여 제공되는 금품등
4. 공무원의 친족(「민법」 제777조에 따른 친족)이 제공하는 금품등
5. 공무원과 관련된 직원상조회 · 동호인회 · 동창회 · 향우회 · 친목회 · 종교단체 · 사회단체 등이 정하는 기준에 따라 구성원에게 제공하는 금품등 및 그 소속 구성원 등 공무원과 특별히 장기적 · 지속적인 친분관계를 맺고 있는 자가 질병 · 재난 등으로 어려운 처지에 있는 공무원에게 제공하는 금품등
6. 공무원의 직무와 관련된 공식적인 행사에서 주최자가 참석자에게 통상적인 범위에서 일률적으로 제공하는 교통, 숙박, 음식물 등의 금품등
7. 불특정 다수인에게 배포하기 위한 기념품 또는 홍보용품 등이나 경연 · 추첨을 통하여 받는 보상 또는 상품 등
8. 그 밖에 사회상규(社會常規)에 따라 허용되는 금품등

16 ②

정부활동의 일반적이며 총체적인 내용을 보여 주어 일반 납세자가 정부의 예산내용을 쉽게 이해할 수 있도록 설계된 예산의 분류 방법은 기능별 분류로 시민을 위한 분류라고도 한다.

17 ④

④ 예산의 이용과 전용 등 예산 목적 외 사용 금지 원칙의 예외가 존재한다.

18 ②

2009년에 개발된 서울버스 앱의 기반이 되는 웹 기술은 플랫폼 기반의 Web 2.0 기술이다. Web 2.0은 서비스 제공자 중심의 정보 생산보다 사용자 참여를 통한 분산화된 정보 생산이 핵심이며, 정보의 공유가 강조된다는 특징이 있다.
① 하이퍼링크 중심의 Web 1.0에서는 컴퓨터가 정보나 서비스를 제공할 수는 있지만, 사용자 측에서는 데이터나 서비스를 움직이거나 수정 · 활용할 수 없다. 하이퍼텍스트문서 내의 한 요소와 다른 요소를 연결(링크)하여 검색할 수 있는 인터넷환경을 말한다.
③ 시맨틱웹 기반의 Web 3.0 기술에서는 컴퓨터가 사람처럼 정보자원의 뜻을 이해하고 논리적 추론까지 가능하다.
④ 사물인터넷 기반의 Web 3.0은 사물들 간에 인터넷을 유무선으로 서로 연결함으로써 사람과 사물, 사물과 사물 상호간에 정보교환과 소통을 할 수 있는 지능형 정보인프라를 말한다.

19 ④

중앙행정기관의 장과 지방자치단체의 장이 사무를 처리할 때 의견을 달리하는 경우 이를 협의 · 조정하기 위하여 국무총리 소속으로 행정협의조정위원회를 둔다〈지방자치법 제168조(중앙행정기관과 지방자치단체 간 협의조정) 제1항〉.
※ 우리나라 분쟁조정제도

지방정부 상호간	• 동일 시 · 도내 기초단체 간	지방분쟁조정위원회의 의결에 따라 시 · 도지사가 조정 결정
	• 광역과 기초단체 간 • 시 · 도를 달리하는 기초단체 간	중앙분쟁조정위원회의 의결에 따라 행정안전부 장관이 조정 결정
중앙정부와 지방정부 간	국무총리 소속 행정협의조정위원회에서 조정	

20 ①

① 기관위임사무에 소요되는 비용은 원칙적으로 위임기관이 전액 부담한다.

※ 부담금과 교부금〈지방재정법 제21조〉
　① 지방자치단체나 그 기관이 법령에 따라 처리하여야 할 사무로서 국가와 지방자치단체 간에 이해관계가 있는 경우에는 원활한 사무처리를 위하여 국가에서 부담하지 아니하면 아니 되는 경비는 국가가 그 전부 또는 일부를 부담한다.
　② 국가가 스스로 하여야 할 사무를 지방자치단체나 그 기관에 위임하여 수행하는 경우 그 경비는 국가가 전부를 그 지방자치단체에 교부하여야 한다.

2017. 4. 8
인사혁신처 시행

---

1 ①

대표관료제 … 사회를 구성하는 주요 집단으로부터 인구 비례에 따라 관료를 충원함으로써, 정부관료제가 그 사회의 모든 계층과 집단에 공평하게 대응하도록 하는 인사 제도를 말한다.
① 엽관주의의 폐단을 시정하기 위해 등장한 것은 실적주의이다.

2 ③

신행정론은 행정행태론 등 기존의 행정학을 비판하면서 대두된 가치주의의 행정학이다. 행정행태들이 강조하는 실증주의와 과학주의에서 벗어나 행정의 규범성, 가치의 발견과 실천, 개인과 조직의 윤리성, 고객 중심의 행정, 사회형평의 실현 등 현실의 문제를 해결하려고 하였다.

3 ④

④ 법규와 절차 준수의 강조는 관료제 내 구성원들의 비정의성, 즉 조직의 구성원이나 고객이 개인적인 특성에 관계없이 공평하게 취급하는 것을 유지하도록 한다. 베버는 그의 관료제의 이념형에서 이러한 원칙을 근대적 관료제의 한 특징으로 제시했다.

4 ③

계급제는 공무원이 가지는 학력, 경력, 자격 등 개인적 특성을 기준으로 하여 유사한 특성을 가진 공무원을 하나의 범주로 구분해 계급을 형성하는 제도를 말한다.

※ 계급제의 장단점
　㉠ 장점
　　• 보다 많은 일반교양과 능력을 가진 사람을 채용할 수 있다.
　　• 인사배치상에 제약이 없으므로 능력과 개성에 따라 인재를 적재적소에 배치할 수 있다.
　　• 내부승진과 전보가 가능하므로 공무원은 장기간 근무를 할 수 있어 능력개발에 유리하다.
　　• 공무원은 특정한 직책과 관계없이 신분을 유지하므로 안정감을 갖고 업무를 수행할 수 있다.
　　• 공무원의 이동이 폭 넓게 이루어질 수 있다.
　㉡ 단점
　　• 일반교양과 능력을 가진 사람을 채용하기 때문에 행정을 전문화시키기 어렵다.
　　• 직무의 성격과 내용에 따라 인사배치를 하는 것이 아니므로 인사행정에 있어서의 객관적인 기준을 제공해 주지 못한다.
　　• 동일한 직급의 직위 간에 책임의 한계가 불명확하기 때문에 역할의 중복과 충돌이 생겨날 수 있다.

5 ③

③ 지방자치단체합동평가위원회의 위원장은 민간위원 중에서 행정안전부장관이 지명한다〈정부업무평가 기본법 시행령 제18조 제2항〉. 출제 당시의 행정자치부는 행정안전부로 명칭이 변경되었다.
① 지방자치단체와 공공기관 역시 평가대상에 포함된다.
② 관세청장은 정부조직법상 중앙행정기관이므로 정부업무평가기본법에 따라 자체평가를 실시하여야 하며 자체평가위원회를 구성 · 운영한다.
④ 정부업무평가위원회의 위원은 기획재정부장관, 행정안전부장관, 국무조정실장 등이 된다〈정부업무평가 기본법 제10조 제3항 참조〉.

6 ③

① 정책지지 연합모형은 통합모형이다.
②④ 하향식 접근방법과 관련된 설명이다.

7 ①
① 허즈버그의 욕구충족요인 이원론은 인간의 욕구 충족에 대해 동기요인과 위생요인으로 2원화시키고 있다. 욕구의 계층화를 시도한 것은 매슬로의 욕구단계이론과 앨더퍼의 ERG이론이다.

8 ④
① 감사원은 헌법에서 정하는 기관이다. 국가의 세입·세출의 결산, 국가 및 법률이 정한 단체의 회계검사와 행정기관 및 공무원의 직무에 관한 감찰을 하기 위하여 대통령 소속하에 감사원을 둔다〈헌법 제97조〉.
② 금융감독원은 「금융위원회의 설치 등에 관한 법률」에 따른 특수법인이다.
③ 소청심사위원회는 인사혁신처 소속이다. 행정기관 소속 공무원의 징계처분, 그 밖에 그 의사에 반하는 불리한 처분이나 부작위에 대한 소청을 심사·결정하게 하기 위하여 인사혁신처에 소청심사위원회를 둔다〈국가공무원법 제9조 제1항〉. 행정자치부는 행정안전부로 명칭이 변경되었다.

9 ③
① 집단 간 상호작용의 산물이 공익이라고 보는 것은 과정설이다.
② 플라톤과 루소는 실체설의 대표적인 학자이다.
④ 공익과 사익이 명확히 구분된다는 입장은 실체설의 관점이다.

10 ②
전략적 인적자원관리란 조직의 비전 및 목표, 조직 내부 상황, 조직 외부환경을 모두 고려해 가장 적합한 인력을 개발·관리해 조직의 목표를 극대화하고자 하는 인사관리를 말한다.
② 전략적 인적자원관리는 조직과 개인 목표의 통합을 강조한다.

11 ③
③ 세종특별자치시의 관할구역에는 「지방자치법」 제2조 제1항 제2호의 지방자치단체(시, 군, 구)를 두지 아니한다〈세종특별자치시 설치 등에 관한 특별법 제6조 제2항〉.

12 ②
부정청탁 금지의 예외사항〈부정청탁 및 금품등 수수의 금지에 관한 법률 제5조 제2항〉
1. 「청원법」, 「민원사무 처리에 관한 법률」, 「행정절차법」, 「국회법」 및 그 밖의 다른 법령·기준에서 정하는 절차·방법에 따라 권리침해의 구제·해결을 요구하거나 그와 관련된 법령·기준의 제정·개정·폐지를 제안·건의하는 등 특정한 행위를 요구하는 행위
2. 공개적으로 공직자등에게 특정한 행위를 요구하는 행위
3. 선출직 공직자, 정당, 시민단체 등이 공익적인 목적으로 제3자의 고충민원을 전달하거나 법령·기준의 제정·개정·폐지 또는 정책·사업·제도 및 그 운영 등의 개선에 관하여 제안·건의하는 행위
4. 공공기관에 직무를 법정기한 안에 처리하여 줄 것을 신청·요구하거나 그 진행상황·조치결과 등에 대하여 확인·문의 등을 하는 행위
5. 직무 또는 법률관계에 관한 확인·증명 등을 신청·요구하는 행위
6. 질의 또는 상담형식을 통하여 직무에 관한 법령·제도·절차 등에 대하여 설명이나 해석을 요구하는 행위
7. 그 밖에 사회상규에 위배되지 아니하는 것으로 인정되는 행위

13 ④
무의사결정이란 지배집단의 가치나 이익에 대한 잠재적 도전 가능성이 있는 정책문제가 의제의 지위에 도달하기 이전에 정책 관련자들이 폭력 또는 편견을 동원해 질식시키거나, 집행 단계에서 좌절시키는 것을 말한다.
① 무의사결정은 엘리트집단의 이해관계와 부합하지 않는 이슈를 정책의제로 설정하지 않고자 한다.
② 무의사결정은 다원주의이론을 비판하였다.
③ 무의사결정은 정책의 전과정에서 일어난다.

14 ②
② 최적모형은 합리모형과 점증모형 등 기존의 모형을 비판하며 등장한 정책결정모형으로, 올바른 정책결정을 위해 대안을 검토하고 결정하는 단계만이 아니라 정책결정 준비단계에서부터 정책집행 단계에 이르기까지 모든 정책과정에 대하여 새롭게 검토되어야 최적의 결정을 할 수 있다고 본다. 또한 정책결정의 지침을 결정하는 데는 합리성만이 아니라 직관이나 판단력과 같은 초합리적인 요소도 중요시해야 한다는 이론이다.

15 ①

〈공직윤리법 제17조(퇴직공직자의 취업제한) 제1항〉

「공직윤리법」 제3조 제1항 제1호부터 제12호까지의 어느 하나에 해당하는 공직자와 부당한 영향력 행사 가능성 및 공정한 직무수행을 저해할 기능성 등을 고려하여 국회규칙, 대법원규칙, 헌법재판소규칙, 중앙선거관리위원회규칙 또는 대통령령으로 정하는 공무원과 공직유관단체의 직원은 퇴직일로부터 3년간 기관(취업심사대상기관)에 취업할 수 없다. 다만, 관할 공직자윤리위원회로부터 취업심사대상자가 퇴직 전 5년 동안 소속하였던 부서 또는 기관의 업무와 취업심사대상기관 간에 밀접한 관련성이 없다는 확인을 받거나 취업승인을 받은 때에는 취업할 수 있다.

16 ②

② 계획예산제도는 단위사업을 사업–재정계획에 따라 장기적인 예산편성 쪽으로 방향을 잡았다면, 영기준예산제도는 당해 연도의 예산 제약 조건을 먼저 고려하여 매년 '0'의 상태에서 시작한다.

17 ①

① 자치분권 및 지방행정체제 개편을 추진하기 위하여 대통령 소속으로 자치분권위원회를 둔다〈지방자치분권 및 지방행정체제 개편에 관한 특별법 제44조(자치분권위원회의 설치)〉.

※ 2018년에 지방분권 → 자치분권, 지방자치발전위원회 → 자치분권위원회로 개정

18 ①

① X–비효율성은 정부실패의 원인 중 하나로, 정부 또는 공기업 등이 독점적 지위를 가짐으로써 관리효율성을 극대화하려는 유인이 부족해 생산의 효율성이 떨어지는 현상을 말한다.

19 ④

① 「방송법」에 따른 한국방송공사는 법인이다.
② 한국마사회는 준시장형 공기업에 해당한다.
③ 한국연구재단은 위탁집행형 준정부기관이다.

※ 〈공공기관의 운영에 관한 법률 제5조(공공기관의 구분)〉

　① 기획재정부장관은 공공기관을 다음에 따라 지정한다.

　　1. 공기업·준정부기관 : 직원 정원, 수입액 및 자산규모가 대통령령으로 정하는 기준에 해당하는 공공기관

　　2. 기타 공공기관 : 제1호에 해당하는 기관 이외의 기관

② 제1항 제1호에도 불구하고 기획재정부자관은 다른 법률에 따라 책임경영체제가 구축되어 있거나 기관 운영의 독립성, 자율성 확보 필요성이 높은 기관 등 대통령령으로 정하는 기준에 해당하는 공공기관은 기타공공기관으로 지정할 수 있다.

③ 기획재정부장관은 제1항의 규정에 따라 공기업과 준정부기관을 지정하는 경우 총수입액 중 자체 수입액이 차지하는 비중이 대통령령으로 정하는 기준 이상인 기관은 공기업으로 지정하고, 공기업이 아닌 공공기관은 준정부기관으로 지정한다.

④ 기획재정부장관은 제1항 및 제3항의 규정에 따른 공기업과 준정부기관을 다음 구분에 따라 세분하여 지정한다.

　1. 공기업

　　가. 시장형 공기업 : 자산규모와 총수입액 중 자체수입액이 대통령령으로 정하는 기준 이상인 공기업

　　나. 준시장형 공기업 : 시장형 공기업이 아닌 공기업

　2. 준정부기관

　　가. 기금관리형 준정부기관 : 「국가재정법」에 따라 기금을 관리하거나 기금의 관리를 위탁받은 준정부기관

　　나. 위탁집행형 준정부기관 : 기금관리형 준정부기관이 아닌 준정부기관

⑤ 기획재정부장관은 제1항 및 제2항에 따라 기타공공기관을 지정하는 경우 기관의 성격 및 업무 특성 등을 고려하여 기타공공기관 중 일부를 연구개발을 목적으로 하는 기관 등으로 세분하여 지정할 수 있다.

⑥ 제3항 및 제4항의 규정에 따른 자체수입액 및 총수입액의 구체적인 산정 기준과 방법 및 제5항에 따른 기타공공기관의 종류와 분류의 세부 기준은 대통령령으로 정한다.

20 ①

① 중기지방재정계획은 「지방재정법」에 근거한 사전예산제도로 지방재정의 건전화를 추구한다.

1 ④

④ 우리나라의 예산의 형식은 의결주의이므로 대통령은 국회가 의결하여 확정한 본예산에 대하여 재의를 요구할 수 없다.

2 ①

① 인·허가, 등록 등 진입규제는 경제적 규제에 해당한다.
②③④ 사회적 규제에 해당한다.

3 ③

③ 분업의 원리에 따라 조직 전체의 업무를 종류와 성질별로 나누어 조직구성원이 가급적 한 가지의 주된 업무만을 전담하게 하면, 자신이 소속된 부서만을 생각하고 다른 부서에 대해 배려하지 않는 부처할거주의와 전문가의 편협한 시각이 전문가를 무능하게 만든다는 훈련된 무능 등의 문제점이 발생한다. 따라서 부서 간 의사소통과 조정이 중요해진다.

4 ②

① 「공무원 제안 규정」상 우수한 제안을 제출한 공무원에게는 인사상 특전을 부여하거나 상여금을 지급할 수 있다.
③ 6급 이하 공무원의 고충 심사는 각 부처에 설치된 보통고충심사위원회에서, 5급 이상의 공무원의 고충 심사는 중앙고충심사위원회가 각각 담당하며, 중앙고충심사위원회는 중앙인사관장기관(행정부는 인사혁신처)에 둔다.
④ 성과상여금은 사람과 연공 중심이 아닌 직무수행의 성과를 측정하여 그 결과에 따라 보수를 차등적으로 지급하는 방식으로 공직의 경쟁력 향상을 목적으로 한다.

5 ③

〈정부업무평가 기본법 3장(정부업무평가의 종류 및 절차) 참조〉
정부업무평가의 종류 … 중앙행정기관의 자체평가, 지방자치단체의 자체평가, 국가위임사무등에 대한 평가, 공공기관에 대한 평가, 재평가, 특정평가 등이 있다.

6 ③

③ 문제구조화는 상호 관련된 4가지 단계인 문제의 감지, 문제의 탐색, 문제의 정의, 문제의 구체화로 구성되어 있다.

7 ①

① 정책집행연구의 하향론자들은 성공적인 정책의 집행을 위해서는 목표가 명확해야 하고 조직구조는 단순해야 한다고 주장한다.

8 ②

② 법률 제정은 국회의 권한이며, 사법적 판단은 사법부의 권한이다.

9 ④

④ 아담스의 공평성 이론에 대한 설명이다.
※ **브룸의 기대이론**
　　㉠ 기대치 : 자신의 노력이 성과를 달성하여 높은 등급의 실적평가를 받을 수 있다는 기대치
　　㉡ 수단치 : 높은 등급의 실적평가를 받으면 많은 보상을 받을 수 있다는 수단치
　　㉢ 유인가 : 내가 받을 보상은 나에게 가치 있는 것이라는 유인가(주관적)

10 ①

① 고위공무원에 대해서는 별표31에 따라 직무성과급적 연봉제를 적용한다. 다만, 대통령경호처 직원 중 고위공무원단에 속하는 별정직공무원에 대해서는 호봉제를 적용한다.
〈공무원보수규정 제63조 제1항〉
※ 「**공무원보수규정**」 **별표31**
직무성과급적 연봉제-고위공무원단에 속하는 공무원(대통령경호처 직원 중 별정직공무원은 제외한다)

11 ④

빅데이터의 3대 특징으로는 크기(데이터의 물리적 크기), 다양성(데이터의 형태), 속도(데이터의 처리 능력)가 있다.

12 ④

④ 업무량의 변동이 심하거나 원자재의 공급이 불안정한 경우, 업무를 세분화하기 어려워 분업을 유지하기 어렵다.

13 ①

① 「공공기관의 운영에 관한 법률」에 따라 기획재정부장관은 공기업 · 준정부기관의 경영실적을 평가한다. 그러나 3년 연속 최하등급을 받았다고 공기업을 민영화하는 것은 아니며, 평가결과에 따라 기관장의 인사조치를 취할 수는 있다.

14 ④

제시된 내용은 예산총계주의 원칙에 대한 설명이다.
④ 2014년 「국가재정법」 개정 당시 삭제된 조항이다.
※ 예산총계주의 원칙의 예외〈국가재정법 제53조 참조〉
　① 각 중앙관서의 장은 용역 또는 시설을 제공하여 발생하는 수입과 관련되는 경비로서 대통령령이 정하는 경비(수입대체경비)에 있어 수입이 예산을 초과하거나 초과할 것이 예상되는 때에는 그 초과수입을 대통령령이 정하는 바에 따라 그 초과수입에 직접 관련되는 경비 및 이에 수반되는 경비에 초과지출할 수 있다.
　② 국가가 현물로 출자하는 경우와 외국차관을 도입하여 전대(轉貸)하는 경우에는 이를 세입세출예산 외로 처리할 수 있다.
　③ 차관물자대(借款物資貸)의 경우 전년도 인출예정분의 부득이한 이월 또는 환율 및 금리의 변동으로 인하여 세입이 그 세입예산을 초과하게 되는 때에는 그 세출예산을 초과하여 지출할 수 있다.
　④ 전대차관을 상환하는 경우 환율 및 금리의 변동, 기한 전 상환으로 인하여 원리금 상환액이 그 세출예산을 초과하게 되는 때에는 초과한 범위 안에서 그 세출예산을 초과하여 지출할 수 있다.
　⑤ 수입대체경비 등 예산총계주의 원칙의 예외에 관하여 필요한 사항은 대통령령으로 정한다.

15 ③

③ 교차기능조직은 행정체제 전반에 걸쳐 관리작용을 분담하여 수행하는 참모적 조직단위들로서, 교차기능조직은 계선기관의 의사결정에 동의 및 협의함으로써 사전적 통제역할을 수행하는 내부통제기구이다.

16 ②

특별회계의 설치〈정부기업예산법 제3조〉 … 정부기업을 운영하기 위하여 다음의 특별회계를 설치하고 그 세입으로써 그 세출에 충당한다.
1. 우편사업특별회계
2. 우체국예금특별회계
3. 양곡관리특별회계
4. 조달특별회계

17 ③

③ 지방교부세의 종류는 보통교부세, 특별교부세, 부동산교부세, 소방안전교부세로 구분한다.〈지방교부세법 제3조〉

18 ①

① 조직 배태성의 특징은 조직구성원들이 행동할 때 사회규범을 고려하기 때문에 경제적 이익이 다소 떨어지더라도 정당성을 추구하는 행위를 하려는 것이다. 배태성은 제도적 동형화와 연관되며 사회학적 신제도주의에서 중시하는 제도적 환경이다.

19 ②

② 우리나라는 조세법률주의에 의하여 세목과 세율을 법률로써 정하도록 하고 있다. 따라서 지방자치단체는 독립된 조례를 제정하여 지방 세목을 설치할 수 없다.

20 ③

③ 정부직 공무원은 정치적 이념에 따라 정책문제를 바라보고, 직업관료는 직업적 전문성에 따라 정책문제를 정의한다.

2017. 6. 24
제2회 서울특별시 시행

---

1 ④

④ 사회적 효율성은 인간관계론의 등장과 함께 강조되었다. 과학적 관리론은 기계적 효율성을 강조하였다.

2 ④

④ 엘모어(R. F. Elmore)는 일선현장에 종사하는 공무원이 정책집행에 가장 큰 영향을 미치는 행위자라고 하면서, 이를 후방접근법(backward mapping)이라고 했다.

3 ③

① 근무성적평가는 5급 이하 공무원을 대상으로 한다.〈공무원 성과평가에 등에 관한 규정 제2조〉
② 근무성적평가는 정기평가와 수시평가로 구분하여 실시하며, 정기평가 또는 정기평정은 6월 30일과 12월 31을 기준으로 실시한다. 〈동법 제5조〉

④ 평가자는 근무성적평정이 공정하고 타당하게 실시될 수 있도록 하기 위하여 근무성적평정 대상 공무원과 성과면담을 실시하여야 한다. <동법 제20조>

4 ④
① TQM과 MBO 모두 Y이론적 인간관에 기반하고 있다.
② TQM과 MBO 모두 분권화된 조직관리 방식이다.
③ TQM이 고객만족도 중심의 대응성에 초점을 둔다면, MBO는 조직 내부 성과의 효율성에 초점을 둔다.

5 ③
※ 「지방공기업법」・「지방공기업법 시행령」 참조
③ 지방직영기업에 소속된 직원은 공무원 신분이다.
④ 출제 당시의 행정자치부는 2017년 행정안전부로 명칭이 변경되었다.

6 ④
④ 변혁적 리더십은 거래적 리더십과 대별되는 리더십 모델이다. 변혁적 리더십은 임무, 성공의 비전, 공유하는 가치, 추종자들이 리더를 신뢰하고 확신할 수 있도록 유도하는 카리스마, 재활력, 부하에 대한 권한 부여와 개발, 조직구성원들의 높은 관여와 실적을 호소하는 유사한 장치들을 강조한다.

7 ②
② 금융위기가 심각함에도 불구하고 국민들의 동요나 기업 활동의 위축을 막기 위해 공직자가 거짓말을 하는 것은 백색부패에 해당한다.
④ 공금횡령, 개인적인 이익편취, 회계 부정 등은 사기형 부패에 해당한다. 사기형 부패는 비거래형 부패이다. 거래형 부패는 뇌물을 매개로 이권이나 특혜를 불법적으로 제공하는 전형적 부패유형이다.
※ 부패의 유형
　㉠ 백색부패 : 이론상 부패행위로 규정될 수 있으나 사회구성원의 다수가 어느 정도 용인하는 관례화된 부패로, 사회체제에 심각한 파괴적 영향을 미치지 않는다.
　㉡ 회색부패 : 사회체제에 파괴적인 영향을 미칠 수 있는 잠재성을 지닌 부패로서, 사회구성원 가운데 일부집단은 처벌을 원하지만 다른 일부집단은 처벌을 원하지 않는 경우의 부패를 말한다.
　㉢ 흑색부패 : 사회체제에 명백하고 심각한 해를 끼치는 부패로 구성원 모두가 인정하고, 처벌을 원하는 부패를 말한다.

8 ④
④ 현재 우리나라 인사혁신처는 비독립단독제 중앙인사기관으로 설립되어 있다.

9 ①
① 다면평가제도는 감독자뿐 아니라 부하, 동료, 민원인 등을 평가자로 참여시키는 방법으로, 개별평가자의 오류를 방지하고 평가의 공정성을 확보할 수 있다. 단, 합의를 통해 평가 결과를 도출하는 것은 아니다.

10 ③
① 행정절차법 – 협의형
② 국민의 입법 제안 – 정책결정형
④ 정보공개법 – 정보제공형
※ 온라인 시민참여의 유형과 관련 제도

유형	특징	관련제도
정보제공형	정부의 일방적 정보 제공	• 정보공개제도
협의형	정부와 시민의 쌍방향 소통 (정책적 순응확보 목적)	• 옴부즈만 제도 • 행정절차법
정책결정형	시민들의 적극적 참여, 주도적 결정	• 주민참여예산제도 • 주민발안

11 ④
④ 영기준 예산제도는 기존 사업과 새로운 사업을 구분하지 않고 매년 모든 사업의 타당성을 영기준에서 엄밀히 분석해 예산을 편성하는 제도로 의사결정 지향 또는 감축 지향적이다.

12 ③
의사결정자가 각 대안의 결과를 알고는 있으나 대안 간 비교 결과 어떤 것이 최선의 결과인지를 알 수 없어(비비교성) 의사결정과정에 갈등이 발생할 수 있다.
① 비수락성 : 각 대안의 결과를 알지만 대안들이 만족 기준을 충족시키지 못해 의사결정을 하지 못하는 경우
② 불확실성 : 각 대안이 초래할 결과를 알 수 없어 의사결정을 하지 못하는 경우

13 ②

① 총사업비관리제도는 1994년에, 예비타당성조사제도는 1999년에 도입되었다.

③ 토목사업은 500억 원 이상일 경우 총사업비관리 대상이다.

④ 재정사업자율평가제도는 2005년부터 실시되었다.

14 ②

① 직업공무원제는 장기근무를 장려하고 행정의 계속성과 일관성을 유지하는 데 긍정적인 제도로 폐쇄형 인사제도 및 일반행정가주의에 입각하고 있다.

③ 실적주의는 개인의 능력이나 자격, 적성에 기초한 실적을 임용기준으로 삼는 인사행정제도로 정치지도자들의 행정 통솔력을 약화시킨다. 정치지도자들의 행정 통솔력을 강화시키는 데 기여하는 것은 엽관주의이다.

④ 대표관료제는 출신지역이나 집단에 대한 정부의 대응성을 향상시키지만 실적주의를 약화하여 행정의 능률성을 저해하는 단점이 있다.

15 ②

② 지방세의 목적세로는 지역자원시설세와 지방교육세가 있다.〈지방세기본법 제7조〉

• 지방세의 보통세 : 취득세, 등록면허세, 레저세, 담배소비세, 지방소비세, 주민세, 지방소득세, 재산세, 자동차세

16 ①

① 시민에 대한 봉사지향적 정부는 신공공서비스(NPS)의 원리에 해당한다.

※ 오스본(D. Osborne)과 게블러(T. Gaebler)의 바람직한 정부 운영의 10대 원리

㉠ 촉진적 정부 : 정부의 역할로서 직접 노젓기보다 방향 설정을 중시하는 정부

㉡ 시민소유 정부 : 지역사회에 권한 부여와 주민참여를 중시하는 정부

㉢ 경쟁적 정부 : 보다 능률적 · 창의적인 경쟁력을 갖춘 정부

㉣ 사명지향적 정부 : 규칙 · 규정 위주의 정부가 아니라 실질적인 사명을 중시하는 임무위주의 정부

㉤ 성과지향적 정부 : 투입보다 결과에 중점을 두는 정부

㉥ 고객위주의 정부 : 관료의 편의가 아니라 고객의 요구에 충실한 정부

㉦ 기업가적 정부 : 지출보다 수익을 높이는 기업적인 정부

㉧ 미래대비적 정부 : 사후조치보다 사전예방을 강구할 수 있는 대비적 정부

㉨ 분권적 정부 : 계층제 위주가 아닌 참여와 팀워크 중심의 분권적 정부

㉩ 시장지향적 정부 : 시장원리에 따라 행정서비스의 수요 · 공급을 행할 수 있는 정부

17 ②

② 전용이란 행정 과목 간 상호 융통으로, 각 중앙관서의 장은 예산의 목적범위 안에서 재원의 효율적 활용을 위하여 기획재정부장관의 승인을 얻어 각 세항 또는 목의 금액을 전용할 수 있다.

18 ①

②③④는 신공공관리주의의 공공서비스에 해당하는 설명이다.

19 ③

③ 회사모형에서 의사결정주체는 하위부서이고, 이들의 관계는 느슨하게 결합되어 조직의 의사결정 통제가 어렵다.

20 ①

② 브레인스토밍 : 여러 사람이 모여 문제 해결을 위한 다양한 아이디어를 자유롭게 제시하고, 이러한 아이디어들을 취합 · 수정 · 보완해, 정상적인 사고방식으로는 생각해낼 수 없는 독창적인 아이디어를 얻는 방법

③ 지명반론자 기법 : 집단을 둘로 나누어 한 집단이 제시한 의견에 대해서 반론자로 지명된 집단의 반론을 듣고 토론을 벌여 본래의 안을 수정하고 보완하는 일련의 과정을 거친 후 최종 대안을 도출하는 방법

④ 명목집단 기법 : 제한된 토론 후 표결로 대안을 확정짓는 집단적 미래예측기법

2017. 12. 16
지방직 추가선발 시행

1 ②

② 노젓기(rowing)는 전통적 행정이론에서, 방향잡기(steering)는 신공공관리론에서 주장한 정부의 역할이다. 신공공서비스론은 정부의 역할로 시민에게 봉사하는 것을 주장한다.

2 ①

① 부성화란 조직의 기능을 가장 능률적·합리적으로 달성하기 위하여 어떠한 기준에 입각하여 부처를 편성할 것인가에 관한 이론으로 Gulick이 주장하였다. 부성화의 원리는 분업에 관한 원리에 해당한다.

3 ②

딜레마란 '의사결정을 해야 할 정책결정자가 선택을 하지 못하고 있는 곤란한 상황'으로, 상충되는 대안 중에서 어느 하나를 선택하기에는 포기해야 하는 것에서 오는 손실이 너무 크기 때문에 어느 쪽도 선택하기 어려운 상황이라고 할 수 있다. 딜레마의 구성 요소로는 두 개의 대안 존재, 대안의 분절성, 가치의 균형성, 양립불가능성, 선택불가피성 등이 있다.
① 부정확한 정보와 의사결정자의 결정 능력 한계가 아닌 상충되는 대안 중 선택과 포기로 인해 발생하는 딜레마 상황에 주목한다.
③④ 딜레마 상황의 두 대안은 절충이 불가능한 분절성을 가진다. 어떤 식의 결정이든 해야 함을 의미하는 것은 선택불가피성이다.

4 ①

② 기계적 조직에서는 효율적인 조직 운영을 위해 권한과 책임이 고위결정자에게 집중되어 있다.
③ 위원회조직은 복수의 위원들 간 합의에 의해 의사결정이 이루어진다는 면에서 독임제로 운영되는 계층제와 차별성이 있다.
④ 애드호크라시는 변화에 신속하게 대응할 수 있다는 장점이 있지만, 전통적인 관료제 구조를 대체하지는 않는다. 애드호크라시는 전통적 관료제와 보완 관계에 있다.

5 ③

① 현대 엘리트이론은 국가가 소수의 지배자(엘리트)와 다수의 피지배자로 구분된다고 본다.
② 공공선택론은 집단 이익보다는 사적 이익을 위한 합리적 선택에 초점을 둔다.
④ 조합주의이론은 정책과정에서 국가가 적극적인 역할을 해야 한다고 본다. 국가의 역할을 소극적·제한적이라고 보는 것은 다원주의이론이다.

6 ④

① 하위정부의 참여자가 정책공동체의 참여자에 비해 더 제한적이다.
② 일시적이고 느슨한 형태의 집합체는 이슈네트워크이다.
③ 이슈네트워크는 특정 영역에 이해관계가 있거나 관심을 가지는 사람들이 광범위하게 참여한다. 비교적 소수의 엘리트들이 협력하여 특정한 영역의 정책결정을 지배하는 것은 정책네트워크이다.

※ 정책네트워크 유형

구분	하위정부	이슈네트워크	정책공동체
참여자	관료, 의회 상임위, 이익집단	광범위한 다수, 개방적	관료, 전문가 등의 제한적 참여
참여자간 관계	이해관계 일치(동맹적)	경쟁적, 갈등적. 제로섬게임	의존적, 협력적, 정합게임
안정성	안정적, 폐쇄적	유동적, 일시적	지속적, 장기적
정책산출 예측 가능성	분야별 정책 지배	곤란	가능

7 ④

A – 가우스(Gaus)
B – 귤릭(Gulick) (최고관리층의 7대 기능 : POSDCoRB)
C – 디목(Dimock), 애플비(Appleby) 등 (정치행정일원론)

8 ④

① 서열법은 직무와 직무를 직접 비교하기 때문에 비용이 절감되지만, 평가자의 주관이 개입할 소지가 크다는 단점이 있다.

② 점수법은 직무평가표에 따라 구성요소별 점수를 매기고, 이를 합계해 총점을 계산하므로 시간과 노력이 많이 든다는 단점이 있다.

③ 요소비교법은 시행하기에 시간과 비용이 많이 들어 광범위하게 사용되기 어렵다.

9 ②

③ 행정부 국가공무원의 정원 : 교원 > 일반직 > 경찰(2020. 8. 27. 기준)

〈국가공무원법 제2조(공무원의 구분)〉

① 국가공무원은 경력직공무원과 특수경력직공무원으로 구분한다.

② "경력직공무원"이란 실적과 자격에 따라 임용되고 그 신분이 보장되며 평생 동안(근무기간을 정하여 임용하는 공무원의 경우에는 그 기간 동안을 말한다) 공무원으로 근무할 것이 예정되는 공무원을 말하며, 그 종류는 다음 각 호와 같다.

　1. 일반직공무원 : 기술·연구 또는 행정 일반에 대한 업무를 담당하는 공무원

　2. 특정직공무원 : 법관, 검사, 외무공무원, 경찰공무원, 소방공무원, 교육공무원, 군인, 군무원, 헌법재판소 헌법연구관, 국가정보원의 직원, 경호공무원과 특수 분야의 업무를 담당하는 공무원으로서 다른 법률에서 특정직 공무원으로 지정하는 공무원

③ "특수경력직공무원"이란 경력직공무원 외의 공무원을 말하며, 그 종류는 다음 각 호와 같다.

　1. 정무직공무원

　가. 선거로 취임하거나 임명할 때 국회의 동의가 필요한 공무원

　나. 고도의 정책결정 업무를 담당하거나 이러한 업무를 보조하는 공무원으로서 법률이나 대통령령에서 정무직으로 지정하는 공무원

　2. 별정직공무원 : 비서관·비서 등 보좌업무 등을 수행하거나 특정한 업무 수행을 위하여 법령에서 별정직으로 지정하는 공무원

10 ②

적립방식은 연금급여비의 재원을 보험료 등의 수입에 의해 미리 적립하는 방식으로, ①③④ 등의 장점이 있으나 인플레이션 화폐가치의 변동에 약하다는 단점이 있어 인플레이션이 심할 경우 연금급여의 실질가치를 유지하기 어렵다.

11 ①

① 품목별 예산제도는 지출의 대상에 따라 예산을 편성하는 통제적 예산제도로, 비교적 운영하기 쉬우며 회계책임이 분명하다는 장점이 있다.

12 ④

④ 의결기관과 집행기관을 이원적으로 구성해 상호견제와 균형을 도모하는 것은 기관대립형이다.

13 ④

④ 하향식 예산관리모형인 총액배분 자율편성 예산제도는 전략적 재원배분을 촉진한다.

14 ③

③ 행정명령·처분·규칙의 위법여부를 심사하는 외부통제 방법은 사법통제이다.

15 ②

② 관할 범위가 넓을수록 접근성이 떨어져 이용자인 고객의 편리성이 떨어진다.

16 ④

규제영향분석이란 규제로 인하여 국민의 일상생활과 사회·경제·행정 등에 미치는 여러 가지 영향을 객관적이고 과학적인 방법을 사용하여 미리 예측·분석함으로써 규제의 타당성을 판단하는 기준을 제시하는 것이다.

④ 규제의 비용과 편익의 균형에 주안점을 둔다.

17 ③

① 지방자치단체의 장은 그 소속기관의 정책 등을 포함하여 자체평가를 실시하여야 한다〈정부업무평가 기본법 제18조 제1항〉.

② 자체평가라 함은 중앙행정기관 또는 지방자치단체가 소관 정책 등을 스스로 평가하는 것을 말한다〈정부업무평가 기본법 제2조 제3호〉.

④ 특정평가라 함은 국무총리가 중앙행정기관을 대상으로 국정을 통합적으로 관리하기 위하여 필요한 정책 등을 평가하는 것을 말한다〈정부업무평가 기본법 제2조 제4호〉.

18 ③

③ 점증주의적 예산결정은 선형적 과정을 중시하는 합리주의적 예산결정과 달리 다수의 참여자들 간 고리형의 상호작용을 통한 합의를 중시한다.

19 ④

④ 내부프로세스 관점은 개별 부서 및 구성원 간 소통을 중시하는 관점으로, 개별 부서별 일처리 방식보다 통합적인 일처리 절차에 초점을 맞춘다.

※ 균형성과관리(BSC)의 지표별 특징과 내용

관점	특성	내용
재무적 관점	민간 부문에서 중시하는 전통적 후행지표	매출, 자본수익률, 예산대비 차이 등
고객 관점	공공부문이 중시하는 대외적 지표	고객만족도, 정책순응도, 민원인의 불만율, 신규 고객의 증감 등
프로세스 (절차) 관점	업무처리 과정 중심 지표	의사결정과정에서의 시민참여도, 적법절차, 커뮤니케이션 구조 등
학습과 성장 관점	미래적 관점의 선행지표	인적 자원의 역량, 지식의 축적, 정보시스템 구축, 학습동아리 수, 제안 건수, 직무만족도 등

20 ③

③ 행정지도는 비권력적 사실행위로 별도의 입법절차 없이 활용할 수 있다.

2018. 4. 7
인사혁신처 시행

---

1 ①

① 상황적응적 접근방법은 모든 상황에 적합한 유일최선의 관리방법은 없다고 전제한다. 상황이론은 고찰변수를 한정하고 상황적 조건들의 유형론을 발전시킴으로써 제한된 범위의 일반성과 규칙성을 발견하고 처방하려 한다.

2 ①

① 신공공관리론은 정치적 논리를 경시하는 경향이 있다.

※ **신공공관리론의 한계**

　㉠ 행정의 정치적·법적 성격을 무시한다.

　㉡ 행정의 형평성, 민주성, 가외성 가치를 등한시한다.

　㉢ 공공 책임성을 저해한다.

　㉣ 정치적 통제가 곤란하다.

　㉤ 조정의 문제를 야기한다.

　㉥ 공무원의 사기가 저하된다.

　㉦ 국민을 수동적 존재로 전락시킨다.

3 ②

② 합리모형에 관한 설명이다.

※ **사이버네틱스모형** … 합리모형과 가장 극단적으로 대립하는 것으로서, 분석적 합리성이 완전히 존재하지 않는 상태에서의 습관적, 적응적 의사결정을 다룬 모형이다. 즉, 광범위하고 복잡한 탐색을 거치지 않고 주요 변수에 대한 정보만을 미리 정해진 표준운영절차에 따라 처리하고 미리 개발해둔 해결목록에 의하여 문제를 해결하는 것이다.

4 ④

지문은 총체적 오류에 대한 설명이다.

① 한 평정 요소에 대한 판단이 연쇄적으로 다른 요소 평정에도 영향을 주는 오류다.

② 어떤 평정자가 항상 관대화나 엄격화 경향을 보이는 것으로 평정기준이 높거나 낮은 데서 오는 규칙적·일관적 착오다.

5 ①

① 롤스는 자유와 평등의 조화를 추구하는 중도적 입장을 취한다.

6 ③

㉠㉣ 직접성의 중간적 성격을 가진 행정수단이다.

㉤ 직접성이 낮은 간접적 수단이다.

※ Salamon의 직접성 정도에 따른 정책수단 분류

직접성 정도	정책수단
높음	정부소비, 경제규제, 보험, 직접대부(대출), 공공정보제공, 공기업 등
중간	조세지출(조세감면), 계약, 사회규제, 교정조세, 부과금, 벌금, 라벨부착요구 등
낮음	바우처, 정부지원기업, 보조금, 지급보증 등

7 ③

① 일선관료는 고정관념을 가지고 고객을 재정의 한 후, 고객에 책임을 전가하거나 사회 탓으로 하여 책임을 회피한다.

② 일선관료가 업무를 수행하는 기관에 대한 고객들의 목표기대는 서로 일치하지 않는다.

④ 일선관료는 직무의 자율성이 높고, 많은 재량권을 갖는다.

8 ①

〈행정기관의 조직과 정원에 관한 통칙 참조〉

② 보좌기관에 대한 설명이다.

③ 소속기관에 대한 설명이다.

④ 방송통신위원회, 공정거래위원회, 소청심사위원회 등은 자문위원회가 아니라 행정위원회이므로 행정기관에 해당한다.

9 ③

① 징계는 파면, 해임, 강등, 정직, 감봉, 견책으로 구분한다〈국가공무원법 제79조〉.

② 정직은 1개월 이상 3개월 이하의 기간으로 하고, 정직처분을 받는 자는 그 기간 중 공무원의 신분은 보유하나 직무에 종사하지 못하며, 보수는 전액을 감한다〈국가공무원법 제80조〉.

④ 감사원에서 조사 중인 사건에 대하여는 조사개시 통보를 받은 날부터 징계 의결의 요구나 그 밖의 징계 절차를 진행하지 못한다〈국가공무원법 제83조〉.

10 ①

① 단식부기는 현금주의와, 복식부기는 발생주의와 밀접한 연계성을 갖는다.

11 ④

④ 추가경정예산은 그 편성횟수에 제한이 없다.

12 ③

③ 정책 문제의 흐름, 정책 대안의 흐름, 정치의 흐름이 만날 때 '정책의 창'이 열린다고 본다.

13 ②

② 프로젝트 팀은 수평적 연결방법이다.

※ 수직제 연결기제

㉠ 계층제 : 수직연결 장치의 기초는 계층제, 명령체계이다.

㉡ 규칙과 계획 : 반복적인 문제와 의사결정에 대해서는 규칙과 절차를 마련하여 상위계층과 직접적인 의사소통 없이도 부하들이 대응할 수 있게 해준다. 규칙은 조직구성원들이 의사소통 없이도 업무가 조정될 수 있도록 표준정보자료를 제공한다. 계획은 조직구성원들에게 좀 더 장기적인 표준정보를 제공해 준다.

㉢ 계층직위의 추가 : 처리할 문제와 의사결정이 많아지면 관리자에게 업무부담을 주므로 수직적 계층에 참모 등 직위를 추가함으로써 통솔범위를 줄이고 의사소통과 통제를 가능하게 한다.

㉣ 수직정보 시스템 : 상관에 대한 정기보고서, 문서화된 정보 등을 통한 정보의 효율적 이동으로 상하간 수직적 의사소통을 강화한다.

14 ②

② 성인지 예산서는 기획재정부장관과 여성가족부장관이 협의하여 제시한 작성기준과 방식에 따라 각 중앙관서의 장이 작성한다〈국가재정법 시행령 제9조〉.

15 ②

② 결산은 국무회의의 의결과 대통령의 승인 후 국회의 심의를 거쳐 종료된다.

16 ③

㉠ 인적 부패에서 많이 발생하는 것으로, 부정적인 관행이나 구조보다는 개인의 윤리적 일탈에 의해 발생하게 된다.

㉡ 공무원이 사적인 이익을 취하기 위한 것이라기보다는 경제 안정이라는 공적인 이익을 위한 것이라는 점에서 일반적인 부패와 구분하여 백색 부패라고 한다.

ⓒ 부패 중에서 심각한 형태로 인·허가와 관련된 업무를 처리할 때 소위 '급행료'를 지불하거나 혹은 은행에서 자금을 대출받을 때 '커미션'을 지불하는 것 등이 해당한다.

ⓔ 공금 횡령, 개인적인 이익의 편취, 회계 부정 등은 거래를 하는 상대방 없이 공무원에 의해 일방적으로 발생하는 부패의 유형이다.

17 ③

③ 의장은 의결에서 표결권을 가지며, 찬성과 반대가 같으면 부결된 것으로 본다〈지방자치법 제64조 제2항〉.

18 ①

① 프렌치와 레이븐의 권력유형분류에서 권력의 원천은 합법적 권력, 보상적 권력, 강압적 권력, 전문적 권력, 준거적 권력이 해당한다.

※ 프렌치와 레이븐의 권력유형 분류
  ㉠ 보상적 권력 : 권력자가 다른 사람에게 그(녀)가 원하는 보상을 해 줄 수 있는 자원과 능력을 갖고 있을 때 발생한다.
  ㉡ 강압적 권력 : 보상적 권력과는 반대로 처벌이나 위협을 전제로 한다.
  ㉢ 합법적 권력 : 권력행사에 대한 정당한 권리를 전제로 한다. 따라서 합법적 권력은 권한과 유사한 개념으로 볼 수 있다.
  ㉣ 준거적 권력 : 대부분의 사람들은 자신보다 뛰어나다고 인식되는 사람을 존경하고 닮고자 하는데 이때 준거적 권력이 발생한다. 기업 내에서 준거적 권력을 갖고 있는 상급자는 하급자로부터 절대적인 존경을 받게 된다.
  ㉤ 전문적 권력 : 전문적인 기술이나 지식 또는 독점적 정보에 그 바탕을 둔다. 특수한 분야에 있어서 탁월한 능력이나 정보를 갖고 있는 사람은 전문적 권력을 갖게 된다.

19 ②

② 전문경력관직위의 군은 직무의 특성·난이도 및 직무에 요구되는 숙련도 등에 따라 가군, 나군 및 다군으로 구분한다〈전문경력관 규정 제4조〉.

20 ④

④ 사바스(E. Savas)가 제시한 공공서비스 공급유형론에 따르면, 자원봉사(voluntary service)방식은 민간이 결정하고 민간이 공급하는 유형에 속한다.

※ 사바스의 공공서비스 제공방식

구분		공급	
		정부부문	민간부문
생산	정부부문	Ⅰ형 (정부서비스, 정부 간 협약)	Ⅲ형 (정부판매)
	민간부문	Ⅱ형 (민간계약, 독점허가, 보조금)	Ⅳ형 (구매권, 시장, 자기생산, 자원봉사)

2018. 5. 19
제1회 지방직 시행

---

1 ①

② 신행정론 – 형평성과 참여
③ 신공공관리론 – 경제성과 생산성
④ 뉴거버넌스론 – 신뢰성

2 ④

④ 주인·대리인의 정보 비대칭 문제를 해결하기 위해 대리인에게 충분한 인센티브를 제공하거나 정보균형화 방안을 활용한다.

※ 대리인 문제의 해결방안
  ㉠ 신호보내기(signalling) : 보다 많은 정보를 가진 당사자는 어떤 특수한 행동을 함으로써 상대방이 잘 모르고 있는 자신의 특성을 알리기 위한 행동을 말한다. 즉 정보를 가진 자가 학력이나 경력을 과시하는 방법 등을 말한다.
  ㉡ 거르기(screening) : 시장에서 정보를 덜 소유하고 있는 자가 정보를 많이 소유하고 있는 자를 분류하기 위하여 사용되는 하나의 장치를 말한다. 주인이 대리인에게 일정한 자격과 요건을 요구하거나 복수의 계약을 제시함으로써 대리인의 능력과 정보를 얻는 방법을 말한다.

© 자기선택적 장치(self-selection device) : 거래당사자들의 특성을 잘 알지 못하지만 그러한 당사자들이 주어진 시장조건에 어떻게 반응하는가를 관찰함으로써 정보의 비대칭성에 대응하는 방법이다. 자동차보험에서의 자기부담금제도가 좋은 예이다.

② Reputation : 대리인의 신뢰있고 일관된 정책, 행동에 의존하여 대리인 문제를 해결한다.

⑩ 정보나 공동지식을 구축 : 비대칭적 정보상황의 극복시 도로서 정보를 수집한다. 그러나 가장 효과적인 방법은 성과급과 같은 인센티브의 제공이다. 대리인의 업무성과가 증가할수록 주인의 이익뿐만 아니라 대리인의 금전적 보상이 늘어나므로, 대리인과 주인간의 이해의 상충문제가 감소하게 된다.

3 ④
④ 효용극대화를 추구한다는 합리적 개인에 대한 가정은 현실적합성이 낮다고 평가받는다.

4 ③
제시된 내용은 영기준예산제도에 대한 설명이다.
① 예산을 기능별·사업계획별·활동별로 분류, 편성하여 예산의 지출과 그 지출에 의해 나타나는 성과와의 관계를 명백하게 하기 위한 예산제도
② 장기적인 계획수립과 단기적인 예산편성을 프로그램 작성을 통하여 유기적으로 연계시킴으로써 자원배분의 합리성을 이루고, 예산을 정책 결정의 도구로 이용하는 제도
④ 예산 제도에서 지출 대상을 품목별로 분류해, 지출 대상과 그 한계를 명확히 규정하는 통제지향적 예산 제도

5 ②
② 재정당국이 분야별·부문별 지출한도를 제시하면, 각 중앙부처는 소관 정책과 우선순위에 입각해 자율적으로 지출한도 내에서 사업의 재원을 배분한다.

6 ④
④ 쉬크가 강조한 행정관리적 원칙이다. Musgrave는 경제적 측면에서 경제 안정화, 자원배분의 효율화, 소득분배의 공평화를 3대 재정기능으로 보았다.
① 분배기능 (자원배분의 효율화)
② 재분배기능 (소득분배의 공평화)
③ 경기 조절적 기능(거시경제의 안정화)

7 ④
④ 특허·실용신안·디자인 및 상표에 관한 사무와 이에 대한 심사·심판사무를 관장하기 위하여 산업통상자원부장관 소속으로 특허청을 둔다〈정부조직법 제37조〉.

8 ②
② 대중정치에 해당한다.
※ 윌슨(Wilson)의 규제정치 유형

규제비용＼규제편익		규제 편익	
		넓게 분산	좁게 집중
규제비용	넓게 분산	대중정치 - 음란물 규제, 낙태규제 등	고객정치 - 수입규제, 직업면허 등
	좁게 집중	기업가 정치 - 환경오염규제 등	이익집단정치 - 한약분쟁, 의약분업규제 등

9 ①
① 행정안전부장관은 지방공기업의 경영 기본원칙을 고려하여 대통령령으로 정하는 바에 따라 지방공기업에 대한 경영평가를 하고, 그 결과에 따라 필요한 조치를 하여야 한다. 다만, 행정안전부장관이 필요하다고 인정하는 경우에는 지방자치단체의 장으로 하여금 경영평가를 하게 할 수 있다〈지방공기업법 제78조〉.
② 환경영향평가제도는 1977년 「환경보전법」에 근거가 명시된 이후 지속적으로 발전해온 평가제도다. 1999년 「환경·교통·재해 등에 관한 영향평가법」으로 통합 운영되었으며, 2008년 이후로는 「환경영향평가법」에 규정되어 있다. 사업계획 수립시에 그 사업시행이 환경에 미치는 영향을 미리 파악하여 해로운 환경영향을 피하거나 감소시킬 수 있는 방안을 마련하기 위한 제도이다.

10 ①
② 미시적 집행구조는 동원, 전달자의 집행, 제도화의 세 단계로 구분된다.
③ '채택'은 행정을 통해 구체화된 정부프로그램이 집행을 담당하는 지방정부의 사업으로 받아들여지는 것을 의미한다.
④ '미시적 집행'은 지방정부가 채택한 사업을 실행사업으로 변화시키는 것을 의미한다.

버먼(Berman)은 정책집행을 정형적(거시적) 집행과 적응적(미시적) 집행으로 구분하고 상향적 집행에 해당하는 적응적 집행이 중요하다고 하였다.

㉠ 거시적 집행구조 단계

행정	정책 결정을 통해 정부 프로그램으로 구체화하는 단계
채택	구체화된 정부 프로그램이 지방정부 사업(집행 담당)으로 받아들여짐
미시적 집행	지방정부가 채택한 사업을 실행사업으로 변화
기술적 타당성	마지막 단계로서 정책목표와 정책수단 간 인과관계

㉡ 미시적 집행구조 단계

동원	집행조직에서 사업을 채택하고 실행계획을 세우는 국면
전달자의 집행	적응국면. 채택된 사업을 실제로 집행하는 단계
제도화	채택된 사업은 집행조직 내에 정형화 된 일부분으로 자리잡기 위한 제도화의 과정

11 ①

① 전문위원은 일반직의 직급에 해당하는 상당계급의 별정직지방공무원으로 임명할 수 있다. <지방자치단체의 행정기구와 정원기준 등에 관한 규정 별표5>

※ <지방공무원법 제2조 제2항 제2호>
특정직공무원 : 공립 대학 및 전문대학에 근무하는 교육공무원, 교육감 소속의 교육전문직원 및 자치경찰공무원과 그 밖에 특수 분야의 업무를 담당하는 공무원으로서 다른 법률에서 특정직공무원으로 지정하는 공무원

※ 「지방공무원법」 부칙(법률 제5207호)
"지방소방공무원"을 "공립의 대학 및 전문대학에 근무하는 교육공무원 및 지방소방공무원"으로 한다.

12 ④

④ "강임(降任)"이란 같은 직렬 내에서 하위 직급에 임명하거나 하위 직급이 없어 다른 직렬의 하위 직급으로 임명하거나 고위공무원단에 속하는 일반직공무원을 고위공무원단 직위가 아닌 하위 직위에 임명하는 것을 말한다. <국가공무원법 제5조>

• 1계급 아래로 직급을 내리고 공무원신분은 보유하나 3개월간 직무에 종사하지 못하며 그 기간 중 보수는 전액을 감소하는 것은 "강등"이다. <동법 제80조>

13 ④

④ 지방자치단체의 19세 이상의 주민은 시·도는 500명, 제175조에 따른 인구 50만 이상 대도시는 300명, 그 밖의 시·군 및 자치구는 200명을 넘지 아니하는 범위에서 그 지방자치단체의 조례로 정하는 19세 이상의 주민 수 이상의 연서(連署)로, 시·도에서는 주무부장관에게, 시·군 및 자치구에서는 시·도지사에게 그 지방자치단체와 그 장의 권한에 속하는 사무의 처리가 법령에 위반되거나 공익을 현저히 해친다고 인정되면 감사를 청구할 수 있다. 다만, 다음 각 호의 어느 하나에 해당하는 사항은 감사청구의 대상에서 제외한다<지방자치법 제16조 제1항>.

14 ②

① 업무 담당자가 바뀌게 되면 표준운영절차로 인해 업무처리의 연속성을 유지하는 것이 용이하다.
③ 표준운영절차에 따른 업무처리는 정책집행 현장의 특수성을 반영하기 어렵다.
④ 정책결정모형 중 앨리슨 모형의 Model Ⅱ(조직과정모형)는 표준운영절차에 따른 의사결정을 가정한다.

15 ①

② 합리적 고위직 관료들은 예산극대화보다 관청형성동기가 더 강하다고 한다.
③ 고위직 관료들은 주로 관청예산의 증대로부터 이득을 얻는다.
④ 관료들이 정책결정을 할 때 사적이익을 극대화한다.
※ Dunleavy 관청형성 모형 … 합리적인 고위관료들은 예산극대화동기 대신 관청형성동기가 더 강하다고 주장한다. 즉, 가시적이고 책임이 수반되는 계선기능 대신 준정부기관이나 책임운영기관 등 다양한 정부조직을 형성하여 책임을 떠넘기고 자신들은 정치권력의 중심에서 참모기능을 수행하기를 선호한다는 것이다.

16 ③

③ 네거티브 규제가 포지티브 규제보다 더 많은 자율성을 보장한다.
※ 포지티브 규제와 네거티브 규제
㉠ 포지티브 규제 : 법률·정책상으로 허용하는 것을 구체적으로 나열한 뒤 나머지는 모두 금지하는 방식의 규제를 말한다.
㉡ 네거티브 규제 : 정책이나 법률에 금지한 행위를 나열하고 이외의 것들은 모두 허용하는 방식의 규제를 말한다.

17 ③

③ 지방교부세의 종류는 보통교부세, 특별교부세, 부동산교부세 및 소방안전교부세로 구분한다〈지방교부세법 제3조〉.

18 ③

③ 2018.1.17.에 개정된 음식물·경조사비·선물 등의 가액 범위에서 음식물의 범위는 3만원으로 규정되어있다.

※ 2020년 음식물·경조사비·선물 등의 가액 범위(부정청탁 및 금품등 수수의 금지에 관한 법률 시행령 별표1)

1. 음식물(제공자와 공직자등이 함께 하는 식사, 다과, 주류, 음료, 그 밖에 이에 준하는 것을 말한다): 3만원
2. 경조사비 : 축의금·조의금은 5만 원. 다만, 축의금·조의금을 대신하는 화환·조화는 10만 원으로 한다.
3. 선물 : 금전, 유가증권, 제1호의 음식물 및 제2호의 경조사비를 제외한 일체의 물품, 그 밖에 이에 준하는 것은 5만 원. 다만, 「농수산물 품질관리법」 제2조 제1항 제1호에 따른 농수산물 및 같은 항 제13호에 따른 농수산가공품(농수산물을 원료 또는 재료의 50퍼센트를 넘게 사용하여 가공한 제품만 해당)은 10만 원으로 한다.

19 ③

㉠ 역량이란 직무에서 탁월한 성과를 나타내는 우수성과자에게서 일관되게 관찰되는 행동적 특성이다.
㉣ 고위공무원단 후보자가 되기 위해서는 후보자 교육과정을 이수한 후, 역량평가를 통과해야 한다.

20 ④

재택근무자가 초과근무를 하였을 경우에 초과근무 시간을 기준으로 하는 시간외 근무수당 정액분은 지급 가능하지만, 성과를 기준으로 하는 실적분은 지급할 수 없다.

2018. 6. 23
제2회 서울특별시 시행

---

1 ④

④ 적법절차의 준수를 강조하며 국민주권원리에 의한 행정의 중심적 역할을 강조하는 것은 과정설이다.

2 ③

〈국가공무원법 제5조〉
1. "직위(職位)"란 1명의 공무원에게 부여할 수 있는 직무와 책임을 말한다.
2. "직급(職級)"이란 직무의 종류·곤란성과 책임도가 상당히 유사한 직위의 군을 말한다.
3. "정급(定級)"이란 직위를 직급 또는 직무등급에 배정하는 것을 말한다.
4. "강임(降任)"이란 같은 직렬 내에서 하위 직급에 임명하거나 하위 직급이 없어 다른 직렬의 하위 직급으로 임명하거나 고위공무원단에 속하는 일반직공무원을 고위공무원단 직위가 아닌 하위 직위에 임명하는 것을 말한다.
5. "전직(轉職)"이란 직렬을 달리하는 임명을 말한다.
6. "전보(轉補)"란 같은 직급 내에서의 보직 변경 또는 고위공무원단 직위 간의 보직 변경을 말한다.
7. "직군(職群)"이란 직무의 성질이 유사한 직렬의 군을 말한다.
8. "직렬(職列)"이란 직무의 종류가 유사하고 그 책임과 곤란성의 정도가 서로 다른 직급의 군을 말한다.
9. "직류(職類)"란 같은 직렬 내에서 담당 분야가 같은 직무의 군을 말한다.
10. "직무등급"이란 직무의 곤란성과 책임도가 상당히 유사한 직위의 군을 말한다.

3 ③

③ 평가성 사정은 영향평가 또는 총괄평가를 실시하기 전에 평가의 유용성, 평가실시의 가능성, 평가의 성과증진효과 등을 평가하는 활동이다. 평가를 위한 사전평가이다.

4 ①

② 단체자치가 지방자치의 형식적·법제적 요소라고 한다면, 주민자치는 지방자치를 실현하기 위한 내용적·본질적 요소라고 할 수 있다.

③ 법률에 의해 권한이 명시적 · 한시적으로 규정되어 사무를 자주적으로 처리할 수 있는 재량의 범위가 큰 것은 주민자치이다.

④ 단체자치에서는 행정통제가 주된 통제방식이다. 입법통제와 사법통제가 주된 통제방식인 것은 주민자치이다.

5 ②

ⓒ 과학적 관리론 : 19세기 말~20세기 초 행정학 성립기의 고전적 행정이론

ⓒ 인간관계론 : 1920년대 말~1930년대 신고전적 행정이론

ⓐ 체제이론 : 1950~1960년대 행정과 환경의 관계를 연구한 거시이론

ⓔ 신제도이론 : 20세기 후반 개인의 행동에 대한 제도적 제약 연구

6 ①

① 포스트모더니즘은 보편적 진리보다는 맥락 의존적인 진리를 강조한다.

7 ④

④ 직위분류제는 엄격한 직무구조와 비탄력적 분류체계로 인해 조직과 직무의 변화 등에 신속히 대응하기 어렵다.

8 ②

⊙은 발생주의, ⓒ은 복식부기에 대한 설명이다.

회계방식은 수익, 지출의 인식시점에 따라 현금주의와 발생주의로, 장부 기장방식에 따라 단식부기(한쪽 면만 기재)와 복식부기(거래의 이중성을 반영해 차변 대변으로 나누어 이중 계상)로 나눌 수 있다.

※ 현금주의와 발생주의

ⓝ 현금주의회계 : 현금이 실제 오간 시점을 기준으로 회계에 반영하는 방식

ⓝ 발생주의회계 : 기업의 재무에 영향을 줄 수 있는 사건이 발생한 시점에 수익과 비용을 인정하는 방법

9 ④

④ 전통적 관리체제(엄격한 분업구조)는 낮은 성과의 원인을 근로자 개인의 책임으로 간주하는 데 비해 TQM은 협업을 중시하는 관리방식이므로 낮은 성과의 원인이 동기유발과 팀워크 관리를 책임지는 관리자에게 있다고 본다.

10 ③

③ 시 · 도와 시 · 군 및 자치구의 사무가 서로 경합하면 기초자치단체인 시 · 군 및 자치구에서 먼저 처리한다(보충성의 원리).

※ **지방자치단체의 종류별 사무배분기준〈지방자치법 제10조〉**

① 지방자치단체의 사무를 지방자치단체의 종류별로 배분하는 기준은 다음과 같다. 다만, 지방자치단체의 구역, 조직, 행정관리 등에 관한 사무는 각 지방자치단체에 공통된 사무로 한다.

1. 시 · 도

가. 행정처리 결과가 2개 이상의 시 · 군 및 자치구에 미치는 광역적 사무

나. 시 · 도 단위로 동일한 기준에 따라 처리되어야 할 성질의 사무

다. 지역적 특성을 살리면서 시 · 도 단위로 통일성을 유지할 필요가 있는 사무

라. 국가와 시 · 군 및 자치구 사이의 연락 · 조정 등의 사무

마. 시 · 군 및 자치구가 독자적으로 처리하기에 부적당한 사무

바. 2개 이상의 시 · 군 및 자치구가 공동으로 설치하는 것이 적당하다고 인정되는 규모의 시설을 설치하고 관리하는 사무

2. 시 · 군 및 자치구 : 시 · 도가 처리하는 것으로 되어 있는 사무를 제외한 사무. 다만, 인구 50만 이상의 시에 대하여는 도가 처리하는 사무의 일부를 직접 처리하게 할 수 있다.

② 제1항의 배분기준에 따른 지방자치단체의 종류별 사무는 대통령령으로 정한다.

③ 시 · 도와 시 · 군 및 자치구는 사무를 처리할 때 서로 경합하지 아니하도록 하여야 하며, 사무가 서로 경합하면 시 · 군 및 자치구에서 먼저 처리한다.

11 ②

② 탈신공공관리(post−NPM)는 신공공관리의 역기능적 측면을 교정하고 통치역량을 강화하며, 구조적 통합을 통한 분절화의 축소, 재집권화와 재규제의 강조, 중앙의 정치 · 행정적 역량의 강화를 강조한다.

12 ④

④ 조직이 성숙 및 쇠퇴 단계에 이르면 조직문화는 조직혁신을 저해하는 요인이 된다.

13 ②

② 로위(Lowi)는 정책유형을 배분정책, 구성정책, 규제정책, 재분배정책으로 구분하였으며, 구분의 기준이 되는 것은 강제력의 행사방법(간접적, 직접적)과 강제력의 적용대상(개인의 행위, 행위의 환경)이다.

※ Lowi의 정책유형

구분	특징	주도	강제력 적용영역	강제력 행사방법
구성정책	게임의 법칙	정당	사회 전체	간접적
배분정책	포크배럴, 로그롤링	의회	개인 행위	
규제정책	다원주의 (포획, 지대추구)	이익 집단		직접적
재분배 정책	엘리트이론	엘리트	사회 전체	

14 ②

② 우리나라의 예산안은 의결형식으로, 예산으로 법률의 개폐가 불가능하며 법률로 예산을 변경할 수도 없다.

15 ①

② 공직자 윤리위원회는 의결위원회이다.
③ 행정위원회는 독립지위를 가진 행정관청으로 결정권과 집행권을 갖는다.
④ 자문위원회는 참모기관으로서 사안에 따라 조사·분석 등의 기능을 수행한다.

16 ①

Hunter의 명성접근법 … 엘리트이론 중 하나로 폐쇄적이고 응집력 있는 엘리트 집단에 의한 의사결정을 중시하였다. 다만 헌터는 정치적 엘리트보다는 기업인, 변호사 등 소수의 기업엘리트가 정책을 주도한다고 보았다.

17 ④

④ 제3조 제1항 제1호부터 제12호까지의 어느 하나에 해당하는 공직자와 부당한 영향력 행사 가능성 및 공정한 직무수행을 저해할 가능성 등을 고려하여 국회규칙, 대법원규칙, 헌법재판소규칙, 중앙선거관리위원회규칙 또는 대통령령으로 정하는 공무원과 공직유관단체의 직원은 퇴직일부터 3년간 다음 각 호의 어느 하나에 해당하는 기관에 취업할 수 없다. 다만, 관할 공직자윤리위원회로부터 취업심사대상자가 퇴직 전 5년 동안 소속하였던 부서 또는 기관의 업무와 취업심사대상기관 간에 밀접한 관련성이 없다는 확인을 받거나 취업승인을 받은 때에는 취업할 수 있다. 〈공직자윤리법 제17조(퇴직공직자의 취업제한) 제1항〉

18 ④

④ 정당에 의한 통제는 외부통제에 해당한다.

※ 내부통제와 외부통제
   ㉠ 내부통제 : 행정부 내부조직이 행정능률성을 제고시키기 위해 행정부를 통제하는 것으로서, 행정수반, 감사기관, 소관기관장 등의 통제가 해당된다.
   ㉡ 외부통제 : 행정부 외부조직이 행정민주성을 확보하기 위해 행정부를 통제하는 것으로서, 입법부, 사법부, 정당, 언론, 국민, 옴부즈만 등에 의한 통제가 해당된다.

19 ③

③ 능률성(투입 대비 산출 비율)은 수단적·과정적 측면에 중점을 두는 반면에 효과성(목표 대비 산출 비율)은 목표의 달성도를 중시한다.

20 ④

① 분류법에 대한 설명이다.
② 요소비교법에 대한 설명이다.
③ 서열법에 대한 설명이다.

※ 직무평가기법
   ㉠ 서열법 : 직무 상호간 중요도에 따라 서열을 정하는 비계량적 기법이다.
   ㉡ 분류법 : 미리 정해 놓은 등급기준표와 비교하여 직무의 등급을 결정하는 비계량적 방법이다.
   ㉢ 점수법 : 직무평가기준표에 따라 중요도를 점수로 나타내어 총점으로 직무의 상대적 가치를 표현하는 계량적 방법이다.

ⓔ 요소비교법 : 점수법의 임의성을 보완하기 위해 대표직위를 선정하여 그것을 기준으로 비교하여 평가요소별로 점수를 부여하는 계량적 평가방법이다.

2019. 4. 6
인사혁신처 시행

---

1 ②

② 이슈네트워크는 다양한 행위자들이 정책과정에 참여하는 개방적 특성을 보인다. 반면, 정책네트워크는 제한된 행위자들이 정책과정에 참여하며 개방성이 낮은 특성을 보인다.

※ 참여 정도에 따른 정책네트워크 유형

구분	정책커튼 모형	하위정부 모형	정책공동체 모형	이슈 네트워크 모형
참여자 수	외부참여 없음	제한적 참여	제한적 참여	다양한 참여
참여 배제성	매우 높음 (폐쇄적)	높음	보통	낮음 (개방적)

ⓐ 정책커튼모형 : Yishai에 의해 제시된 개념으로서, 정책과정이 정부 내의 권력자에 의해 독점되는 경우이다. 외부로부터의 참여는 전적으로 배제되는 행태로, 정부관료는 외부의 영향으로부터 자유로우며 외부세력과의 상호작용이 일어나지 않는다.

ⓑ 하위정부모형 : 특정 정책분야의 정책과정에서 주요 행정기관의 관료, 입법자, 이익집단 및 관련 기관이 지속적인 상호작용을 통하여 정책결정에 중요한 영향을 미친다. 이와 같은 하위정부모형은 제한적 참여자들이 제공하는 상호지지를 중심으로 구축된다.

ⓒ 정책공동체모형 : 기본적으로 하위정부모형과 유사하지만 하위정부모형에서 정책과정에 참여했던 참여자 이외에 개개 정치인과 막료, 조직화된 이익집단과 관련 기관, 정책에 대하여 연구하는 대학 · 연구기관, 정부 내의 전문가 집단 등 전문가집단이 추가된다.

ⓓ 이슈네트워크모형 : Heclo가 하위정부모형에 관한 비판을 토대로 제시한 모형으로, 이슈네트워크는 공통의 기술적 전문성을 가진 대규모의 참여자들을 묶는 지식공유집단을 말한다. 단순하고 분명하게 정의된 하위정부모형의 경계와는 달리 이슈네트워크의 경계는 가시화하기 어렵고 잘 정의되지 않아 참여자들의 진입 · 퇴장이 쉽다.

2 ②

② 책임운영기관의 설치 · 운영에 관한 법률 제16조(공무원의 정원) 제1항 … 소속책임운영기관에 두는 공무원의 총 정원 한도는 대통령령으로 정한다. 이 경우 다음의 정원은 총리령 또는 부령으로 정하되, 대통령령으로 정하는 바에 따라 통합하여 정할 수 있다.
1. 공무원의 종류별 · 계급별 정원
2. 고위공무원단에 속하는 공무원의 정원

3 ④

〈지방자치법 제15조(조례의 제정과 개폐 청구) 제2항〉
다음 각 호의 사항은 제1항에 따른 청구대상에서 제외한다.
1. 법령을 위반하는 사항
2. 지방세 · 사용료 · 수수료 · 부담금의 부과 · 징수 또는 감면에 관한 사항
3. 행정기구를 설치하거나 변경하는 것에 관한 사항이나 공공시설의 설치를 반대하는 사항

4 ④

Nakamura와 Smallwood의 정책결정자와 정책집행자의 관계 유형

유형	고전적 기술자형	지시적 위임형	협상형	재량적 실험가형	관료적 기업가형
정책 결정자	명백한 목표설정	구체적인 목표설정	목표와 수단에 대해 정책 결정자와 정책 집행자가 협상	일반적이고 추상적인 목표지시	정책 집행자가 형성한 목표와 수단에 대해 지지
정책 집행자	기술적 권한행사	행정적 권한행사		목표와 수단의 재정의	정책 집행자는 목표달성을 위한 수단을 위해 정책 결정자와 협상
실패 요인	기술적 실패	협상의 실패	흡수 내지 사술(詐術)	무책임성	정책의 선매(先買)
평가 기준	효과성 + 능률성	능률성 + 효과성	주민 만족도	수익자 대응성	체제 유지도

⊙ 고전적 기술자형 : 정책집행자가 수동적 입장에서 정책결정자가 정한 목표를 그대로 받아들이고 이를 달성하기 위한 기술적 수단의 구실만 하는 경우

⊙ 지시적 위임형 : 고전적 기술자형보다 정책집행자가 보다 많은 권한을 위임받아 정책을 집행하는 경우로, 정책목표의 합의한 바를 토대로 행정적 권한을 부여받아 정책집행자의 행정적·기술적·협상적 역량을 발휘하는 유형

⊙ 협상형 : 정책결정자와 정책집행자가 정책의 목표나 수단에 관하여 협상하는 유형

⊙ 재량적 실험가형 : 정책결정자가 구체적인 정책을 결정할 수가 없어서 광범한 재량권을 정책집행자에게 위임하는 경우

⊙ 관료적 기업가형 : 정책집행자가 정책결정자의 권력을 장악하고 정책과정을 지배하는 유형

5 ②

② 「공무원 헌장」에서는 실천사항의 하나로 '공익을 우선시하며 투명하고 공정하게 맡은 바 책임을 다한다.'라고 명시하고 있다.

① 이 법은 각급 기관에서 근무하는 모든 국가공무원에게 적용할 인사행정의 근본 기준을 확립하여 그 공정을 기함과 아울러 국가공무원에게 국민 전체의 봉사자로서 행정의 민주적이며 능률적인 운영을 기하게 하는 것을 목적으로 한다〈국가공무원법 제1조〉.

③ 신공공서비스론에서는 공익을 행정의 목적으로 보아야 한다는 점을 강조한다.

④ 공익을 사익 간 타협 또는 집단 간 상호작용의 산물로 보는 것은 과정설이다. 실체설은 공익이 사익을 초월한 도덕적·규범적인 것으로 실재한다고 주장한다.

6 ③

③ 국립중앙극장은 「책임운영기관의 설치·운영에 관한 법률」에 따른 소속책임운영기관으로, 사업을 효율적으로 운영하기 위하여 책임운영기관특별회계를 둔다. 책임운영기관특별회계기관의 사업은 「정부기업예산법」 제2조에도 불구하고 정부기업으로 본다.

① 준시장형 공기업   ②④ 위탁집행형 준정부기관

7 ③

③ 관료정치모형은 정책결정의 주체를 정책결정에 참여하는 관료들 개인으로 상정한다. 이는 정부를 단일 주체로 보는 합리적 행위자 모형이나 하위조직인 부처를 주체로 보는 조직과정모형과 크게 구별된다. 즉, 관료정치모형은 정책결정 참여에 있어 여러 다양한 문제에 관심을 갖는 다수의 행위자를 상정하며 이들의 목표는 일관되지 않다고 본다.

① 합리적 행위자 모형은 정부를 잘 조직된 유기체로 본다. 정책은 정부에 의해 결정되며, 참여자들은 모두가 국가이익을 위한 정책을 합리적인 방법으로 선택한다고 가정한다.

② 조직과정모형은 사이어트와 마치가 제안한 회사모형을 바탕으로 하는데, 회사모형과 마찬가지로 불확실성을 회피하기 위해 경험을 통해 학습하게 된 행동규칙인 표준운영절차나 프로그램목록에 의존한다.

④ 외교안보문제 분석에 있어서 설명력을 높이기 위한 대안적 모형으로 조직과정모형을 고려한다.

8 ④

⊙ 포지티브(positive) 규제는 법률·정책상으로 허용하는 것을 구체적으로 나열한 뒤 나머지는 모두 금지하는 방식의 규제를 말한다. 법률·정책상으로 금지한 행위가 아니면 모든 것을 허용하는 네거티브(negative) 규제보다 규제 강도가 훨씬 세다. 따라서 자율성이 더 보장되는 것은 네거티브 규제이다.

9 ④

④ 위원회는 위원장 2인을 포함한 15인 이내의 위원으로 구성한다〈정부업무평가 기본법 제10조(위원회의 구성 및 운영) 제1항〉.

10 ①

① 1949년에 제정된 「지방자치법」에 의거 1952년 이승만 정부에서 처음으로 시·읍·면 의회의원을 뽑는 지방선거가 실시되었다.

② 5·16 군사정변 이후 1961년 9월 제정된 「지방자치에 관한 임시조치법」으로 박정희 정부부터 전두환 정부까지는 지방선거가 실시되지 않았지만, 노태우 정부 시기에는 지방의원에 대한 선거가 다시 실시되었다.

③ 지방자치단체장과 지방의회의원을 동시에 뽑는 선거는 1995년 김영삼 정부에서 처음으로 실시되었다.

④ 2010년 지방선거부터 기초지방의원까지 확대된 정당공천제는 현재까지 실시되고 있다.

11 ①

Schein은 조직에 있어서의 인간본질에 대한 가정은 역사적으로 각 시대의 철학적 관점을 반영하고 있다고 보면서 인간관을 다음의 네 가지로 분류하였다.

㉠ 합리적·경제적 인간관 : 고전적 조직이론의 인간관으로 인간을 합리적·경제적 존재로 이해한다. 즉, 인간은 경제적 유인에 의하여 좌우되며 자기이익의 극대화를 추구한다는 것이다. → 공식조직, 경제적 유인, 통제 등에 의한 능률적 업무수행 중시

㉡ 사회적 인간관 : 인간관계론의 인간관이며 인간을 사회적 존재로서 파악하고 인간은 사회적 욕구의 충족에 의하여 동기가 부여된다고 본다. → 업무수행과정에서 형성하는 인간관계 및 인정감·소속감·만족감 등 중시

㉢ 자기실현적 인간관 : 인간은 자기의 능력·자질을 최대한 생산적으로 활용하고자 하는 자기실현욕구를 가지고 있으며 자기통제를 할 수 있다고 본다. → 동기부여, 일에 대한 긍지와 자부심 등 강조

㉣ 복잡한 인간관 : 인간은 매우 복잡하고 다양한 존재이며 여러 가지 욕구와 잠재력을 가진 인간의 동기는 상황이나 역할에 따라 달라진다고 본다. → 개인 특성에 따른 유연성 있는 관리전략 강조

12 ④

강제배분법은 도표식 평정척도법에서 흔히 나타날 수 있는 관대화 경향이나 집중화 경향을 줄이기 위해 사용되는 방법으로, 미리 평점점수의 분포비율을 정해 놓는 방법이다.

13 ③

③ 국공채는 사회간접자본 관련 사업이나 시설로 인해 편익을 얻게 될 경우 후세대도 비용을 분담하기 때문에 세대 간 형평성을 보장한다. 조세가 재정부담이 현세대에 국한되어 저항이 큰 것과 달리 공채의 경우 이용자·세대 간에 재정부담이 분담되어 저항이 작다는 장점이 있다.

14 ③

③ 국민권익위원회는 고충민원처리, 부패방지 및 행정심판 기능을 통합적으로 수행하는 기관으로 행정위원회에 해당한다.

※ 법률에 의한 위원회의 종류는 「정부조직법」과 「행정기관의 조직과 정원에 관한 통칙」의 규정에 따라 크게 자문위원회와 행정위원회로 분류할 수 있다. 행정위원회는 정부위원회 중 기능이나 권한을 기준으로 했을 때, 자문위원회나 의결위원회와는 달리 행정기관적 성격을 지닌 조직이다. 자문위원회는 구속력 없는 조언적 성격의 의사를 결정하고, 행정위원회는 구속력 있는 의사결정과 집행권을 행사한다. 이러한 행정위원회는 독립규제위원회와 같이 준입법적, 준사법적 기능 외에, 정책결정과 집행 등의 행정적 기능을 수행한다.

15 ④

④ 번스의 리더십이론에서 카리스마적 리더십을 기반으로 하는 것은 변혁적 리더십이다.

※ Burns의 거래적-변환적 리더십론

㉠ 거래적 리더십 : 구성원 개인의 관심에 호소하는 리더십으로, 거래적 리더는 조직의 목적달성을 위한 구성원의 역할과 임무를 명확히 제시한다. 또한 구성원의 역할과 책임에 대한 순응을 강조하고 이에 대한 보상으로 리더십을 발휘하는 유형이다.

㉡ 변혁적 리더십 : 구성원의 개인적 관심보다는 보다 고차원적인 가치와 이상에 호소하는 리더십으로, 구성원에게 권한을 부여함으로써 변화를 도모한다. 리더의 카리스마는 물론 조직변화의 필요성을 감지하고 변화를 이끌어 낼 수 있는 능력이 요구된다.

16 ④

④ 브룸의 기대이론은 개인의 동기는 자신의 노력이 어떠한 성과를 가져오리라는 기대와, 그러한 성과가 보상을 가져다 주리라는 수단성에 대한 기대감의 복합적 함수에 의해 결정된다고 보는 이론이다. 특정한 결과에 대한 선호의 강도는 유의성이다.

17 ②

② 시간선택제 근무는 통상적인 전일제 근무시간(주 40시간)보다 짧은 시간을 근무하는 제도이다.

※ 유연근무제의 유형

유형		내용
시간선택근무제		주 40시간보다 짧은 시간(주 15~30시간)을 근무
탄력 근무제	시차출퇴근형	1일 8시간을 근무하면서 출퇴근 시간을 조정
	근무시간 선택형	1일 근무시간을 4~12시간으로 조정하여 주 5일, 주 40시간 근무를 유지
	집약근무형	1일 근무시간을 10~12시간으로 조정하여 주 3.5~4일, 주 40시간 근무를 유지
	재량근무형	출퇴근 의무 없이 프로젝트 수행으로 주 40시간을 인정
원격 근무제	재택근무형	사무실이 아닌 집에서 근무
	스마트워크 근무형	자택 인근 스마트워크센터 등 별도 사무실 근무

18 ③

제시된 내용은 감수형 훈련에 대한 설명으로 사전에 과제나 사회자를 정해 주지 않고 이질적이거나 동질적인 피훈련자끼리 자유로운 토론을 통해 어떤 문제의 해결 방안이나 상대방에 대한 이해를 얻도록 하는 교육훈련 방법이다.

① 역할연기 : 인간관계 등에 관한 사례를 몇 명의 피훈련자가 나머지 피훈련자들 앞에서 실제의 행동으로 연기하고, 사회자가 청중들에게 그 연기 내용을 비평·토론하도록 한 후 결론적인 설명을 하는 교육훈련 방법

② 직무순환 : 경력 발전 등을 위해 한 구성원이 여러 직무를 차례로 경험하도록 하여 능력과 자질을 높이고자 하는 교육훈련 방법

④ 프로그램화 학습 : 프로그램 학습내용을 담은 교수기계(teaching machine)의 프로그램에서 연유한 것으로, 인간행동의 심리학적 전문지식, 특히 행동주의적 학습원리(강화이론)를 교육훈련의 실천분야에 응용한 방법

19 ①

② 계획예산(PPBS)에 대한 설명이다.

③ 성과주의예산(PBS)에 대한 설명이다.

④ 품목별 예산제도는 통제지향적 예산제도로 구성원의 참여를 촉진하는 MBO와는 성격이 다르다.

20 ②

② 예산의 전용은 행정과목 간의 융통으로 국회의 승인 없이 기획재정부 장관의 승인만으로 가능하다. 단, 예산의 이용은 입법과목 간 융통으로 국회의 의결 후 기획재정부 장관의 승인을 받아야 한다.

2019. 6. 15
제1회 지방직 시행

1 ②

② 효과성과 능률성에 대한 설명이 반대로 되었다. 효과성은 목표의 달성도를, 능률성은 투입 대비 산출의 비율을 나타내는 개념으로 효율성이라고도 한다.

※ 효과성과 능률성

구분	효과성	능률성
개념	목표 달성도	투입 대비 산출
성격	질적, 장기적, 주관적	양적, 단기적, 객관적
비용의 고려	미고려	고려
목표 수준의 영향	목표 수준이 영향을 미침	목표 수준이 영향을 미치지 않음

2 ②

대표관료제는 주요 집단으로부터 인구 비례에 따라 관료를 할당·충원함으로써, 정부관료제가 계층과 집단에 공평하게 대응하도록 하는 인사제도이다. 정부관료제 내에 엽관주의 폐단을 시정하고 민주적 가치를 주입시키려는 의도에서 시행하는 제도이지만, 같은 능력의 후보자를 역차별할 수 있다는 논란이 있다.

3 ①

① 전통적 델파이 기법은 여러 전문가들의 의견을 되풀이해서 모으고, 교환·발전시켜 미래를 예측하는 방법으로 전문가들의 다양성을 고려해 의견일치를 유도한다. 반면 정책 델파이 기법은 전문가뿐만 아니라 해당 문제에 대해 흥미와 이해관계가 있는 이해관계자들을 이용해 의식적으로 갈등을 조장함으로써 창의적인 대안이 도출되기를 기대하는 기법으로, 의견일치를 유도하지 않는다.

4 ④

④ 소극적 방법   ①②③ 적극적 방법

※ 불확실성을 극복하는 대처방안

적극적 대처방안	소극적 대처방안
• 상황에 대한 충분한 정보의 획득 • 정책실험의 수행 • 협상이나 타협 • 환경 통제 • 모형이나 이론의 개발·적용 등	• 지연이나 회피 • 보수적 결정 • 민감도, 상황의존도 분석 • 가외성 설치 • 복수의 대안 제시 등

5 ③

③ 광역행정이란 하나의 지방자치단체 또는 지방행정기관의 구역을 초월하여, 행정사무 또는 사업을 공동적·종합적으로 처리하는 광역 단위의 행정을 말한다. 기존의 행정구역보다 더 넓은 구역을 대상으로 통일적 행정을 수행하므로 규모의 경제를 실현할 수 있다.

6 ④

옴부즈만은 행정관료의 불법행위 또는 부당한 행정처분으로 피해를 입은 시민의 권리보호를 위해 활동하는 민원조사관을 말한다. 최초의 옴부즈맨 제도는 1809년 스웨덴에서 "국민의 자유와 권리를 보호하려는 제도"로 시작되어 시행되다가 제2차 세계대전 이후 세계 각국에 널리 보급되어, 현재 약 80여개의 국가에서 이 제도를 운영하고 있다.

④ 우리나라에서는 행정 옴부즈만 제도의 일환으로 1994년에 국민고충처리위원회(현 국민권익위원회)가 국무총리 소속으로 설치되었다.

7 ①

예산은 크게 중앙정부와 지방정부 예산으로 구분되고, 중앙정부 예산은 다시 일반회계와 특별회계로 구성된다. 이러한 예산과 별도로 각 중앙부처가 관리하는 기금이 있는데 이 세 가지를 총 망라한 것을 통합재정이라고 한다.

② 통합재정의 기관 범위에 지방자치단체는 포함이 되지만 독립된 법인인 공공기관은 포함되지 않는다.

③ 통합재정은 회계 간 중복분인 내부거래는 포함하지 않는다.

④ 2005년부터 정부의 재정규모 통계로 사용하고 있으며 세입과 세출을 순계 개념으로 파악한다.

8 ④

④ 국유지 불하 정책은 정부가 특정의 개인이나 집단에 재화나 용역 또는 지위·권리 등의 가치를 분배해 주는 것으로 분배정책의 사례에 해당한다.

※ 로위(T. J. Lowi)의 정책 유형

ⓐ 구성정책 : 정부기관의 신설 및 변경 또는 정치체제의 조직 변경 등에 관한 정책

ⓑ 규제정책 : 개인이나 집단의 활동에 대하여 정부가 가하는 규제나 간섭 등과 관련된 정책

ⓒ 분배정책 : 정부가 특정의 개인이나 집단에 재화나 용역 또는 지위·권리 등의 가치를 분배해 주는 것을 내용으로 하는 정책

ⓓ 재분배정책 : 한 사회내에서 계층별 또는 집단별로 나타나 있는 재산·소득·권리 등의 불균형적 분포 상태를 사회적 형평성의 이념에 입각하여 재정리·변화시키고자 하는 정책

9 ②

① 예산과정은 예산편성 – 예산심의 – 예산집행 – 예산결산의 순으로 이루어진다.

③ 예산제도 개선 등으로 절약된 예산 일부를 예산성과금으로 지급할 수 있고 다른 사업에 사용할 수도 있다.

④ 우리나라는 기획재정부가 총액 한도를 지정한 후에 각 중앙부처가 사업별 예산을 편성하고 있어 기획재정부의 사업별 예산통제 기능이 유지된다.

10 ④

문재인 정부의 조직 변화에 대해 묻고 있다.

④ 2018년 6월 물관리와 수량관리 기능이 환경부로 일원화되면서 한국수자원공사에 대한 관할권이 국토교통부에서 환경부로 이관되었다.

11 ②

② 직업공무원제도는 젊은 인재들이 공직에 들어와 평생에 걸쳐 명예롭게 근무하도록 조직·운영되는 인사 제도이지만, 폐쇄적 임용을 통해 공무원집단의 보수화를 초래한다는 단점이 있다.

12 ②

신행정론은 1968년 왈도가 주도한 미노브록 회의를 계기로 태동하여 빈곤, 차별, 폭동 등 미국의 사회문제 해결을 촉

구하였다. 행정의 적실성과 실천성을 강조하며 정치행정일
원론에 입각하여 독자적인 행정이론의 발전을 이루고자 하
였다.

13 ①

변혁적 리더십은 구성원의 개인적 관심보다는 보다 고차원
적인 가치와 이상에 호소하는 리더십으로, 구성원에게 권한
을 부여함으로써 변화를 도모한다. 따라서 변혁적 리더십은
구성원들이 조직참여의 기대가 큰 경우에 적합하며 예외관
리보다는 변혁적 관리에 초점을 둔다.

14 ③

③ 에치오니(Etzioni)는 합리모형과 점증모형의 단점을 극
복하기 위하여 혼합주사모형을 주장하였다. 혼합주사모형은
정책결정을 위한 대안 탐색과 분석에서 기본적 결정
(fundamental decision)과 부분적 결정(bit decision)의 복
합적 방식을 사용하는 정책결정 모형으로, 정책결정을 기본
적 결정과 부분적 결정으로 나누어 기본적 결정에서는 중요
한 대안의 중요한 결과만을 고려하고, 그 기본적 결정의 테
두리 안에서 세부적인 결정을 하는 방식이다. 최적모형은
Y.Dror가 초합리성을 강조한 모형이다.

15 ④

④ 주민투표권은 19세 이상의 주민에게 주어진다. 즉, 거주
　자격을 갖추고 지방자치단체의 조례로 정한 외국인이라
　도 19세 이상이어야 한다.
② 지방자치법 제17조에서 주민소송에 관한 사항을 명시하
　고 있다.
③ 지방자치법 제20조(주민소환) 제1항 … 주민은 <u>그 지방자치단</u>
　<u>체</u>의 장 및 지방의회의원(비례대표 지방의회의원은 제외
　한다)을 소환할 권리를 가진다.
※ **주민투표법 제5조(주민투표권) 제1항** … 19세 이상의 주민
　중 제6조 제1항에 따른 투표인명부 작성기준일 현재 다
　음 각 호의 어느 하나에 해당하는 사람에게는 주민투표
　권이 있다. 다만, 「공직선거법」 제18조에 따라 선거권이
　없는 사람에게는 주민투표권이 없다.
　1. 그 지방자치단체의 관할 구역에 주민등록이 되어 있
　　는 사람
　2. 출입국관리 관계 법령에 따라 대한민국에 계속 거주
　　할 수 있는 자격(체류자격변경허가 또는 체류기간연
　　장허가를 통하여 계속 거주할 수 있는 경우를 포함한
　　다)을 갖춘 외국인으로서 지방자치단체의 조례로 정
　　한 사람

16 ③

제시된 내용은 사바티어의 정책지지연합 모형(옹호연합 모
형)의 특징이다. 정책지지연합 모형은 정책집행 과정을 정
책하위체계 내에서 신념을 공유하는 여러 정책지지연합들
간 경쟁으로 가정한다.
※ 정책지지연합 모형

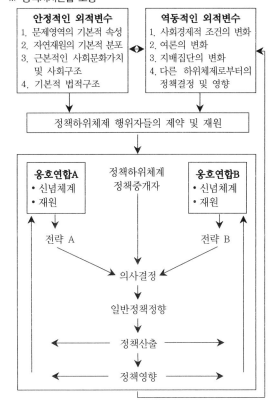

17 ①

① 준실험설계보다 진실험설계를 사용할 때 내적 타당성의
저해요인이 감소되어 내적 타당도가 높아진다.
※ 정책실험

구분	내적 타당도	외적 타당도	실현 가능성
진실험	높다	낮다	낮다
준실험	낮다	높다	높다
비실험	가장 낮다	가장 높다	가장 높다

18 ③

① 평정대상자의 근무실적과 직무수행능력을 주로 평가하며 적성, 근무태도 등도 평가대상에 포함된다.

② 자기평정법에 대한 설명이다. 중요사건기록법은 근무성적 평정에서 피평정자의 근무 실적에 큰 영향을 주는 중요 사건들을 평정자로 하여금 기술하게 하는 평정 방법을 말한다.

④ 우리나라의 경우 4급 이상 공무원에게는 직무성과계약제가 적용되고, 5급 이하 공무원에 대해서는 근무성적평가가 적용되고 있다.

19 ④

① 기존에 유지된 타당성조사의 문제점을 보완하기 위해 1999년부터 도입하였다.

② 예비타당성조사는 공공기관 사업 중 총사업비가 1,000억 원 이상이고 국가의 재정지원금액과 공공기관(「공운법」 제 6조에 따라 지정된 모든 공공기관을 포함) 부담금액의 합계액이 500억 원 이상인 신규(사업추진을 위한 관련 예산이 투입되기 이전 상태) 투자사업 및 자본출자에 대하여 실시한다.〈공기업·준정부기관 사업 예비타당성조사 운용지침 제3조〉

③ 기획재정부장관은 제1항에 따른 신청을 받은 경우 관계 전문가의 자문을 거쳐 예비타당성조사 실시여부를 결정하여야한다.〈공공기관의 운영에 관한 법률 시행령 제25조의 3(예비타당성조사) 제 3항〉

20 ③

③ 우리나라가 발행하는 국채의 종류에는 국고채, 재정증권, 국민주택채권이 있다.

1 ①

정치-행정 일원론이란 정책의 결정과 집행이 그 주체나 시기 면에서 분리되지 않는다는 관점이다. 정치와 행정이 불가분의 관계에 있어 행정에서의 정책 가치 판단, 정책결정 기능을 중시한다. 반면에 정치-행정 이원론은 정치와 행정이 본질적으로 다르다고 보는 입장이다.

① 공공조직의 관리자들은 정책결정자를 위한 지원, 정보제공의 역할만을 수행한다고 보는 것은 정치-행정 이원론에 해당한다.

2 ②

㉠ 목표관리제는 개인이나 부서의 목표를 구성원들의 참여에 의하여 결정한다는 측면에서 조직목표 달성을 위한 상향식 접근이다.

㉣ 성과관리는 조직의 비전과 목표로부터 이를 달성하기 위한 부서단위의 목표와 성과지표, 개인단위의 목표와 지표를 제시한다는 점에서 하향식 접근이다.

3 ③

③ 다원주의는 이익집단들 간의 영향력 차이는 인정하지만 전체적으로 균형을 유지하고 있으며 정책과정에 접근기회가 동등하다고 가정하여, 이익집단 간 협상과 타협을 통해 정책이 결정되고 정부는 수동적 심판관에 불과하다고 본다.

4 ①

① 개인의 사익을 초월한 공동체 전체의 공익이 따로 있다고 보는 견해는 실체설이다.

※ 실체설과 과정설

실체설(적극)	과정설(소극)
공익 > 사익의 합	공익 = 사익의 합
전체주의, 권위주의	개인주의, 다원주의
개도국, 합리모형	선진국, 점증모형
선험적	경험적

5 ①

① 다수 간의 조화된 가치를 선호한다면 합리성이 높아질 것이다. 합리성의 제약요인으로는 다수 간의 분화된 가치 선호로 인한 갈등이 있다.

6 ④

책임운영기관이란 정부가 수행하는 사무 중 공공성을 유지하면서도 경쟁 원리에 따라 운영하는 것이 바람직하거나 전문성이 있어 성과관리를 강화할 필요가 있는 사무에 대하여 책임운영기관의 장에게 행정 및 재정상의 자율성을 부여하고 그 운영 성과에 대하여 책임을 지도록 하는 행정기관을 말한다.
④ 「책임운영기관의 설치·운영에 관한 법률」에 근거하여 1999년부터 제도가 시행되었다.

7 ③

③ 행정이 전문성과 복잡성을 띠게 된 현대 행정국가 시대에는 외부 통제보다 내부 통제가 점차 강조되고 있다.

8 ①

로위(T. J. Lowi)의 정책 유형
㉠ 구성정책 : 정부기관의 신설 및 변경 또는 정치체제의 조직 변경 등에 관한 정책
㉡ 규제정책 : 개인이나 집단의 활동에 대하여 정부가 가하는 규제나 간섭 등과 관련된 정책
㉢ 분배정책 : 정부가 특정의 개인이나 집단에 재화나 용역 또는 지위·권리 등의 가치를 분배해 주는 것을 내용으로 하는 정책
㉣ 재분배정책 : 한 사회내에서 계층별 또는 집단별로 나타나 있는 재산·소득·권리 등의 불균형적 분포 상태를 사회적 형평성의 이념에 입각하여 재정리·변화시키고자 하는 정책

9 ②

① 비공식적 외부통제
③ 공식적 외부통제
④ 비공식적 내부통제

※ 내부통제와 외부통제

구분	내부통제	외부통제
공식	• 행정수반(대통령) 및 국무조정실 • 계층제(상관) 및 인사관리제도 • 독립통제기관(감사원, 국민권익위원회 등) • 교차기능조직(인사혁신처, 행정안전부 등) • 정부업무평가	• 입법부 • 사법부(헌법재판소, 법원) • 옴부즈만(일반적 기준)
비공식	• 행정윤리(전문직업상의 행동규범) • 동료 집단의 평가 • 대표관료제 • 공익	• 민중통제 • 시민 • 이익집단 • 여론, 매스컴 등 • 정당

10 ③

허시와 블랜차드의 리더십 이론

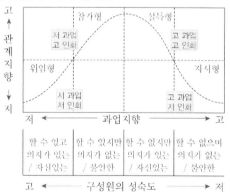

11 ③

① 조직의 규모가 클수록 공식화 수준이 높아진다.
② 조직의 규모가 클수록 조직 내 구성원의 응집력이 약화된다.
④ 조직의 규모가 클수록 복잡성이 높아진다.

12 ②

재정자립도란 일반회계 총세입 중에서 자주재원(지방세 +
세외수입)이 차지하는 비중을 말한다.
② 자주재원이 적은 상황에서 중앙정부가 지방교부세를 증
　액하면 재정자립도는 더 낮아진다. 재정자립도는 자주재
　원의 비중이 클수록, 의존재원(지방교부세 및 국고보조
　금)이 적을수록 높아진다.
③ 재정자립도만으로 세출의 질, 전체 재정규모 등 실질적
　인 재정상태를 알 수 없으므로 재정자립도가 높다고 해서
　지방정부의 실질적 재정이 반드시 좋다고 할 수 없다.
④ 지방세는 자주재원이므로 국세를 지방세로 이전시킨다면
　재정자립도 증대에 도움이 된다.

13 ②

① 주민투표제도는 2004년 주민투표법이 제정(지방자치법에
　근거)되어 지금까지 시행되고 있다.
③ 지방자치단체의 장은 주민 또는 지방의회의 청구에 의하
　거나 자신의 직권으로 주민투표를 실시할 수 있다. 〈주민
　투표법 제9조 제1항〉
④ 외국인의 경우 출입국관리 관계 법령에 따라 대한민국에
　계속 거주할 수 있는 자격(체류자격변경허가 또는 체류
　기간연장허가를 통하여 계속 거주할 수 있는 경우를 포
　함)을 갖춘 외국인으로서 지방자치단체의 조례로 정한
　사람은 주민투표권을 가진다. 〈동법 제5조 제1항 제2호〉

14 ④

네트워크 조직은 독립된 각 사업 부서들이 자신의 고유 기
능을 수행하면서 제품 생산이나 프로젝트의 수행을 위해서
상호 협력적인 네트워크를 지니는 조직으로 ①②③의 장점
이 있지만, 조직 간 경계가 애매하여 정체성과 응집력이 약
화될 수 있다는 단점이 있다.

15 ④

애덤스의 공정성이론에 따르면 불공평감을 느낄 때 취할 수
있는 행동으로 투입 변경, 산출 변경, 지각 변경, 준거인
변경 등이 있다고 보았다.
①③ 투입 변경　② 지각 변경

※ 애덤스의 공정성이론

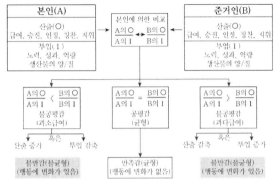

16 ③

③ 배치전환이란 전직, 전보, 파견 등 수평적 근무이동을
　의미하는 것으로 구성원의 능력 정체와 퇴행현상을 막고,
　직무 부적응 해소 등의 장점이 있지만 행정의 전문성과 능
　률성을 저해하는 단점이 있다.

17 ①

ⓒ 추가경정예산은 본예산 성립 후에 발생하는 사유로 본예
　산과 별개로 성립되지만 집행이나 결산 심의 등은 본예
　산과 통합되어 이루어진다.
ⓓ 우리나라는 1960년도 이후부터 준예산제도를 채택하고
　있다.

18 ②

① 과학적 관리론, 실적제, 직무급 요청 등은 직위분류제의
　발전에 기여했다.
③ 공무원 개인의 능력이나 자격을 기준으로 공직분류체계
　를 형성하는 것은 계급제이다. 직위분류제는 직무를 중
　심으로 공직분류체계를 형성한다.
④ 계급제와 직위분류제는 양립가능하며 우리나라는 계급제
　를 기반으로 직위분류제를 가미한 절충형을 취한다.

19 ①

강제배분법은 도표식 평정척도법에서 흔히 나타날 수 있는 관대화 경향이나 집중화 경향을 줄이기 위해 사용되는 방법으로, 미리 평점점수의 분포비율을 정해 놓는 방법이다.

20 ④

① 자치권의 인식에서 주민자치는 고유권으로, 단체자치는 전래권으로 본다.
② 주민자치는 민주주의 이념을, 단체자치는 지방분권의 이념을 강조한다.
③ 주민자치는 의결기관과 집행기관이 통합된 기관통합형을, 단체자치는 의결기관과 집행기관이 분리대립된 기관대립형을 채택한다.

※ 주민자치와 단체자치의 비교

구분	주민자치	단체자치
발달한 국가	영국, 미국, 캐나다 등	독일, 프랑스, 일본, 한국
근거학설	지방권설 · 고유권설	국권설 · 수탁설
자치권인정 주체	주민	국가(중앙정부)
추구 이념	민주주의	지방분권
자치의 의미	정치적 의미	법률적 의미
주민참여의 정도	높음	낮음
중앙통제의 정도	약함	강함
중앙–지방정부 관계	기능적 협력관계	권력적 감독관계
자치권 배분양식	개별적 수권방식	포괄적 수권방식
재원확보	자주재원 > 의존재원	자주재원 < 의존재원
지방세 제도	독립세 중심	부가세 채택
주시하는 관계	주민–자치단체 관계	자치단체–국가 관계

2020. 6. 13.
제1회 지방직 / 제2회 서울특별시 시행

---

1 ④

①②③은 현대행정국가의 큰정부 상황과 관련된다. 1930년대 경제대공황(실업) 극복을 위한 루즈벨트의 뉴딜정책, 행정이 정책결정기능까지 맡게되며 정치행정1원론인 통치기능설 대두, 소득분배의 불공평성을 시정하기 위한 정부개입에 따른 복지국가 등장과 사회복지프로그램 확대 등 모두 행정부의 역할과 기능이 확대된 큰정부와 관련된다.
④ 1980년대 이후에는 방만한 복지정책과 '큰 정부(big government)'에 따르는 재정부담을 완화하고 정부실패(government failure)를 교정하기 위한 필요에서 '작은 정부(small government)'를 강조하는 신자유주의의 이념이 확산되었다. 신자유주의 이념에 따라 각국 정부는 정부의 기능과 규모를 축소하고 규제를 완화하는 시장지향적 정부혁신을 추구하게 되었다. 신공공관리는 이러한 정부개혁을 주장한 이론이다.

2 ③

• 매트릭스 구조(matrix structure ; 행렬조직, 복합구조, 주형(鑄型)조직) : 기술적 전문성(기능구조의 특성)과 신속한 대응성(사업구조의 특성)이 동시에 강조됨에 따라 등장한 조직구조로서 전통적인 계서적 특성을 갖는 수직적(종적)인 기능구조(직능조직)와 수평적(횡적)인 사업구조(프로젝트조직)를 화학적으로 결합시켜 신축성을 확보하도록 한 혼합적 · 이원적 구조의 상설조직.

3 ②

• 자주재원에는 지방세와 세외수입이 있고, 재산임대수입은 세외수입에 해당된다.
• 의존재원에는 국고보조금, 지방교부세, 조정교부금이 있다.

※ 지방세입[지방재원]의 분류
• 자주재원

지방세(11개)	용도별	보통세	취득세, 등록면허세, 주민세, 지방소득세, 재산세, 자동차세, 담배소비세, 지방소비세, 레저세	경상재원	일반재원(목적세는 특정재원으로 보기도 함)
		목적세	지역자원시설세, 지방교육세		
	과세주체별		특별시세, 광역시세, 도세, 시·군세, 자치구세		
세외수입			재산임대수입, 사용료, 수수료, 사업수입, 징수교부금, 이자수입	경상재원	일반재원특정재원
			재산매각대금, 부담금(분담금), 과징금 및 과태료 등, 지난 연도 수입, 기타 수입(불용품 매각수입, 체납처분수입, 보상금수납금, 시도비 반환금수입, 기부금, 그 외 수입)	임시재원	

• 의존재원

국가에의존	지방교부세	보통교부세	기준재정수입이 기준재정수요에 미달하는 경우 지급	경상재원	일반재원
		부동산교부세	국세인 종합부동산세 총액을 재원으로 하여 지급		경상재원
		소방안전교부세	자치사무인 소방업무와 관련한 지방예산 부족을 보전		특정재원
		특별교부세	특별한 재정수요 발생시 지급	임시재원	
	국고보조금	협의의 보조금	자치사무. 장려적 보조금(국가가 부담의무는 없지만 지급)		특정재원
		(국고)부담금	단체위임사무. 정률보조(이해관계범위만큼 부담)	경상재원	특정재원
		교부금	기관위임사무. 정액보조(국가사무이므로 전액 보조)		
상급자치단체에의존	시·군조정교부금		광역시·도→관할 시·군	경상재원	일반재원특정재원
	자치구조정교부금		특별시·광역시→관할 자치구		

• 지방채

지방자치단체가 재정상 필요한 재원 충당을 위한 자금조달에 의해 부담하는 채무	임시재원	특정재원

4 ①
선입견·편견(personal bias), 유형화(類型化; 정형화; 집단화)의 착오, 상동적(相同的) 오차, 고정관념(stereotyping)
ⓐ 평정요소와 관계가 없는 요소 등에 대해 평정자가 갖고 있는 편견·고정관념이 평정에 영향을 미치는 것.
ⓑ 피평정자에 대해 그가 속한 사회집단이나 고정관념에 비추어 부정확하게 평정되는 현상. 피평정자들이 같은 부류라고 판단하는 오류이므로 상동적 오류라 함(에 기획실 직원이므로 기획력이 뛰어나다고 평정, 동사무소 직원이므로 업무능력이 떨어질 것이라고 평정, 서울대 출신이면 책임감이 높을 것이라는 평정).

5 ③
① 사익을 초월한 별도의 공익이란 존재할 수 있다는 실체설과 달리 과정설은 사익과 무관한 공익은 존재할 수 없다고 보며, 공익은 사익의 총합 또는 사익 간 타협·조정의 결과라고 본다.
② 사회정의 기본원리와 바람직한 정책기준(우선순위) – 롤스(Rawls)

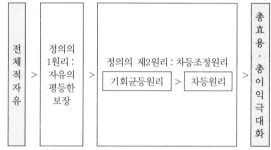

③ 능률성의 이론적 배경 – 파레토 최적 : 투입(비용) 대비 산출(편익)을 고려해 자원을 배분한다면 최적의 자원배분이 이루어지는데 이러한 최적의 자원배분 상태를 파레토최적이라 함. 파레토 최적은 소득의 공평한 분배(형평성)를 고려하지 않는 경제적 개념이다.
④ 베버(M. Weber) 이래 행정은 '합리성'의 문제로 인식되어 왔다. 일반적으로 수단적 가치로서의 합리성은 어떤 행위가 궁극적 목표 달성의 최적 수단이 되느냐의 여부를 가리키는 개념이다.

6 ②
② 정형화된 기술 : 일상적 기술
에 제품포장
- 업무 쉬움(일상적 업무와 관련)
- 통솔할 수 있는 부하 수 증가(통솔범위 넓음)

비정형화된 기술 : 비일상적 기술

📖 배아줄기세포 연구

- 업무 어려움(비일상적 업무와 관련)
- 통솔할 수 있는 부하 수 축소(통솔범위 좁음)

* 기계적 구조보다 유기적 구조는 계층 수 축소되어 통솔
범위가 넓어진다는 내용과 구별해서 파악해 둘 것.
비일상적 기술에는 유기적 구조가 적합하지만 통솔범위
가 좁아지는 것은 아님(기술 자체의 특징에 초점을 두
어 봐야 함)

※ 페로우(C. Perrow)의 기술유형론 - 기술의 불확실성

구 분	과업의 다양성 낮음(소수의 예외) - 정보의 불확실성 낮음		과업의 다양성 높음(다수의 예외) - 정보의 불확실성 높음	
	장인(craft ; 기능 · 기예)기술		비일상적(non-routine) 기술	
문제의 분석 가능성 낮음 (비일상적 탐색) ㅣ 해결 곤란 (정보 모호성 높음)	• 대체로 유기적 구조 - 중간정도 공식화 - 중간정도 분권화 • staff 자격 : 작업 경험 • 중간정도 통솔범위 • 조정 · 통제 : 수평적, 구두 의사소통	• 정보불확실성 낮고 정보 모호성 높음 • 소량의 풍성한 정보 • 하이터치 : 개인적 관찰, 면접회의 * 지혜, 직관, 경험 등 무형적 요소에 의존 • 사례 : 고급 유기 그릇 생산공장, 도예, 연주, 공예산업 등	• 유기적 구조 - 낮은 공식화 - 높은 분권화 • staff 자격 : 훈련과 경험 • 좁은 통솔범위 • 조정 · 통제 : 수평적 의사소통, 회의	• 정보불확실성과 정보모호성 모두 높음 • 다량의 풍성한 정보 • 하이테크 · 하이터치 : 면접회의, 경영정보시스템(MIS), 의사결정지원시스템(DSS) 등 • 사례 : 핵연료 추진장치, 우주항공산업, 기획, 배아줄기세포연구 등
	일상적(routine) 기술		공학(engineering) 기술	
문제의 분석 가능성 높음 (일상적 탐색) ㅣ 해결 용이 (정보 모호성 낮음)	• 기계적 구조 - 높은 공식화 · 집권화 • staff 자격 : 낮은 훈련과 경험 • 넓은 통솔범위 • 조정 · 통제 : 수직적, 문서 의사소통	• 정보불확실성 · 정보모호성 모두 낮음. • 소량의 분명한 계량적 정보 • 보고서, 규정집, 계획표, 거래처리시스템(TPS ; Transaction Processing System) • 사례 : 표준화된 제품의 대량생산기술, 민원창구업무	• 대체로 기계적 구조 - 중간정도 공식화 · 집권화 • staff 자격 : 공식적 훈련 • 중간정도 통솔범위 • 조정 · 통제 : 문서 및 구두 의사소통	• 정보불확실성 높고 정보모호성 낮음 • 다량의 계량적 정보 • 하이테크 : 데이터베이스, 경영정보시스템(MIS), 의사결정지원시스템(DSS) 등 • 사례 : 주문생산기술, 회계, 변론 등

7 ①

보충성 원칙은 정부 간 사무배분시 지역주민으로부터 지
리 · 공간적으로 가까운 정부가 처리할 수 있는 사무에 대해
상위정부(상급자치단체, 중앙정부)가 관여해서는 안 되며,
업무처리능력 여부와 관계없이 개별적인 사회구성단위의 활
동을 파괴 · 박탈하면 안 된다는 원칙이다.

8 ④

㉠㉡은 상향식 접근, ㉢㉣은 하향식 접근

구분	하향적 집행론 (Top-down Approach)	상향적 집행론 (Bottom-up Approach)
의의	① 정책집행이 실제로 현장에서 어떻게 이루어지는지 기술하고 설명하는 데 중점을 두는 경험적 실증적 연구 ② 정책집행을 다수의 참여자 사이에서 발생하는 상호작용으로 이해, 일선관료와 대상집단의 입장에서 파악	① 정책집행이 실제로 현장에서 어떻게 이루어지는지 기술하고 설명하는 데 중점을 두는 경험적 실증적 연구 ② 정책집행을 다수의 참여자 사이에서 발생하는 상호작용으로 이해, 일선관료와 대상집단의 입장에서 파악
특징	① 정치 · 행정2원론과 합리모형에 근거, 집행의 비정치성 ② 정책결정자의 관점 ③ 규범적 처방의 제시 ④ 거시적 · 연역적 접근	① 정치 · 행정1원론과 점증모형 ② 일선관료 중시 ③ 집행문제의 해결에 초점 ④ 미시적 · 귀납적 접근
연구목적	성공적 집행의 좌우요인 탐구(거시적 · 연역적 연구) 정책결정자의 집행과정에 대한 영향력을 다룸 성공적 정책집행의 요건 및 정책집행 실패요인 파악	집행현장의 실제 상태를 기술 · 설명(미시적 · 귀납적 연구) 정책결정자의 집행과정에 대한 영향력 행사에 의문을 제기하고 집행현장을 더 중시
연구중점	① 정책결정자가 의도한 정책효과 달성을 위한 집행체제의 운영방식에 초점 ② 정책 및 정책결정자 관점 - 정책결정자에게 규범적 처방 제시 • 연구대상 : 중앙정부의 정책결정과 정책집행 • 주요행위자 : 정책결정자	① 집행현장에 참여하는 다수 행위자들(정책네트워크)의 전략적인 상호작용에 초점 ② 결정자의 의도보다는 일선기관이나 일선관료의 행태에 중점 • 연구대상 : 정책 영역 내의 일선집행 네트워크 구조 • 주요행위자 : 정책집행자(일선관료), 정책대상 집단
연구방향	정책결정(최상층) → 결정집행(최하층) : 정책결정자의 의도, 정책내용을 명확히 서술하고 목표달성을 위한 집행자들의 행위를 단계별로 구체화한 후 집행현장으로 연구대상을 이동(하향적 조명).	결정집행(최하층) → 정책결정(최상층) : 집행현장의 일선관료에서 출발하여 이들과 직접 접촉하는 대상집단 · 관련이해집단 · 지방정부기관을 파악하고 상부집행조직 · 정책내용 연구로 이동(상향적 조명).

집행전략	• 중앙통제적 정형적 집행전략 : 정책의 명확성, 집행요원·대상집단의 정책순응을 강조 - 정책집행자의 재량 제한 - 집행관련집단의 참여에 대해 소극적임 - 집행절차 : 표준운영절차(SOP) 사용	• 현지적응적 집행전략 : 세밀한 집행지침, 과도한 중앙통제는 집행의 신축성을 저해하고 정책실패를 초래한다고 봄 - 일선관료의 광범한 재량 중시 - 집행관련집단의 참여를 중시 - 집행절차 : 상황에 맞는 절차 사용
평가기준	집행의 충실도와 성과 – 정책목표의 달성도(효과성) 정책결정자의 의도를 실현하는 것이 성공적 정책집행 - 집행의 성공 요건 : 결정자의 통제력과 집행자의 순응	평가기준 불명확 – 집행현장에서의 적응성·문제해결력 중시 집행의 성공은 집행자가 주어진 여건에서 역할의 충실한 수행이라는 상황적 기준으로 파악 - 집행의 성공 요건 : 정책집행자의 역량과 재량
적용상황	• 핵심정책이 있고 비교적 구조화된 상황에 적합. • 명확한 정책지침, 목표수정 필요성 낮음 • 정책관련자 간 정책내용에 대한 합의 • 기존 이론·기술이 확실 • 정책이 요구하는 변화의 범위가 좁음	핵심정책이 없고 독립된 다수 행위자가 개입하는 동태적 상황 • 신축적 정책지침, 목표수정 필요성 높음 • 정책관련자 간 정책내용에 대한 갈등 • 기존 이론·기술이 불확실 • 정책이 요구하는 변화의 범위가 넓음
이론배경	정치·행정2원론(정책결정과 정책집행 구분)	정치·행정1원론(정책결정과 정책집행 미구분)
합리성	완전한 합리성, 도구적 합리성(목표를 달성시키는 수단)	제한적 합리성, 절차적 합리성, 진화론적 합리성(환경에 적응)
Elmore	전방향적 집행 (forward mapping)	후방향적 집행 (backward mapping)
Berman	정형적 집행 (programmed implementation)	적응적 집행 (adaptive implementation)

9 ③

③ 명령통일의 원리 : 조직구성원 누구나 한 사람의 상관에게 보고하며, 한 사람의 상관으로부터 명령을 받아야 한다는 원리

10 ④

④ 직업공무원제의 한계로서 관료특권화, 공직침체, 민주통제 곤란을 들 수 있고 이에 대한 극복방안으로서 고위직의 정치적 임용방식 활용을 통한 민주적 책임성 확보를 들 수 있다. 따라서 정치적 중립의 강화는 직업공무원제의 단점 보완과는 거리가 멀다.

〈직업공무원제의 위기와 극복방안〉

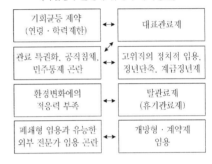

11 ③

계획예산제도(PPBS)의 연혁

㉠ 1954년 미국 공군성 랜드(RAND) 연구소에서 노빅(D. Novick)이 개발. 히치(C. Hitch)와 맥킨(R. McKean)은 국방예산에 대한 경제분석인 「핵시대의 국방경제학」에서 PPBS 채택을 국방성에 건의.

㉡ 1963년 케네디 정부 국방장관인 맥나마라(R. McNamara)가 육·해·공군 간 대립을 조정·해결하고 무기체계의 발전을 위해 국방부에 PPBS를 도입하여 육·해·공군성(부서) 간 구분(장벽)을 없애고 프로그램 중심으로 조직 전체적 관점에서 예산을 하향적으로 편성.

㉢ 1965년 존슨(Jhonson) 대통령에 의해 연방정부에 전면 도입했으나 별다른 성공은 거두지 못하고, 닉슨(Nixon) 정부에서 1971년 공식적으로 중단되었으나 PPBS의 많은 요소들은 광범위하게 사용되고 있음.

12 ②

①③④는 계층제의 단점이다.

① 직위분류제는 동일 직렬에 따라 근무하는 것을 원칙으로 하므로 행정의 전문화에 기여한다.

② 직위분류제에서 동일 직렬에서의 승진이나 전보는 가능하나, 다른 직무로의 전직이 어렵기 때문에 인력배치의 탄력성과 신축성이 부족하다(인력활용의 수평적 융통성이 약함).

③ 직위분류제는 직급·등급이 직무의 책임도·곤란도에 의해 구분되어 신분상 관계가 아닌 직무상 관계이므로, 상·하위직 간 계급의식이나 위화감이 적다.

④ 직위분류제는 횡적으로 직책의 한계와 종적으로의 지휘·감독관계가 분명하여 권한과 책임의 한계를 명확히 하므로 직무경계가 명확하고 행정활동의 중복과 갈등을 예방한다.

13 ①

① 감사원은 대통령 소속의 행정부기관으로서 감사원의 직무감찰은 내부 공식적 통제에 해당한다.

14 ②

• Build : 민간투자사업자가 사회기반시설 준공
• Transfer : 해당 시설 소유권을 정부로 이전
• Lease : 대신 시설관리운영권을 획득하고, 정부는 해당 시설을 임차 사용하여 약정기간 임대료를 민간에게 지급

15 ④

정책수단 : 원인변수·독립변수
정책목표 : 결과변수·종속변수
※ 인과적 추론의 조건(J. S. Mill)

시간적 선행성 (선후성)	원인이 되는 사건·현상은 결과보다 시간적으로 먼저 발생해야 함.	상관관계 파악	내적 타당성은 세 조건이 모두 충족되어야 함
상시연결성 (연관성)·공변성	원인과 결과는 공동으로 변해야 함수		
경쟁가설의 배제 (비허위적 관계일 것)	결과는 원인에 의해서만 설명되어야 하며, 다른 변수(제3의 변수)에 의한 설명 가능성은 배제되어야 함(경쟁가설 배제)	인과관계 파악	

㉠ 시간적 선행성 조건에 위배된다. 정책수단의 실현(원인변수)이 정책목표의 달성(결과변수)에 선행해서 존재해야 한다.

㉡ 경쟁가설의 배제(비허위적 관계)로서 인과적 추론의 조건에 해당된다.

㉢ 수단(원인)과 목표(결과) 모두 변화가 있어야 한다는 것으로 상시연결성(공변성) 조건에 해당한다.

16 ①

① 분야가 다른 정책이나 프로그램이라도 비용과 편익을 화폐가치라는 동일한 척도로 측정하여 비교할 수 있다(이종사업에도 적용 가능).

17 ③

㉠ 혼합탐사모형에서 정책결정을 근본적 결정과 세부적 결정으로 구분한다.

㉣ 갈등의 준해결과 SOP의 활용은 회사모형의 특징이다.

18 ④

④ 조세지출의 유형: 조세감면·비과세·면세·소득공제·세액공제·우대세율적용·과세이연(課稅移延 ; 기업이나 개인의 자금 활용에 여유를 주기 위해 세금 납부 시점을 미뤄주는 것)

19 ④

㉠ 전자정부가 초고속정보통신망, 네트워크, 인터넷 기술을 기반으로 하여 신속·투명한 행정서비스 제공을 목표로 했다면 유비쿼터스정부는 무선과 모바일 네트워크, 시맨틱 웹(Semantic Web), 주변 환경을 감지하는 센싱(sensing)기술, 칩(전자태그 예 RFID)기반 기술을 활용하여 개개인의 선호도·수요에 따라 개별화·지능화 된 실시간 맞춤형 행정서비스 제공을 목표로 한다.

㉡ 지능화와 고객맞춤형 서비스를 특징으로 한다.

• 지능화(Intelligence) : 사회 인프라에 센서나 태그를 이식해 이를 통해 공간 환경·사물·사람에 관한 상황 인식 정보를 수집·공유하고 사물·컴퓨터가 직접 지능화된 서비스 제공. 사람이 개입하지 않아도 스스로 필요한 의사결정과 행동조치를 함

• 고객맞춤형(Uniqueness) : 개인별 요구사항·특성·선호도를 사전에 파악하여 맞춤형 서비스 제공.

㉢ 유비쿼터스의 5C와 5Any : 컴퓨팅(Computing), 커뮤니케이션(Communication), 콘텐츠(Contents), 접속(Connectivity), 조용함(Calm)

Any-time, Any-where, Any-network, Any-device, Any-service

20 ③

- ㉠ 민원에 관한 주요 정책결정·기획이 아니라, 규정에 따라 서비스를 제공하는 전달적 행정이다.
- ㉡ 원칙적으로 행정기관에 민원을 제기할 수 있는 주체(민원인)는 행정 밖에 있는 고객(자연인이나 법인)이며 행정기관은 제외되지만, 예외적으로 행정기관도 사경제(私經濟)의 주체로서 제기하는 경우 민원인이 될 수 있다. 〈민원 처리에 관한 법률 제2조(정의)〉…"민원인"이란 행정기관에 민원을 제기하는 개인·법인 또는 단체를 말한다. 다만, 행정기관(사경제의 주체로서 제기하는 경우는 제외한다), 행정기관과 사법(私法)상 계약관계(민원과 직접 관련된 계약관계만 해당한다)에 있는 자, 성명·주소 등이 불명확한 자 등 대통령령으로 정하는 자는 제외한다.
- ㉢ 민원행정은 주로 행정기관에 대하여 일정한 어떤 행위를 요구하는 의사표시가 전제되고 이러한 의사표시의 내용 중에는 부당한 행정으로 인한 불이익을 시정하고자 하는 의사표시가 포함될 수 있기 때문에 매우 간편한 행정구제의 수단으로서의 기능을 수행한다.

※민원행정

① 민원행정: 국민이 행정기관에 특정한 행위를 요구하여 의사표시에 대응하는 활동을 의미하며 다양성·변동성, 처리·해결을 위한 재정지출 수반, 양적 팽창과 질적 복잡화, 고도의 전문성·기술성 필요 등의 특징을 지님

② 민원행정의 성격
  - ㉠ 서비스 행정: 민원인이 제기한 요구나 문제를 처리함에 있어 공무원의 구체적인 행위가 요구되고 그들의 전문능력과 태도(친절성·신속성)가 서비스의 질을 결정
  - ㉡ 고객의 관점에 부합: 불특정 다수의 주민(국민)을 상대로 하는 것이 아니라, 개개인의 특별한 요구에 개별적으로 대응한다는 점에서 고객의 관점에 부합
  - ㉢ 대외·대민행정: 행정 밖에 있는 고객(자연인이나 법인)이 대상. 예외적으로 행정기관이 사경제주체로서 제기하는 경우에는 민원인이 될 수 있음
  - ㉣ 전달적 행정: 민원에 관한 주요 정책결정·기획이 아니라, 규정에 따라 서비스를 제공하는 전달적 행정
  - ㉤ 정치적 관심의 영역: 주민의 일상생활과 직결되며 광범위한 영역에 걸쳐 이루어지므로 유권자의 지지를 원하는 정치인에게 매우 중요

③ 민원행정의 기능
  - ㉠ 행정통제 기능
  - ㉡ 행정구제수단 기능
  - ㉢ 행정에의 주민 참여 기능(국민이 참여하여 자신의 의견과 의사를 표출하는 행정행위에 동참)
  - ㉣ 행정의 투명성·신뢰성 제고수단기능(국민과 정부 간의 대화를 위한 중요한 창구역할)

---

1 ①

① 정치·행정 이원론(행정관리론)은 엽관주의가 부정부패와 행정의 비전문성·비능률성을 초래함에 따라 행정에 대한 부당한 정치적 간섭의 배제(정치와 행정의 분리)와 행정의 독자성·전문성·능률성·기술성 확보를 주장하였다.

② 1930년대 뉴딜정책은 정치·행정 일원론(통치기능설)이 등장하게 된 중요 배경이다.

③ 과학적 관리론과 행정개혁운동(공직개혁으로서 진보주의운동)은 정치행정이원론이 등장하게 된 배경이 되었다.

④ 정치·행정 일원론(통치기능설)을 대표하는 애플비(Appleby)는 정치와 행정은 단절적·배타적이기보다는 협조적이며 연속선상에 있다고 보았다.

2 ④

④ 무의사결정론은 특정사회에서 지배엘리트는 그들의 이해관계와 일치되는 문제만 정책화하고(밝은 얼굴), 지배엘리트의 이익에 반하는 정책은 정책의제화 되지 못하게 방해·억압(어두운 얼굴. 무의사결정)하므로 일부 사회문제만 정책의제로 선택된다고 본다. 일부 사회문제만 정책의제로 선택되는 이유로 주의집중력의 한계를 드는 것은 H. Simon의 견해이며, 체제의 과부하를 막기 위해 환경에서의 투입요소를 체제의 능력범위 내로 선별 수용하면서 체제의 문지기(행정부 首班)가 선호하는 문제가 의제화된다는 것은 체제이론의 시각이다.

3 ②

① 자치권에는 자치입법권, 자치재정권, 자치행정권, 자치사법권 등이 있으나 우리나라의 경우 자치사법권은 인정되지 않는다.

② 지방자치단체의 장은 회계연도마다 예산안을 편성하여 시·도는 회계연도 시작 50일 전까지, 시·군 및 자치구는 회계연도 시작 40일 전까지 지방의회에 제출하여야 한다〈지방자치법 제127조(예산의 편성 및 의결) 제1항〉.

③ 자치입법권은 지방의회에 의한 조례제정권과 지방자치단체의 집행기관 장(자치단체장, 교육감)의 규칙제정권이 있다.

④ 세종특별자치시·제주특별자치도는 단층제로 운영되는 광역자치단체이며 자치권을 갖는다. 제주특별자치도의 제주시나 서귀포시는 지방자치단체가 아닌 행정시이며 자치권이 없다.

4 ①

㉠ 고객의 참여, 고객 만족, 고객의 선택, 고객에의 책임 등을 중시.

㉡ 서비스의 질은 고객만족에 초점을 두므로, 정태적이 아니라 계속 변동되는 목표이며, 산출이 아니라 투입과 과정의 계속적인 환류와 개선에 주력해야 한다고 보므로 결점이 없어질 때까지 개선활동을 반복한다.

㉢ 수평적 분권적 구조 중시, 사전적 품질관리 중시

㉣ 개인적 노력보다는 집단적 노력·팀워크·협력 중시

TQM의 특징	TQM의 특징이 아닌 것
사전적품질관리	사후적품질관리
서비스의 질적 수준 향상	서비스의 양적 수준 증대
수평적, 분권적 구조	수직적, 집권적 구조
협력	분업
집단적 노력·팀워크·협력 중시	개인적 개별적 노력 중시, 개인별 성과 측정
통계적 자료와 과학적 절차에 의한 의사결정	통계적 자료와 과학적 절차의 경시
고객위주의 행정 (Post-Fordism, 소비자 중심)	관중심 행정 (Fordism, 공급자 중심)
고객에 의한 서비스 품질 평가	전문가에 의한 서비스 품질평가
장기적, 거시적 안목	단기적, 미시적 안목
투입과 과정의 지속적 개선·환류(무결점주의)	결과나 산출에 초점. 일시적
무가치한 업무나 과오·낭비의 불허	기준을 초과하지 않는 한 낭비의 허용

5 ②

② 강압적 권력은 불복종시 발생할 부정적 결과나 처벌에 대한 두려움(공포)에 근거를 두지만, 카리스마 개념과 유사한 것은 준거적 권력이다.

※ **프렌치와 레이븐(J. French & B. Raven)의 권력 유형**

㉠ 직위권력
- 보상적[보수적](reward) 권력 : 타인이 가치 있다고 생각하는 보상을 줄 수 있는 능력에 근거를 둠(공리적 권위와 유사).
- 강요적[강압적](coercive) 권력 : 불복종시 발생할 부정적 결과나 처벌에 대한 두려움에 근거를 둠(강제적 권위와 유사).
- 합법적[정통적](legitimate) 권력 : 법·제도에 근거한 권력. 권력행사자가 정당한 권력을 행사할 수 있는 권리를 가지고 있다고 인정되는 경우 성립하며 '권한'이라고도 함(M. Weber의 합법적 권위와 유사). 상관이 보유한 직위에 기반을 두므로 지위가 높아질수록 커지며 조직에 의해 부여되고 보장됨. 기계적 조직에서는 엄격하며 유기적 조직일수록 불분명함.

㉡ 개인권력
- 준거적(referent) 권력 : 복종자가 지배자와 일체감을 가지고, 자기의 행동모형을 권력행사자로부터 찾으려고 하는 역할모형화에 의한 권력으로 어떤 사람이 자신보다 월등하다고 느끼는 무언가의 매력이나 카리스마에 의한 권력. 일체감과 신뢰를 바탕으로 함(Simon의 신뢰의 권위와 일체화의 권위의 성격을 동시에 지니며, M. Weber의 카리스마적 권위와 유사).
- 전문가적(expert) 권력 : 전문적 지식·기술을 지닐 때 발생하는 권력. 직위나 직무를 초월해 누구나 행사할 수 있으므로 공식적 직위와 일치하지 않을 수도 있음(전문적 권위와 유사).

6 ③

직무평가의 내용이다. 직무의 책임도·곤란도에 따라 직급·등급을 결정하며 서열법, 분류법, 점수법, 요소비교법 등이 활용된다. 등급은 직무급 산정의 기준이 되므로 직무평가는 직무의 책임도·곤란도에 비례한 공정한 보수 제공에 필요한 작업이다.

※ **직위분류제 수립절차**

사전준비	계획수립 및 분류담당자· 분류대상직위의 선정

↓

| 직무조사
(직무기술서
작성) | 질문지법, 면접법, 관찰법 등에 의하여 분류
될 직위의 직무에 대한 객관적 정보를 수
집·기록(실제공무원의 직무내용 조사·기술) |

↓

| 직무분석 | 직무기술서를 토대로 직무의 종류·성질에
따라 직류·직렬·직군별로 수직적·종적
분류구조 형성 |

↓

| 직무평가 | • 직무의 책임도·곤란도에 따라 직급·등
급별로 수평적·횡적 분류구조를 형성하
는 것.
• 직무수행의 곤란성, 책임성, 복잡성, 자격
요건 등의 차이를 기초로 하여 각 직위가
내포하고 있는 상대적 수준 또는 가치·
비중에 따라 분류되며, 등급의 설정은 직
무급 보수체계 확립의 중요한 기반이 됨.
• 직무평가 방법 |

특 징		직무와 기준표 비교 (절대평가)	직무와 직무 비교 (상대평가)
비계량적 (주관적) 방법	직무 전체파악	분류법 (정부에서 주로 사용)	서열법
계량적 (객관적) 방법	직무구성 요소별 파악	점수법 (사기업에서 주로 사용)	요소비교법

↓

구분	기준	결정내용	분류구조	기초자료	목적
직무 분석	직무의 종 류와 성질	직군·직 렬·직류별	수직적· 종적 분류	직무기술 서에 기초	직무 중심 의 객관 화·과학 화·합리화
직무 평가	직무의 책 임도·곤 란도	등급·직 급별	수평적· 횡적 분류	직무분석 자료에 기초	보수의 공 정성·합 리화

↓

| 직급명세서
작성 | 직급명세서란 ㉠ 직급명, ㉡ 직무내용(직무
의 개요)과 직무수행의 예시, ㉢ 자격요건,
㉣ 보수액, ㉤ 채용방법 등 각 직급의 직급
별 특징에 관하여 정의·설명한 것 |

↓

| 정급 | 분류대상 직위들을 해당 직군·직렬·직류
와 직급·등급에 배정 |

↓

| 사후관리
·수정 | 직위분류 실시에 따른 문제점을 발견하여
수정·보완 |

7 ④

전국 - 개략적 / 일부 지역 - 면밀 관찰

위 단어로 추정하면 혼합탐사모형의 기본적 결정과 세부적 결정을 연관지을 수 있다. 혼합탐사모형은 의사결정의 계층성을 전제로 근본적 결정과 세부적 결정을 나누는 의사결정모형으로서 거시적이고 장기적인 안목에서 대안의 방향성을 탐색하는 한편(근본적 결정 : 모든 대안을 탐색하되 개략적 예측) 그 방향성 안에서 심층적이고 대안적인 변화를 시도(세부적 결정 : 소수 대안만을 대상으로 세밀한 예측)하는 것이 바람직하다고 본다.

※ 혼합탐사모형의 기본적(근본적) 결정과 세부적(부분적) 결정의 지속적 교호작용

구분	기본적·근본적 결정(Fundamental Decision)	세부적·부분적 결정(Bit Decision)
구분	세부결정을 위한 테두리나 맥락을 결정하는 행위 환경의 급변, 전체적 문제상황의 변화시 행함	기본적 결정의 구체화·집행 안정된 상황에서 단기적 변화에 대처
대안탐색 (고려할 대안의 수)	중요한 대안을 포괄적으로 모두 고려(포괄적 합리모형)	기본적 결정의 범위 내에서 소수의 대안만 고려(점증주의)
대안분석 (각 대안의 결과 예측)	대안들의 중요한 결과만을 개괄적으로 예측(합리모형의 엄밀성을 극복)	대안의 결과는 세밀하게 분석(포괄적 합리모형)

8 ①

② 반기별 ⇨ 분기별 / 국회의 심의를 받은 뒤에 ⇨ 국무회의 심의를 거친 후 대통령 승인을 얻어

※ 〈국가재정법 제43조(예산의 배정)〉

　① 기획재정부장관은 제42조의 규정에 따른 예산배정요구서에 따라 분기별 예산배정계획을 작성하여 국무회의의 심의를 거친 후 대통령의 승인을 얻어야 한다.

　② 기획재정부장관은 각 중앙관서의 장에게 예산을 배정한 때에는 감사원에 통지하여야 한다.

③ 재배정이 아니라 배정이다.

기재부장관 → 중앙관서 장 → 재무관
　　　　　　　　↑　　　　　　↑
　　　　　　　배정　　　　재배정
　　　　　（분기별）　　（월별or분기별）

예산 배정	기획재정부장관이 중앙관서의 장이 제출한 예산배정요구서에 따라 분기별 예산배정계획을 작성하여 국무회의 심의 후 대통령 승인을 얻어 각 중앙관서의 장에게 예산 배정. 예산배정은 지출원인행위를 할 수 있는 요건적 절차
예산 재배정	각 중앙관서의 장이 배정받은 범위 내에서 다시 산하 재무관(부속기관·하급기관)에게 월별 또는 분기별로 집행할 수 있는 예산액을 배정해 주는 것

④ 기획재정부장관은 매년 2월 말까지 예산집행지침을 각 중앙관서의 장에게 통보. 국회에는 통보 안 함.

· 기획재정부장관은 예산집행의 효율성을 높이기 위하여 매년 예산집행에 관한 지침을 작성하여 각 중앙관서의 장에게 통보하여야 한다〈국가재정법 제44조(예산집행지침의 통보)〉.

· 기획재정부장관은 법 제44조에 따른 예산집행지침을 매년 1월말까지 각 중앙관서의 장에게 통보하여야 한다〈동법 시행령 제18조(예산집행지침의 통보) 제1항〉.

예산편성지침	기재부장관이 국무회의의 심의를 거쳐 대통령의 승인을 얻은 다음 연도의 예산안편성지침을 매년 3월 31일까지 각 중앙관서의 장에게 통보	기재부장관이 각 중앙관서의 장에게 통보한 지침을 국회 예산결산특별위원회에 보고
예산집행지침	기재부장관이 예산집행의 효율성을 높이기 위하여 작성해 매년 1월말까지 각 중앙관서의 장에게 통보	

9 ③

타당성 : 측정의 정확성 / 신뢰성 : 측정의 일관성

① 측정의 정확성은 없지만 일관성은 있을 수 있음 ☞ 체중 90kg인 사람이 체중계 측정시마다 60kg으로 나옴

② 측정의 일관성이 없으면 정확성 확보가 안 됨→신뢰성이 낮으면 타당성도 낮음(신뢰성은 타당성의 필요조건 – 타당성이 확보되려면 최소한 신뢰성은 전제되어야 함)

③ 측정의 일관성이 있어도 정확성까지 보장할 수는 없음. 타당성이 확보되려면 신뢰성이 전제되어야 하나 신뢰성이 확보되었다 해서 반드시 타당성이 확보되는 것은 아님. 신뢰성이 타당성의 충분조건은 아님

④ 정책평가의 타당성은 정책수단과 정책목표간 인과관계와 관련되며 타당성이 없는 측정도구는 인과관계 판단을 정확히 하지 못해 1종오류(실제 효과가 없는 대안을 효과가 있다고 판단)나 2종 오류(실제 효과가 있는 대안을 효과가 없다고 판단)를 범하는 원인이 될 수 있다.

※ 신뢰도와 타당도

　㉠ 신뢰성이 낮으면 타당성도 낮다. – C(신뢰성은 타당성의 필요조건 – 타당성이 확보되려면 최소한 신뢰성은 전제되어야 함).

　㉡ 신뢰성이 높다고 항상 타당성이 높은 것은 아니다. – A, B(신뢰성은 타당성의 충분조건은 아님).

　㉢ 타당성이 높으면 신뢰성도 높다. – A

　㉣ 타당성이 낮다고 항상 신뢰성이 낮은 것은 아니다. – B, C

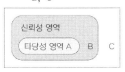

구분	A 영역	B 영역	C 영역
타당성	높음	낮음	낮음
신뢰성	높음	높음	낮음

10 ③

① 겸임은 주로 일반직 공무원에 인정되나, 교육공무원법 상 특정직인 교육공무원에게도 인정되며 겸임기간은 2년 이내로 한다.

- 직위와 직무 내용이 유사하고 담당 직무 수행에 지장이 없다고 인정하면 대통령령등으로 정하는 바에 따라 일반 직 공무원을 대학 교수 등 특정직공무원이나 특수 전문 분야의 일반직공무원 또는 대통령령으로 정하는 관련 교육·연구기관, 그 밖의 기관·단체의 임직원과 서로 겸임하게 할 수 있다〈국가공무원법 제32조의3(겸임)〉.
- 제2항에 따른 겸임기간은 2년 이내로 하며, 특히 필요한 경우 2년의 범위에서 연장할 수 있다〈공무원임용령 제40조(겸임) 제3항〉.

② 인사관할을 달리하는 기관 사이의 수평적 인사이동은 전입이며 원칙적으로 시험을 거쳐 임용한다.

전직은 직렬을 달리하는 임명이며, 원칙적으로 전직시험을 거쳐야 하며, 예외적으로 시험의 일부나 전부의 면제 가능

- 공무원을 전직 임용하려는 때에는 전직시험을 거쳐야 한다. 다만, 대통령령등으로 정하는 전직의 경우에는 시험의 일부나 전부를 면제할 수 있다〈국가공무원법 제28조의3(전직)〉.
- 국회, 법원, 헌법재판소, 선거관리위원회 및 행정부 상호 간에 다른 기관 소속 공무원을 전입하려는 때에는 시험을 거쳐 임용하여야 한다. 이 경우 임용 자격 요건 또는 승진소요최저연수·시험과목이 같을 때에는 대통령령 등으로 정하는 바에 따라 그 시험의 일부나 전부를 면제할 수 있다.〈국가공무원법 제28조의2(전입)〉

③
- "전보(轉補)"란 같은 직급 내에서의 보직 변경 또는 고위공무원단 직위 간의 보직 변경(제4조 제2항에 따라 같은 조 제1항의 계급 구분을 적용하지 아니하는 공무원은 고위공무원단 직위와 대통령령으로 정하는 직위 간의 보직 변경을 포함한다)을 말한다〈국가공무원법 제5조〉.
- 임용권자 또는 임용제청권자는 소속 공무원을 해당 직위에 임용된 날부터 필수보직기간(휴직기간, 직위해제 처분기간, 강등 및 정직 처분으로 인하여 직무에 종사하지 아니한 기간은 포함하지 아니한다. 이하 이 조에서 같다)이 지나야 다른 직위에 전보할 수 있다. 이 경우 필수보직기간은 3년으로 하되,「정부조직법」제2조 제3항 본문에 따라 실장·국장 밑에 두는 보조기관 또는 이에 상당하는 보좌기관인 직위에 보직된 3급 또는 4급 공무원과 고위공무원단 직위에 재직 중인 공무원의 필수보직기간은 2년으로 한다〈공무원임용령 제45조(필수보직기간의 준수 등) 제1항〉.

※ 배치전환(配置轉換) 제도

전직 (轉職)	동일한 등급·계급 내에서 상이한 직렬로 수평 이동 – 원칙적으로 전직시험 필요(직위분류제적 요소).
전보 (轉補)	① 동일 직급, 동일 직렬 내에서의 직위(보직)의 변경, 고위공무원단 직위 간 보직변경 – 시험 필요 없음. ② 필수보직기간(전보 제한 기간) : 3년으로 하되, 실장·국장 밑에 두는 보조기관 또는 이에 상당하는 보좌기관인 직위에 보직된 3급 또는 4급 공무원과 고위공무원단 직위에 재직 중인 공무원은 2년으로 함.
전입 전출	인사 관할을 달리하는 국회·법원·헌법재판소·선거관리위원회 및 행정부 간 이동 – 전입시험 필요
파견 근무	공무원의 소속을 바꾸지 않고, 일시적으로 타 기관이나 국가기관 이외의 기관, 단체에서 근무하게 하는 것.
겸임 (兼任)	① 직무 내용이 유사하고 담당 직무수행에 지장이 없는 경우 한 공무원에게 둘 이상의 직위를 부여하는 것. ② 겸임기간은 2년 이내, 필요시 2년 범위에서 연장 가능.

④ 강임은 별도의 심사절차를 걸쳐야 하는 것은 아니며, 강임된 사람에게는 강임된 봉급이 강임되기 전보다 많아지게 될 때까지는 강임되기 전의 봉급에 해당하는 금액을 지급.

- 임용권자는 직제 또는 정원의 변경이나 예산의 감소 등으로 직위가 폐직되거나 하위의 직위로 변경되어 과원이 된 경우 또는 본인이 동의한 경우에는 소속 공무원을 강임할 수 있다〈국가공무원법 제73조의4(강임) 제1항〉.
- 강임된 사람에게는 강임된 봉급이 강임되기 전보다 많아지게 될 때까지는 강임되기 전의 봉급에 해당하는 금액을 지급한다〈공무원보수규정 제6조(강임 시 등의 봉급 보전) 제1항〉.

11 ④

① 과업의 상호의존성(interdependence)은 둘 이상의 집단이 목표달성 행동에 있어서 상호간에 협조·정보제공·동조 또는 협력행동을 필요로 하는 정도이며 상호의존성이 높을수록 갈등이 야기될 수 있는 상황이나 조건(잠재적 갈등)이 될 가능성이 높아진다.

② 갈등 유발(조장)전략의 하나로 의사전달과정에서 정보전달의 통제(정보량 조절 ; 정보전달 억제나 과잉노출)를 들 수 있다. 이는 모든 의사전달을 무비판적으로 받아들이는 무관심 상태를 타파하고, 조직구성원의 정체된 행태를 활성화하며 창의성·자율성을 일깨울 수 있다.

③ 갈등에 대한 고전적 관점, 전통적(traditional) 견해는 갈등 유해론적 시각에서 모든 갈등은 제거대상이며 직무의 명확한 규정 등을 통해 갈등을 제거할 수 있다고 봄.

④ 폰디(L. R. Pondy)의 5단계 갈등모형에 따르면 잠재적 갈등이 갈등이 야기될 수 있는 상황 또는 조건이며 지각된 갈등은 당사자들이 갈등의 잠재성을 알게 된 상태이다.

잠재 단계 (latent stage)	갈등의 선행조건(갈등을 내재한 여러 조건). 갈등이 야기될 수 있는 상황 또는 조건	개 2마리, 개껌은 1개만 제공
지각된[인지된] 단계(perceived stage)	갈등을 인식(당사자가 갈등의 잠재성을 알게 됨)	개 2마리가 개껌 때문에 문제 생길 것을 인식
감정적[느낀] 단계(felt stage)	적의(敵意)·적대감정 형성	상대 개를 제압해야 한다는 생각을 함
명백한 [표면화·顯在化] 단계(manifest conflict)	적대적인 행동. 실제로 갈등행동 발생	개싸움. 개껌 쟁탈전
갈등의 여파 (conflict aftermath)	조직이 갈등에 대응한 후 남는 조건 또는 상황. 그 이후의 갈등에 영향을 줌	견주가 1개 더 가져와 1개씩 분배

12 ①

① 품목별 예산제도는 예산을 투입요소인 지출대상(품목)별(인건비, 소모품비, 출장비 등)로 분류하여, 지출대상과 그 비용 한계를 명확히 규정하는 통제지향적·투입지향적 예산제도이다. 무엇(what?)을 구매하는지 알 수 있지만, 왜(why?) 구매하는지 알 수 없으므로(투입과 산출의 연계 부족), 일에 대한 정보를 제공할 수 없고, 세입과 세출의 유기적 연계를 고려하지 못한다.

13 ②

② 보건소의 운영업무는 단체위임사무이지만 병역자원의 관리업무는 기관위임사무이다.

구분	자치사무 (고유사무)	단체위임사무	기관위임사무
의의	주민의 복리증진과 지방자치단체 존립과 관련된 본래적 사무	국가나 상급자치단체가 지방자치단체에게 개별 법령에 의해 위임한 사무	국가나 상급자치단체가 포괄적 법령 근거에 의해 지방자치단체의 집행기관에게 위임한 사무
사무 성질	지방적 이해를 갖는 사무	지방적+전국적 이해관계	전국적 이해관계
사무 처리 주체	지방자치단체	지방자치단체	지방자치단체장 (일선기관의 지위)
결정 주체	지방의회	지방의회	국가 (집행기관에 위임)
지방 의회의 관여	가능	가능	불가능(단, 경비 부담시 관여 가능)
자치 입법	조례, 규칙	조례, 규칙	규칙(조례 불가)
경비 부담	지방자치단체가 부담 국가보조금은 장려적 보조금	위임기관과 지방자치단체 공동부담 국고보조금은 부담금(일정 비율 분담)	전액 위임기관이 부담 국고보조금은 교부금(전액 부담)
배상 책임	지방 책임	국가·지방 공동책임	국가 책임
국가의 감독	합법성 통제 사후·교정적 감독	합법성+합목적성 통제 사후·교정적 감독	합법성+합목적성 통제 사후·교정적+사전·예방적 감독

예	지역소방, 상하수도, 오물처리 및 청소, 시장·병원·공원·도서관·운동장 설치, 초등학교 교육, 학교급식, 도시계획, 도서관, 지방세 부과·징수 등	보건소 운영 시·군의 도세 징수, 시·도의 국세 징수, 도의 국도 유지·수선, 광역자치단체의 하천 보수·유지, 국유하천 점유료 및 사용료 징수, 국민기초생활보장사무, 전염병예방접종, 재해구호 등	경찰, 징병, 민방위, 선거, 인구조사, 경제통계, 농업개발, 상공업 및 수산업 진흥업무, 공유수면 매립면허, 지적, 국세조사, 병역자원관리 등

14 ②

① 법적·제도적 접근 방법은 헌법이나 법률에 근거한 각종 제도·기관·직제 등을 연구하는 이론으로 개인이나 집단의 속성과 행태를 고려하지 못한다.

③ 생태론에 대한 설명이다.

④ 논변적 접근방법은 자연현상의 법칙성을 연구하는 과학과는 달리 행정현상과 같은 가치측면의 규범성을 연구할 때는 결정에 대한 주장의 정당성을 갖추는 것이 중요하다고 보고 행정에서 진정한 가치는 자신들의 주장에 대한 논리성을 점검하고 상호 타협과 합의를 도출하는 민주적 절차에 있다고 본다.

15 ③

㉠ 공리주의는 공익에 관한 실체설과 관련되며, 공익을 사회전체 효용의 극대화로 본다. 사회구성원의 효용을 계산한 다음 전 구성원의 총효용을 극대화함으로써 공익에 도달할 수 있다고 본다. 따라서 개인 간 분배의 공평(배분적 정의)은 고려되지 않는다.(➡ 사회 구성원이 A, B 두 명뿐일 때 A의 효용 100, B의 효용 0인 정책(총합 100)이 A의 효용 45, B의 효용 45인 정책(총합 90)보다 공익에 합치)

㉡ 최대다수의 최대행복을 추구하는 공리주의는 결과를 중시하는 목적론적 윤리론을 따른다.

※ 가치에 대한 상대론(목적론)과 절대론(의무론)

목적론(상대론)적 가치론 (결과주의)	의무론(절대론)적 가치론 (=법칙론)
• 보편적 가치판단기준은 존재하지 않는다고 봄 • 목적·좋음(good)에 초점	• 결과에 관계없이 옳고 그름을 판단하는 보편적 기준이 선험적으로 존재함(상황을 초월한 근본적·절대적 행동기준에 관심) • 의무·옳음(right)의 내용에 초점
• 행위의 '결과'를 기준으로 옳고 그름을 판단	• 행위 자체의 '이유'를 기준으로 옳고 그름을 판단
• 최선의 결과를 가져오는 행위가 좋음	• 일정한 도덕적 의무나 법칙에 일치하는 행위가 옳음
• 공리주의(최대 다수의 최대 행복 추구), 쾌락주의, 마르크스주의	• 사회적 정의나 형평성. 칸트(I. Kant), 롤스(J. Rawls)의 정의론

㉢ 공리주의는 도덕적 의무나 법칙보다는 최선의 결과를 가져오는 행위를 강조하므로 형평성·합법성보다는 효율성이나 성과 등 결과적 가치를 강조한다.

16 ④

① 정부가 수행하는 사무 중 공공성을 유지하면서도 경쟁원리에 따라 운영하는 것이 바람직하거나 전문성이 있어 성과관리를 강화할 필요가 있는 사무에 대하여 책임운영기관의 장에게 행정 및 재정상의 자율성을 부여하고 그 운영 성과에 대하여 책임을 지도록 하는 행정기관.

② 대국민 서비스 기능 중 사업성은 강하나 공공성이 커서 조기에 민영화하기 어려운 기관에 적용된다.

┌ 공공성 요청 < 효율성 요청 → 민영화
└ 공공성 요청 > 효율성 요청 → 책임운영기관(공공성과 효율성 고려)

③ 운영 성과에 대하여 책임을 강조하므로 성과측정기준의 개발과 성과의 객관적 측정이 가능해야 한다.

④ 1988년 영국에서 집행기관(executive agency)이라는 이름으로 처음 도입.
우리나라는 1999년 관련 법률 제정, 2000년부터 설치·운영.

외국사례	① Executive Agency : 최초로 영국 Next Steps Program에 따라 1988년 지정. 정부조직으로 설치(hive−in 방식) ② Crown Entity(독립사업기관 ; 뉴질랜드 1988, hive−out 방식인 준정부조직 형태로 도입) ③ Statutory Authority(호주, 1988) ④ Special Operating Agency(특별운영기관 ; 캐나다 1990) ⑤ Performance Based Organization(PBO ; 성과기반조직, 미국 1995년 NPR에서 건의 후 1998년 설치) ⑥ 독립행정법인(일본, 1997)
우리나라	1999년(김대중 정부) 「책임운영기관의 설치·운영에 관한 법률」 제정. 2000년부터 설치.

17 ③

① 킹던(Kingdon)의 정책흐름이론에 따르면 문제흐름(problem stream), 정치흐름(political stream), 정책흐름(policy stream)이 상호 독립적으로 방만하게 흘러 다니다가 일정한 상황에서 만날 때(coupling) 우연히 정책으로 채택됨(정책의 창이 열림)

② 이익집단 위상변동 모형(Interest Group Standing Change Framework)−무치아로니(G. Mucciaroni) : 이슈맥락과 제도적 맥락의 변화로 사적 이익을 추구하는 이익집단의 위상이 바뀌면 정책의 내용도 변동될 수 있음

　㉠ 이슈맥락 : 정치체제 외부의 상황적 요소로서 특정 이익집단의 이익이나 주장을 옹호하는가, 반대하는가의 여부

　㉡ 제도적 맥락 : 대통령·의회지도자 등 정치체제 구성원들이 특정 정책이 산업에 대하여 지니고 있는 선호나 행태가 특정 이익집단의 이익과 주장에 대해 호의적인지 여부. 이슈맥락보다 중요

구 분		제도적 맥락(더 중요)	
		유리	불리
이슈 맥락	유리	위상 상승 (fortunes rose)	위상 저하 (fortunes contained)
	불리	위상 유지 (fortunes maintained)	위상 쇠락 (fortunes declined)
2개의 맥락이 특정 이익집단 에게	모두 유리	이익집단에게 유리한 정책이 유지되거나 불리한 정책이 유리하게 변동 →이익집단의 위상 상승	
	모두 불리	이익집단에 유리한 정책이 사라지거나 불리하게 변동→이익집단의 위상 쇠락	
2개의 맥락이 서로 다른 방향으로 작용할 때		제도적 맥락에 크게 영향 받음(이슈맥락이 유리해도 제도적 맥락이 불리할 때는 정책이 불리하게 돌아가며, 이슈맥락이 불리해도 제도적 맥락이 유리하면 정책이 불리해지지 않음)	

③ 정책목표가 변하지 않지만 실질적인 정책내용이 변하는 것은 정책승계이다. 정책유지의 경우 정책목표나 실질적인 정책내용의 변화는 없다.

• 정책유지(maintenance) : 기존 정책의 기본 성격 유지. 기존 정책의 내용·담당조직·예산의 기본골격을 유지하며 약간씩만 수정·변경. 기존 정책을 새로운 정책으로 대체하는 것이 아니라 본래의 정책목표를 달성하기 위하여 프로그램의 산출이나 정책수단의 일부나 집행절차를 조정 하는 수준.(⑩ 정책수혜 대상자의 수나 수혜액, 수혜자의 자격 등 조정)

• 정책승계(succession) : 기존 정책의 목표는 유지하되 의도적으로 정책의 기본 성격을 바꿈. 정책의 근본적 수정을 필요로 하는 경우로 정책내용, 담당조직, 예산항목 등을 대폭 수정·변경하거나 이들을 모두 없애고 새로운 정책으로 대체하는 것. 신·구 정책 간 상당한 연계성·중첩성 있으며 기존 정책을 수정·조정하는 것임. 정책목표는 변화하지 않는 점은 정책유지와 유사하나 정책승계는 정책수단인 사업, 담당조직, 예산항목 등에서 중대한 변화가 나타난다는 점에서 정책유지와는 다름

| 정책유지
─
정책승계 | 목표 유지
⑩ 청년실업
해결 | 적응적
(adaptive)
변화 | 소폭 변경(산출이나 정책
수단 일부 조정), 기본적
성격 유지
⑩ 청년인턴제 대상 기업
및 지원금액 조정 |
| | | 의도적
(purposive)
변경 | 대폭 변경(수단 자체의 변
경 포함), 기본적 성격 변화
⑩ 청년인턴제를 폐지하
고 청년실업자 구직
촉진수당제로 전환 |

④ 정책종결 : 정부가 개입을 전면 중단하고 의도적으로 기존 정책 및 정책 관련 조직·예산·법령을 폐지하고, 다른 정책으로 대체되지 않는 것

⑩ 정책승계 중 선형승계 : 정책목표를 변경시키지 않는 범위 내에서 기존 정책을 없애고, 완전히 새로운 내용의 정책으로 대체

18 ③

① 대통령 소속(비독립), 인사혁신처장(단독제)

② 전문경력관 : 계급 구분과 직군·직렬의 분류를 적용하지 않을 수 있는 일반직공무원으로서 특수 업무에 종사하는 공무원. 소속 장관은 해당 기관의 일반직공무원 직위 중 순환보직이 곤란하거나 장기 재직 등이 필요한 특수 업무 분야의 직위를 인사혁신처장과 협의하여 전문경력관 직위로 지정 가능

③ 별정직 공무원의 근무상한연령 : 2009년 원칙적으로 60세로 통일

일반임기제공무원 : 직제 등 법령에 규정된 경력직공무원의 정원에 해당하는 직위에 임용되는 임기제공무원

④ 〈국가공무원법 제2조의2(고위공무원단) 제1항〉 국가의 고위공무원을 범정부적 차원에서 효율적으로 인사관리하여 정부의 경쟁력을 높이기 위하여 고위공무원단을 구성한다.

19 ④

㉠ 매개변수 : 독립변수와 종속변수의 사이에서 독립변수의 결과인 동시에 종속변수의 원인이 되는 변수

㉡ 조절변수 : 독립변수와 종속변수 사이에서 제2의 독립변수. 두 변수 간 관계(상호작용효과)를 강화시키거나 약화시킴

⑩ 다이어트 요법 A, B(독립변수)의 체중감소효과(종속변수) 측정시 효과 동일

다이어트 요법 A, B에 각각 운동요법 결합시 체중감소효과가 A보다 B가 큰 경우 운동요법은 조절변수

㉢ 허위변수에 대한 설명

㉣ 허위변수는 독립변수와 종속변수가 실제 관계가 없는 데도 두 변수에 영향을 미쳐 관계가 있는 것처럼 보이게 하는 변수이다. 독립변수와 종속변수에 영향을 미치며 이들 간 공동변화를 모두 설명한다.

• X : 독립변수
• Y : 종속변수
• Z : 제3의 변수

허위변수	혼란변수
X와 Y 두 변수에 영향을 미치며, 이들 간 공동변화를 모두 설명하는 변수	X와 Y 두 변수에 영향을 미치지만, 이들 간 공동변화를 모두 설명하지는 못하는 변수
⑩ 까마귀 날자(독립변수) 배 떨어짐(종속변수). 까마귀는 날면서 배나무에 아무 영향을 주지 않고 날아감(허위상관). 아래서 배나무를 흔든 사람(허위변수)이 있었음 • 공동변화 설명 ㉠ 나무를 흔들어서 까마귀 날아갔다. ㉡ 나무를 흔들어거 배가 떨어졌다.	⑩ 배나무 흔들어서 까마귀도 날아가고 배도 떨어짐. 이번에는 까마귀가 배나무를 세차게 건들면서 날아감. 배가 떨어진 요인에 나무를 흔든 것과 까마귀가 건든 것이 작용 • 공동변화를 모두 설명하지는 못함 ㉠ 나무를 흔들어서 까마귀 날아갔다. ㉡ 나무를 흔들어서 배가 떨어졌다. ㉢ 까마귀가 건들어서 배가 떨어지는 데 어느 정도 작용한 지는 설명 곤란

- X : 독립변수(independent variable)
- Y : 종속변수(dependent variable)
- Z : 제3의 변수

* 독립변수는 정책수단, 종속변수는 정책효과에 해당

X·········Y ⇖ ⇗ Z 독립변수와 종수변수에 모두 영향	허위 변수	독립변수와 종속변수가 실제 관계가 없는 데도(또는 통계적 상관관계만 있는데도) 관계가 있는 것처럼 보이게 하는 변수
	억제 변수	독립변수와 종속변수가 상관관계가 있는 데도 없는 것으로 보이게 하는 변수(사실적 상관관계를 약화·소멸시킴)
	왜곡 변수	독립변수와 종속변수 간 사실상의 관계를 정반대의 관계로 나타나게 하는 변수
	혼란 변수	독립변수와 종속변수가 상관관계가 있는 상황에서 양 변수에 영향을 주어 관계를 과대 또는 과소 평가하게 만드는 변수(교란변수)
X → Y ↑ Z	조절 변수	독립변수와 종속변수 사이에서 제2의 독립변수. 두 변수 간 관계(상호작용효과)를 강화시키거나 약화시킴 📟 다이어트 요법 A, B(독립변수)의 체중감소효과(종속변수) 측정시 효과 동일 다이어트 요법 A, B에 각각 운동요법 결합시 체중감소효과가 A보다 B가 큰 경우 운동요법은 조절변수
X Z Y	매개 변수	독립변수와 종속변수의 사이에서 독립변수의 결과인 동시에 종속변수의 원인이 되는 변수 ㉠ 집행변수 : 정책이나 프로그램의 내용을 실행해 옮기는 데 채택된 구체적 행정적 전략 ㉡ 교량변수 : 정책목적의 달성에 앞서 나타나야 할 일종의 중간 결과
Z X Y	선행 변수	인과관계에서 독립변수에 앞서면서 독립변수에 대해 유효한 영향력 행사하는 변수 * 선행변수가 의미를 가지려면 ㉠ 선행변수, 독립변수, 종속변수가 상호 관련이 있고, ㉡ 선행변수를 통제할 때 독립변수와 종속변수 간 관계가 사라지면 안 되며, ㉢ 독립변수를 통제할 때 선행변수와 종속변수와의 관계가 사라져야 한다.

20 ①

㉠ 세계잉여금은 예산집행 결과 세출예산을 초과한 세입과 세출불용액을 합한 금액을 지칭하므로 일반회계와 특별회계는 포함되나 기금은 제외된다.

㉡ 적자 국채 발행 규모와 반드시 부(−)의 관계(역의 관계)인 것은 아니다. 세계잉여금은 사용우선순위가 정해져 있고, 세계잉여금이 증가해도 긴급한 재정수요가 발생하면 적자국채 발행규모도 늘어날 수 있다 따라서 세계잉여금만으로 국가의 재정건전성을 파악할 수는 없다.

㉢ 세계잉여금(세계순잉여금을 의미함)의 사용 우선순위

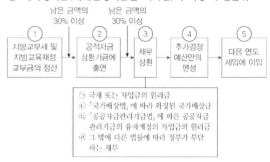

기출지문

2016. 3. 19. 사회복지직 시행

1 key word : 행정가치
행정가치는 본질적, 수단적, 결과적 행정가치로 구분된다. (O/X)

2 key word : 립스키(M. Lipsky)의 일선관료제론
일선관료는 대인접촉을 통해 업무를 수행하므로 시민들에 대한 영향력이 크다. (O/X)

3 key word : 집단적 의사결정기법
집단을 둘로 나누어 한 집단이 제시한 의견에 대해 토론을 벌여 본래의 안을 수정하고 보완하는 일련의 과정을 거친 후 최종 대안을 도출하는 것은 명목집단 기법이다. (O/X)

4 key word : 공무원의 보수
보수의 경제적 요인은 연구제도, 휴가, 근무시간, 신분보장 등이 고려된다. (O/X)

5 key word : 정책집행연구
상향식 접근방법은 정책결정자가 집행과정에 대해 절대적 영향력을 가지며, 일선관료의 재량행위의 확대와 주민의 참여를 필요로 한다. (O/X)

6 key word : 총체적 품질관리(TQM)
TQM은 고객만족을 목표로 서비스의 질을 향상시키기 위해 생산공정 과정에서 하자여부를 재검토하는 기법이다. (O/X)

7 key word : 계급제와 직위분류제
계급제는 학력·경력·자격과 같은 공무원이 가지는 개인적 특성을 기준으로 개방형 공무원제를 채택하며, 과학적 관리법에 입각한 직무분석·평가가 이루어진다. (O/X)

8 key word : 예산제도
가예산이란 부득이한 사유로 예산이 국회에서 의결되지 못한 경우 최초 1개월분을 국회의 의결로 집행할 수 있는 예산이다. (O/X)

9 key word : 지방자치제
지방자치단체인 구는 도, 특별시, 광역시의 관할 구역 안의 구만을 말하며, 자치권 범위는 군·구가 다르게 할 수 있다. (O/X)

10 key word : 예산·회계 제도
기획재정부장관은 예산요구서에 따라 예산을 편성하여 국무회의의 심의를 거친 후 대통령의 승인을 얻어야 한다. (O/X)

11 key word : 행정이론
신공공관리론은 조직 내외적으로 공유된 리더십을 갖는 협동적 조직 구조를 기대한다. (O/X)

12 key word : 평정방법
일정한 작업량을 달성하는 데 소요된 시간을 계산하여 성적을 평가하는 것은 산출기록법이다. (O/X)

13 key word : 정부와 시민사회
기획재정부장관은 공익활동에 참여하는 비영리민간단체에 행정·재정지원을 할 수 있다. (O/X)

14 key word : 정책수단
Salamon에 의하면 공공 사회적 규제는 손해책임법보다 직접성 정도가 낮고 공공정보 제공보다 직접성 정도가 높다. (O/X)

15 key word : K.J.Arrow의 바람직한 집합적 의사결정방법
애로우의 바람직한 의사결정방법의 기본조건에서 'A>B이면서 B>C라면, A>C'를 의미하는 것은 이행성의 원리이다. (O/X)

16 key word : 동기이론
매슬로우는 두 가지 이상의 욕구가 하나의 행동으로 발현될 수 있다고 하였다. (O/X)

17 key word : 프로그램 예산제도
프로그램 예산제도는 동일한 정책을 수행하는 사업을 중심으로 예산을 편성한다. (O/X)

18 key word : 민원
모든 민원은 문서로만 신청할 수 있다. (O/X)

19 key word : 특별지방자치단체
특별지방자치단체는 특수한 광역적 사무를 처리하기 위해 설치된 자치단체로 특별일선기관이라고도 한다. (O/X)

20 key word : 공공기관의 정보공개
정보공개위원회는 총 9명의 위원으로 구성한다. (O/X)

1 X

행정가치는 본질적 행정차기(행정을 통해 이루고자 하는 궁극적 가치)와 수단적 행정가치(본질적 가치를 달성하기 위한 수단이 되는 가치)로 나뉜다.

2 O

시민들과 직접 접촉을 통해 직무를 수행하므로 시민들에게 미치는 잠재적 영향력과 직무의 자율성이 광범위하다.

3 X

집단을 둘로 나누어 한 집단이 제시한 의견에 대해 반론자로 지명된 집단의 반론을 듣고 토론을 벌여 본래의 안을 수정하고 보완하는 일련의 과정을 거친 후 최종 대안을 도출하는 것은 지명반론자 기법이다.

4 X

보수의 부가적 · 정책적 요인은 성과와 동기부여를 위해 연구제도, 휴가, 근무시간, 복지후생, 신분보장 등이 고려된다. 보수의 경제적 요인은 민간기업의 임금수준, 정부의 지불능력, 정부의 경제정책 등을 고려한다.

5 X

상향식 접근방법은 정책의 실질적 내용이 집행과정에서 참여자 간의 갈등과 협상을 거치면서 형성 · 결정된다. 정책결정자가 집행과정에 대해 절대적 영향력을 가지는 것은 하향식 접근방법이다.

6 O

TQM은 조직전체의 책임이 강조되고 팀워크가 중시되며 전체적 입장에서 투입과 과정의 계속적 개선을 모색하는 장기적 · 전략적 품질관리를 위한 원칙이다.

7 X

계급제는 학력 · 경력 · 자격과 같은 공무원이 가지는 개인적 특성을 기준으로 4대 계급으로 구분한 폐쇄형 공무원제이다. 개방형 공무원제를 채택하며 과학적 관리법에 입각한 직무분석 · 평가가 이루어지는 것은 직위분류제이다.

8 O

또한 가예산은 1개월간의 기간 제한이 있다는 점에서 잠정예산과 차이가 나며, 국회의 의결을 필요로 한다는 점에서 준예산과 다르다.

9 X

지방자치단체인 구(자치구)는 특별시와 광역시의 관할 구역 안의 구만을 말하며, 자치구의 자치권 범위는 법령으로 정하는 바에 따라 시 · 군과 다르게 할 수 있다. <지방자치법 제2조 제2항>

10 O

기획재정부장관은 제31조 제1항의 규정에 따른 예산요구서에 따라 예산안을 편성하여 국무회의의 심의를 거친 후 대통령의 승인을 얻어야 한다. <국가재정법 제32조>

11 X

• 신공공관리론 : 기본적 통제를 수행하는 분권화된 공조직
• 신공공서비스론 : 조직 내외적으로 공유된 리더십을 갖는 협동적 구조

12 O

산출기록법은 일정한 시간당 수행한 작업량을 측정하여 성적을 평가한다.

13 X

행정안전부장관 또는 시 · 도지사는 공익활동에 참여하는 비영리민간단체에 대해 필요한 행정지원 및 이 법에서 정하는 재정지원을 할 수 있다. <비영리민간단체 지원법 제5조 제2항>

14 X

직접성 정도 … 공공정보제공>사회적 규제>손해책임법

15 O

이행성의 원리 … A>B이면서 B>C라면, A>C. 단봉적 선호이어야 한다.

16 O

Maslow는 하나의 욕구에 의해 하나의 행동이 유발된다고 보았다.

17 O

단위사업 묶음(프로그램)을 중심으로 예산편성을 함으로써 성과지향적 예산 편성 및 운용이 가능하다.

18 X

민원의 신청은 문서로 하여야 한다. 다만, 기타민원은 구술(口述) 또는 전화로 할 수 있다. <민원 처리에 관한 법률 제 8조>

19 X

특수한 광역적 사무를 처리하기 위해 설치된 자치단체(자치단체조합)로 특별일선기관과 구별된다.

20 O

위원회는 위원장과 부위원장 각 1명을 포함한 9명의 위원으로 구성한다. <공공기관의 정보공개에 관한 법률 제 23조 제1항>

1 key word : 가외성(redundancy)

가외성의 특징 중 중첩성은 동일한 과업을 별도의 기관에서 독립적으로 수행하는 것이다. (O/X)

2 key word : 국세 징수액

2020년의 국세 징수액을 큰 순서대로 나열하면 소득세＞법인세＞부가세이다. (O/X)

3 key word : 직위분류제

직위분류제는 형평성과 능률성을 중시한다. (O/X)

4 key word : 수입대체경비

수입대체경비는 각 중앙관서의 장이 용역 또는 시설을 제공하여 발생하는 수입이다. (O/X)

5 key word : 고위공무원단제도

고위공무원 임용은 「고위공무원 인사규정」에 따른 법률로만 정해진다. (O/X)

6 key word : 조직시민행동(OCB)

구성원들이 본인의 역할을 확실히 인식하면, 조직시민행동에 긍정정인 영향을 미친다. (O/X)

7 key word : 정책변동 모형

정책지향적 학습이 정책변동의 중요한 요소임을 강조하는 것은 정책패러다임 변동모형이다. (O/X)

8 key word : 전자정부

전자정부는 고객 감성적 열린 정부를 포함한다. (O/X)

9 key word : 예산심의

소관 위원회의 위원장은 기획재정부 소관인 재정 관련 법률안과 상당한 규모의 예산 또는 기금상의 조치를 수반하는 법률을 심사할 때, 30일 범위에서 협의기간을 정하여 예산결산특별위원회에 협의를 요청해야 한다. (O/X)

10 key word : 정책커뮤니티와 이슈네트워크

정책공동체는 행위자들 간에 상호협력적 관계를 가정하지만 이슈네트워크는 경쟁적 관계를 가정한다. (O/X)

11 key word : 예산

가예산은 부득이한 사유로 예산이 국회에서 의결되지 못한 경우 최초 1개월분을 국회의 의결로 집행할 수 있다. (O/X)

12 key word : 지방자치제

특별지방행정기관은 중앙행정기관에 소속되어 있지 않다. (O/X)

13 key word : 재니스(Janis)의 집단사고(groupthink)

집단사고는 대안을 현실적으로 평가하려는 분위기가 만장일치에 도달하는 경향을 억압할 때 나타나는 구성원들의 비합리적 사고방식이다. (O/X)

14 key word : 시장실패 · 정부실패

정부규제는 시장실패에 따른 정부개입의 정당성이다. (O/X)

15 key word : 정책평가의 내적 타당성

역사요인은 내적 타당성의 저해 요인 중 외재적 요인이다. (O/X)

16 key word : 행동강령

「공무원 행동강령」은 국회 · 법원 · 헌법재판소 · 소 · 국가공무원 · 지방공무원에게 적용한다. (O/X)

17 key word : 조직의 통합 · 조정 방법

조직의 조정을 위해 조직원은 수평적 관계를 강화하고 상위 이념에 대한 공통양해를 도출한다.(O/X)

18 key word : 티부 모형의 가정

티부가설은 지방공공재의 규모가 크면 주민이 유출되고 , 규모가 작으면 주민이 유입되는 것을 전제로 한다.

19 key word : 직무평가방법

직무평가방법은 크게 비계량적 방법과 계량적 방법으로 나뉜다. (O/X)

20 key word : 정책의제형성 이론

체제이론에서 하위체제에 진입여부를 결정하는 과정을 gate－keeping이라 한다. (O/X)

✔ 정답과 해설

1 X

중첩성은 어떤 문제나 과업을 여러 기관들이 상호의존하여 중첩적으로 관리·수행하는 것을 의미하며, 보기는 반복성에 대한 설명이다.

2 X

2020년 국세 수입 … 소득세 > 부가세 > 법인세

3 O

직위분류제는 형평성과 능률성을 중시하며 과학적 관리법에 입각한 직무분석·평가가 이루어진다.

4 O

수입대체경비는 각 중앙관서의 장이 용역 또는 시설을 제공하여 발생한 수입과 관련되는 경비로서 대통령이 정하는 경비이다.

5 X

고위공무원의 임용 등에 관하여 이 영에서 정하지 아니한 사항은 다른 공무원 인사 관계 법령에서 정하는 바에 따른다. <고위공무원단 인사규정 제3조>

6 O

조직시민행동 … 공식적 역할과 관련된 의무나 그에 따른 계약·보상과 직접적인 관련은 없지만 조직 전반에 도움이 되고자 하는 조직구성원의 자발적 행위

7 X

정책지향적 학습이 정책변동의 중요한 요소임을 강조하는 것은 정책지지연합모형이다.

8 O

권위주의적 관료제 정부와 달리 전자정부는 작고 생산적인 정부론에 가장 실질적으로 부합하는 모델이다.

9 X

소관 위원회의 위원장은 제1항에 따른 법률안을 심사할 때 20일의 범위에서 협의기간을 정하여 예산결산특별위원회에 협의를 요청하여야 한다. <국회법 제83조의 2 제2항>

10 O

- 정책공동체 → 의존적, 협력적
- 이슈네트워크 → 경쟁적, 갈등적

11 O

가예산은 1개월간 기간 제한이 있다는 점에서 잠정예산과 차이가 나며, 국회의 의결을 필요로 한다는 점에서 준예산과 다르다.

12 X

"특별지방행정기관"은 특정한 중앙행정기관에 소속되어, 당해 관할구역내에서 시행되는 소속 중앙행정기관의 권한에 속하는 행정사무를 관장하는 국가의 지방행정기관이다. <행정기관의 조직과 정원에 관한 통칙 제2조>

13 X

Janis 집단사고 … 만장일치에 도달하려는 분위기가 대안을 현실적으로 평가하는 경향을 억압할 때 나타나는 구성원들의 왜곡된 사고방식

14 X

시장실패에 따른 정부개입의 정당성은 시장실패의 원인이며, 정부규제는 시장실패에 따른 정부개입의 정당성이 아니라 정부의 대책이다.

15 X

내적 타당성 저해요인
- 외재적 요인 : 선발요인
- 내재적 요인 : 역사요인, 측정요인, 도구요인

16 X

이 영은 국가공무원(국회, 법원, 헌법재판소 및 선거관리위원회 소속의 국가공무원은 제외)과 지방공무원(지방의회의원은 제외)에게 적용한다. <공무원 행동강령 제3조>

17 X

조직 조정을 위해 계층제적 권위 및 기관장의 리더십을 강화한다.

18 O

티부가설의 전제 … 다수의 지역사외(지방정부) 존재, 완전한 정보, 지역 간 자유로운 이동, 단위당 평균비용 동일, 외부효과의 부존재, 배당수입에 의한 소득, 한 가지 이상의 고정적 생산요소 존재, 최적규모의 추구

19 O

- 비계량적 방법 : 서열법, 분류법
- 계량적 방법 : 점수법, 요소비교법

20 O

- 체제이론 … 정치체제에 능력상 한계가 있으므로 채택할 문제의 수를 줄여야 함
- gate-keeper … 진입여부를 결정하는 개인

1 key word : 시장실패 · 정부실패

행정의 팽창은 시장실패의 가능성을 증가시킨다. (O/X)

2 key word : 동기이론

허츠버그는 불만을 일으키는 요인과 만족을 일으키는 요인을 분리하여 욕구충족요인 2원설을 제시했다. (O/X)

3 key word : 점증주의 예산결정이론

점증주의 예산결정이론은 전년도 예산을 고려하여 후년 예산을 결정하자는 이론이다. (O/X)

4 key word : 옴부즈만 제도

옴부즈만 제도와 유사한 우리나라의 제도로 국회의 청원제도가 있다. (O/X)

5 key word : 지방자치단체의 기관구성

절충형 기관은 집행기관과 의결기관이 대립하는 구성형태이다. (O/X)

6 key word : 타르-베이비 효과

타르-베이비 효과는 · 논리적으로 이루어진 정부규제가 다른 정부규제를 논리적으로 변화시키는 것을 말한다. (O/X)

7 key word : 비용편익분석 · 비용효과분석

비용편익분석은 고정비용을 다루고, 비용효과분석은 가변비용을 다룬다. (O/X)

8 key word : 미래예측 기법

목적계획법은 다수의 상충되는 목표 가운데 우선순위에 따라 순차적으로 설정된 목표와 실현된 목표간 편차의 합이 극대화되도록 하는 대안을 식별해 낸다. (O/X)

9 key word : 정부 간 관계 모형(IGR)

라이트 모형에서 분리형은 포괄형보다 지방정부의 권위가 독립적이다. (O/X)

10 key word : 정책변동모형

정책 패러다임 변동모형은 1차적 변동에서 3차적 변동으로 갈 때 산출물이 급격하게 변동한다. (O/X)

11 key word : 계층제

계선조직의 일반형태는 피라미드 구조이다. (O/X)

12 key word : 행정윤리

「국가공무원법」에 규정된 공무원의 행정윤리로 재산등록 및 공개 제도, 선물신고제도 등이 있다. (O/X)

13 key word : 지방세 기본법

자동차세는 특별시세와 광역시세에 포함되지만 도세에는 포함되지 않는다. (O/X)

14 key word : 타당도 저해 변수

왜곡변수는 독립변수와 종속변수가 상관관계에 있는 데도 없는 것으로 보이게 한다. (O/X)

15 key word : 공공선택론

오스트롬(Ostrom)에 의하면 권한이 분산되지 않거나 다른 기관들 간에 견제 · 통제가 이루어지지 않는다면 권력은 남용될 가능성이 커진다. (O/X)

16 key word : 국가공무원법

징계로 파면처분을 받은 때부터 3년이 지난 사람은 공무원으로 임용될 수 있다. (O/X)

17 key word : 조직의 의사전달

비공식적 의사전달은 유동적 환경변화에 대한 신속한 대응이 곤란하다는 단점이 있다. (O/X)

18 key word : 중앙인사기관

중앙인사기관은 행정수반에게 관리수단을 제공할 목적으로 설치된다. (O/X)

19 key word : 품목별예산제도

품목별예산제도는 '시민을 위한 분류'라고도 한다. (O/X)

20 key word : 지방자치법

시는 대부분이 도시의 형태를 갖추고 인구가 3만 명 이상이 되어야 한다. (O/X)

1 X

행정의 팽창은 정부실패의 가능성을 증가시킨다.

2 O

• 불만요인(위생요인) : 직무의 조건 · 환경과 관련
• 만족요인(동기요인) : 직무 자체에 대한 욕구로서 인간의 정신적 측면과 관련

3 O

점증주의는 정치과정으로서의 예산과정론에 입각하여 현실적으로 전년도 예산을 고려하여 다음 연도 예산을 결정하자는 이론이다.

4 O

옴부즈만 제도 … 공무원의 위법 · 부당 행위로 권리를 침해받은 국민이 제기하는 민원 · 불편을 조사하여 관계기관에 시정을 권고함으로써 국민의 권리를 구제하는 제도

5 X

절출형 기관은 집행기관과 의결기관이 별도로 설치되어 있으나 대립하지 않는 유형으로 네덜란드, 노르웨이, 스웨덴, 덴마크에서 채택하고 있다.

6 X

타르-베이비 효과 … 잘못 이루어진 정부 규제가 다른 정부 규제를 불러오는 현상

7 X

비용편익분석은 가변비용을 다루고, 비용효과분석은 고정비용 또는 고정효과의 문제를 다룬다.

8 X

목적계획법은 다수의 상충되는 목표 가운데 우선순위에 따라 순차적으로 설정된 목표들과 실현된 목표간 편차의 합이 극소화되도록 하는 대안을 식별해 낸다.

9 O

• 분리형 : 지방정부의 권위가 독립적
• 포괄형 : 지방정부의 권위가 계층적

10 O

• 1차적 변동 : 정책 산출물의 수준만 변동
• 2차적 변동 : 정책 산출물 변동
• 3차적 변동 : 정책 산출물의 급격변동

11 O

계선조직의 일반형태는 피라미드 구조이나, 막료는 역삼각형/수평의 형태를 갖는다.

12 O

공직자 및 공직후보자의 재산등록, 등록재산 및 재산형성과정 소명과 공직을 이용한 재산취득의 규제, 공직자의 선물신고 및 주식백지신탁 등이 규정되어있다.

13 O

<지방세기본법 제8조>
ㄱ 특별시세와 광역시세
• 보통세 : 취득세, 레저세, 담배소비세, 지방소비세, 주민세, 지방소득세, 자동차세
• 목적세 : 지역자원시설세, 지방교육세
ㄴ 도세
• 보통세 : 취득세, 등록면허세, 레저세, 지방소비세
• 목적세 : 지역자원시설세, 지방교육세

14 X

왜곡변수는 독립변수와 종속변수 간 사실상의 관계를 정반대의 관계로 나타나게 한다.
독립변수와 종속변수를 상관없는 것처럼 보이게 하는 것은 억제변수이다.

15 O

오스트롬 부부의 모형 … 행정을 수행하는 개인도 타인처럼 부패할 수 있다. 권력이 분산되지 않으면 남용될 수 있다. 기관 조정은 상호이익 · 경쟁 · 판결에 의한 계약에 이루어진다.

16 X

징계로 파면처분을 받은 때부터 5년이 지나지 아니한 자는 공무원으로 임용될 수 없다. <국가공무원법 제33조>

17 X

공식적 의사전달은 유동적 환경변화에 대한 신속한 대응이 곤란하다는 단점이 있다.

18 O

중앙인사기관은 정부 기관의 균형적 인사운영, 인력의 효율적 활용, 공무원의 능력발전을 위해 정부의 인사행정을 전문 · 집중적으로 총괄하여 관리하는 기관이다.

19 X

품목별 분류는 예산을 급여 · 구상 · 정보비 등 지출 대상에 따라 분류한 것이다.
※ 시민을 위한 분류=기능별 분류

20 X

시는 그 대부분이 도시의 형태를 갖추고 인구 5만 이상이 되어야 한다. <지방자치법 제7조(시 · 읍의 설치기준 등)>

1 key word : 신공공서비스론

NPS는 행정과정에서 시민참여를 바탕으로 한 대화·담론을 통한 행정업무 수행을 주장한다. (O/X)

2 key word : 역량평가제도

역량평가제도는 평가 대상의 잠재능력을 중심으로 평가한다. (O/X)

3 key word : 조직에서 갈등

명확한 권한 분류는 조직에서 갈등을 유발한다. (O/X)

4 key word : 행정학 이론

행정관리론에서 POSDCoRB로 보고, 예산, 계획, 인사배치, 지휘, 조화, 조직 7가지를 제시하였다. (O/X)

5 key word : 제도적·비제도적 방식

교섭은 당사자 간의 비대립적 관계를 전제하는 가장 비제도화된 방법이다. (O/X)

6 key word : 시장실패

정부 규제로 대응할 수 있는 시장실패는 정보비대칭, 불완전 경쟁, 외부효과 발생 뿐이다.(O/X)

7 key word : 뉴거버넌스 정부개혁 모형

뉴거버넌스는 신뢰성을 강조한다.(O/X)

8 key word : POSDCoRB

POSDCoRB는 순서대로 계획, 조직, 인사배치, 지휘, 조정, 보고, 예산을 나타낸다. (O/X)

9 key word : 정부 3.0

정부 3.0은 빅데이터를 이용한 과학적 행정구현의 실현을 지양한다. (O/X)

10 key word : 정부업무평가 제도

자체평가는 중앙행정기관 또는 지방자치단체가 국정을 통합적으로 관리하기 위해 필요한 정책을 평가하는 것을 말한다. (O/X)

11 key word : 예산제도

PBS는 품목별예산제도를 보완하기 위해 등장한 제도이다. (O/X)

12 key word : 국가채무

대통령은 국가의 보증채무 부담을 자체적으로 결정할 수 있다. (O/X)

13 key word : 스미스의 현대적 예산 원칙

행정부계획의 원칙은 행정부가 명세적 지출에 대한 재량을 지니고 있음을 명시한다. (O/X)

14 key word : 직위분류

직급은 직무의 종류·곤란성과 책임도가 상당히 유사한 직위의 군이다. (O/X)

15 key word : 근무성적평정의 오류

쉽게 기억할 수 있는 최근 실적이나 능력을 중심으로 평가하는 데서 생긴 오류는 논리적 오류이다. (O/X)

16 key word : 성과평가제도

우정직공무원은 근무성적평가에서 제외한다. (O/X)

17 key word : 직접적 지방행정 참여제도

주민이 행정에 직접 참여할 수 있는 제도로 주민감사청구제도, 주민투표제도, 주민소송제도 등이 있다. (O/X)

18 key word : 거시적 조직 이론

Van de Ven에 의하면 집단적 행동 관점에 의해 결정론이, 자연적 선택 관점에서 임의론으로 분류된다. (O/X)

19 key word : 동기부여 이론

ERG이론은 생리적 욕구와 물리적 욕구가 통합된 욕구이다.(O/X)

20 key word : 특별회계예산

특별회계예산은 예산단일의 원칙에 의한 회계처리를 한다. (O/X)

✔ 정답과 해설

1 O

NPS(신공공서비스론)는 국가의 주인인 시민의 권리를 회복시키고 지역공동체 의식의 복원을 강조한다.

2 O

다양한 실행과제를 활용하여 평가 대상자의 미래 행동에 대한 잠재능력을 중심으로 평가한다.

3 X

상급자가 부하인 계선직원과 막료직원의 권한 · 책임의 한계를 명확히 밝히면 갈등을 해결 할 수 있다.→권한 · 책임한계의 명확화

4 X

P→계획, O→조직, S→인사배치, D→지휘, Co→조정, R→보고, B→예산

5 X

가장 비제도화된 방법은 시민운동이다.

6 X

정부 규제로 대응할 수 있는 시장실패 … 외부효과 발생, 자연독점, 불완전 경쟁, 정보비대칭

7 O

뉴거버넌스 이론은 정부, 시장, 시민사회 간 신뢰 · 협동을 강조한다.

8 O

P→계획, O→조직, S→인사배치, D→지휘, Co→조정, R→보고, B→예산

9 X

정부 3.0은 빅데이터를 이용한 과학적 행정구현의 실현을 지향한다.

10 X

"자체평가"라 함은 중앙행정기관 또는 지방자치단체가 소관 정책 등을 스스로 평가하는 것을 말한다. <정부업무평가 기본법 제2항>

11 O

PBS(성과주의 예산제도)는 관리중심적 예산으로 지출을 필요로 하는 사업계획과 이에 따른 세부사업, 업무측정 단위로 구획한 후 예산을 편성하는 제도이다.

12 X

국가가 보증채무를 부담하고자 하는 때에는 미리 국회의 동의를 얻어야 한다. <국가재정법 제92조>

13 X

• 행정부재량의 원칙 … 입법부는 총괄예산을 승인하고 명세적 지출은 행정부의 재량이어야 한다.
• 행정부계획의 원칙 … 예산은 행정수반의 사업계획을 반영해야 한다.

14 O

"직급"이란 직무의 종류 · 곤란성과 책임도가 상당히 유사한 직위의 군을 말한다. <국가공무원법 제5조>

15 X

쉽게 기억할 수 있는 최근 실적이나 능력을 중심으로 평가하려는 데서 생긴 오류는 시간적 오류이다.

16 X

우정직공무원에 대한 근무성적평정은 근무성적평가에 의한다. <공무원 성과평가 등에 관한 규정 제12조>

17 O

주민의 지방행정 직접참여제도 … 주민투표, 조례의 제정과 개폐 청구, 주민청구조례안 심사, 감사청구, 소송, 손해배상금 등의 지불청구, 변상명령, 주민소환이 있다.

18 X

• 결정론→자연적 선택 관점
• 임의론→집단적 행동 관점

19 O

Alderfer의 ERG이론→생리적 욕구+물리적 안전욕구=생존의 욕구

20 X

특별회계예산은 예산단일 · 예산통일의 원칙의 예외이며 발생주의 원칙에 의한 회계처리를 한다.

1 key word : 행정이론

신공공관리론은 기존 계층제 중심체제의 정부에 대한 불신이 심화되면서 등장하게 되었다. (O/X)

2 key word : 조직구조

기계적 구조는 수평적 조정을 강조하며, 유기적 구조는 수직적 계층을 강조한다. (O/X)

3 key word : 신제도주의

사회학적 신제도주의는 제도의 공식적 측면을 가장 중요시한다. (O/X)

4 key word : 정무업무평가 기본법

지방자치단체의 자체평가를 담당하는 위원회의 절반은 민간위원으로 구성되어야 한다. (O/X)

5 key word : 행정의 가치

행정이념은 우선순위를 엄격히 구별할 수 있다. (O/X)

6 key word : 정책결정모형

쓰레기통모형은 문제, 해결책, 선택기회, 참여자의 흐름이 동시에 한 곳에 우연히 모여질 때 의사결정이 성립된다고 파악한다. (O/X)

7 key word : 정책평가의 절차

모형을 통해 현실세계를 단순화하는 단계는 정책평가 절차 중 세 번째 단계에 속한다. (O/X)

8 key word : 애드호크라시

애드호크라시는 조직구조와 환경이 고정적인 조직이다. (O/X)

9 key word : 균형성과표(BSC)

학습과 성장 관점은 미래적 관점의 선행지표로 커뮤니케이션 구조가 해당한다. (O/X)

10 key word : 정책네트워크

정책네트워크는 다원론, 엘리트이론, 조합주의에 대한 대안으로 등장한 모형이다. (O/X)

11 key word : 계획예산제도

PPBS는 예산제도개혁의 일환으로서 기획책임이 분산되어있다. (O/X)

12 key word : 공공기관의 운영에 관한 법률

「공공기관의 운영에 관한 법률」은 공공기관 운영의 투명성을 목적으로 한다. (O/X)

13 key word : 징계

징계는 파면, 해임, 강등, 정직, 감봉 5가지가 있다. (O/X)

14 key word : 총체주의 예산이론

총체주의 예산결정이론은 결정과 관련된 모든 요소를 고려하여 자원배분을 합리적으로 행한다. (O/X)

15 key word : 공무원 행동강령

공무원은 직무관련자에게 사적으로 조언을 하고 대가를 받을 수 있다. (O/X)

16 key word : 예산의 분류

예산을 기능별로 분류하면 회계책임의 확보가 곤란하다. (O/X)

17 key word : 예산원칙 예외

특정한 세입·세출을 직접 연결하여서는 안 된다는 원칙으로 목적세와 특별회계를 포함하는 원칙은 예산통일의 원칙이다. (O/X)

18 key word : 웹 기술

하이퍼링크 중심의 Web 1.0 기술은 컴퓨터가 제공하는 데이터·서비스를 수정·활용 할 수 있다. (O/X)

19 key word : 행정협의조정위원회

행정협의조정위원회의 위원장의 임기는 2년으로 한다. (O/X)

20 key word : 지방자치단체의 사무

보건소 운영, 예방접종사무, 시·군의 재해구호사무는 지방자치단체의 고유사무에 해당한다. (O/X)

✔ 정답과 해설

1 O

신공공관리론 … 종래의 권력적 행정작용에서 벗어나 주민에게 효율적으로 공공서비스를 제공하는 작지만 강하고 효율적인 정부로 가기 위한 행정개혁의 시도

2 X

기계적 구조는 수직적 계층을 강조하고, 유기적 구조는 수평적 조정을 강조한다.

3 X

사회학적 신제도주의는 제도의 비공식적 측면과 인지적 측면을 중시한다.

4 X

지방자치단체의 장은 자체평가조직 및 자체평가위원회를 구성·운영하여야한다. 이 경우 평가의 공정성과 객관성을 담보하기 위해 자체평가위원의 3분의 2 이상은 민간위원으로 하여야 한다. <정부업무평가 기본법 제18조>

5 X

행정이념은 우선순위를 엄격히 구별할 수 있는 것이 아니라 상호보완적이고 상대적인 성격을 띠고 있으며, 역사적·정치적·상황적 요인에 따라 평가기준이 달라진다.

6 O

쓰레기통모형은 의사결정은 조직화된 환경, 참여자, 목표수단이 불확실한 상태에서 우연한 계기로 인해 정책결정이 이루어진다고 본다.

7 O

정책목표 확인 → 정책평가 대상·기준 확정 → 인과모형의 설정 → 자료 수집·분석 → 평가 결과의 환류

8 X

애드호크라시(임시체제)는 고정된 계층구조를 갖지 않고 공식화된 규칙·표준적 운영절차가 없는 조직이다.

9 X

학습과 성정 관점 … 미래적 관점의 선행지표
• 인적자원 역량, 지식 축적, 직무만족도 등

10 O

정책네트워크모형 … 정책을 다양한 공식, 비공식참여자들 간의 참여와 상호작용의 산물로 본다.

11 X

PPBS(계획예산제도)는 예산제도개혁의 일환으로서 기획책임이 집중되어 있다.

12 O

이 법은 공공기관의 운영에 관한 기본적 사항과 자율경영 및 책임경영체제의 확립에 관하여 필요한 사항을 정하여 경영을 합리화하고 운영의 투명성을 제고함으로써 공공기관의 대국민 서비스 증진에 기여함을 목적으로 한다. <공공기관의 운영에 관한 법률 제1조>

13 X

징계는 파면, 해임, 강등, 정직, 감봉, 견책(譴責)으로 구분한다. <국가공무원법 제79조(징계의 종류)>

14 O

목표의 정확한 파악, 목적과 수단의 구별·분석, 대안의 선성, 분석의 종합성 등을 추구하며 합리주의 예산결정이론이라고도 한다.

15 X

공무원은 직무와 관련하여 다음 행위를 해서는 아니 된다.
－직무관련자에게 사적으로 노무 또는 조언·자문을 제공하고 대가를 받는 행위 <공무원 행동강령 제5조의 3 제1항>

16 O

예산의 기능별 분류는 기관별 예산의 흐름 파악, 국민경제에 미치는 영향의 파악, 기관별 예산의 흐름 파악이 곤란하다.

17 X

예산통일의 원칙 … 특정한 세입·세출을 직접 연결하여서는 안 된다는 원칙으로 목적세, 특별회계는 예외이다.

18 X

하이퍼링크 중심의 Web 1.0 기술 … 컴퓨터가 정보·서비스를 제공할 수 있지만, 사용자는 데이터·서비스를 수정·활용할 수 없다.

19 O

행정협의조정위원회의 위원장과 위촉위원회의 임기는 2년으로 한다. 다만, 보궐위원의 임기는 전임위원 임기의 남은 기간으로 한다. <지방자치법 시행령 제104조>

20 X

보건소 운영, 예방접종사무, 시·군의 재해구호사무, 도의 국도 유지·보수 사무는 지방자치단체의 단체위임사무에 해당한다.

1 key word : 대표관료제

대표관료제는 가장 우수한 자격자를 선발하고 자격은 중립적으로 규정한다. (O/X)

2 key word : 신행정학

신행정학은 기관형성을 중시한다. (O/X)

3 key word : 관료제 병리현상

관료제 병리현상의 구조적 측면에서 문제해결방식으로 선례를 중시하며, 소극적 태도로 업무에 임한다. (O/X)

4 key word : 계급제

계급제는 교육제도와 관련하여 4대 계급으로 구분한 개방적 공무원제이다. (O/X)

5 key word : 정부업무평가 기본법

정부업무평가위원회는 대통령 산하의 기관이다. (O/X)

6 key word : 정책집행의 상향적 접근

정책집행연구의 상향적 접근방법에서는 정책결정자가 집행과정에 대해 절대적 영향력을 가진다고 본다. (O/X)

7 key word : 허츠버그의 욕구충족이론

허츠버그는 위생요인이 직무맥락과 관련되고, 동기요인은 직무내용과 관련이 깊다고 보았다. (O/X)

8 key word : 정부조직

행정기관은 소관사무의 일부를 보조기관에 위임할 수 없다. (O/X)

9 key word : 공익

공익 절충설은 공익과 사익이 별개의 것이라고 본다. (O/X)

10 key word : 전략적 인적자원관리

전략적 인적자원관리는 조직과 개인 목표의 통합을 강조한다. (O/X)

11 key word : 지방자치계층

자치구의 자치권 범위는 시·군과 동일하다. (O/X)

12 key word : 부정청탁 및 금품등 수수의 금지에 관한 법률

부정청탁의 발생을 알고 있는 사람은 국민권익위원회에 신고할 수 있다.(O/X)

13 key word : 무의사결정

무의사결정론은 신엘리트이론이라고 할 수 있다. (O/X)

14 key word : 정책결정모형

혼합주사모형은 합리모형과 점증모형의 결함을 극복한 모형이다. (O/X)

15 key word : 공직자윤리법

3급 이상의 일반직공무원은 재산을 등록하여야 한다. (O/X)

16 key word : 예산제도

영기준예산은 기존 사업을 재검토하여 예산을 삭감할 수 있는 예산결정방식이다. (O/X)

17 key word : 중앙·지방의 권한배분

국가 및 지방자치단체가 사무를 배분할 때, 민간의 행정참여기회를 축소한다. (O/X)

18 key word : 행정이론

지대추구이론은 특정 개인·기업이 자신의 독점적 권한을 보상받을 목적으로 정부의 시장개입을 유도하여 공익에 반하는 결과를 초래한다는 것이다. (O/X)

19 key word : 공공서비스 공급주체

시장형 공기업으로 한국미사회, 한국토지공사 등이 있다. (O/X)

20 key word : 재정성과관리, 재정건전성

지방자치단체의 장은 기획재정부장관이 정하는 바에 따라 매년 재정건전성관리계획을 수립·시행한다. (O/X)

1 X

대표관료제는 인사행정에 사회적 성격을 도입한 것으로 일부 사회집단의 구성원을 우대한다.

2 X

신행정학은 기관형성을 비판한다.

3 X

관료제 병리현상의 형태적 측면→무사안일주의, 인간성 상실

4 X

계급제는 교육제도와 관련하여 4대 계급으로 구분한 폐쇄형 공무원제이다.

5 X

정부업무평가의 실시와 평가기반의 구축을 체계적·효율적으로 추진하기 위하여 국무총리 소속하에 정부업무평가위원회를 둔다. <정부업무평가 기본법 제9조>

6 X

상향식 접근방법에서는 일선관료의 재량행위의 확대와 주민의 참여가 필요하다고 본다.

7 O

허츠버그의 이원설은 위생요인이 직무외재적 성격과 직무맥락에 관련되고, 동기요인이 직무내재적 성격과 직무내용과 관련 깊다고 보았다.

8 X

행정기관은 법령으로 정하는 바에 따라 소속사무의 일부를 보조기관 또는 하급행정기관에 위임하거나 다른 행정기관·지방자치단체 또는 그 기관에 위탁 또는 위임할 수 있다. <정부조직법 제6조>

9 X

절충설은 실체설·과정설의 조화가 공익 확보에 가장 유리하다고 보는 관점으로 공익과 사익이 전혀 별개의 것은 아니라고 본다.

10 O

전략적 인적자원관리는 조직의 비전·목표, 조직 내부 상황·외부 환경을 고려해 가장 적합한 인력을 개발·관리하여 조직의 목표를 극대화한다.

11 X

자치구의 자치권의 범위는 법령으로 정하는 바에 따라 시·군과 다르게 할 수 있다. <지방자치법 제2조 제2항>

12 O

위반행위 발생 신고 기관 ··· 위반행위가 발생한 공공기관 또는 감독기관, 감사원 또는 수사기관, 국민권익위원회<부정청탁 및 금품등 수수의 금지에 관한 법률 제13조>

13 O

신엘리트이론(무의사결정론) ··· 정책의제설정에서 지배엘리트의 이해관계와 일치하는 사회문제만 정책의제화된다는 이론

14 X

혼합주사모형은 이론적 독자성이 없고 단순한 절충혼합의 성격을 띠고 있어 합리모형과 점증모형의 결함을 극복하지 못한다.

15 X

4급 이상의 일반직 국가공무원(고위공무원단에 속하는 일반직공무원을 포함)은 재산을 등록하여야 한다. <공직자윤리법 제3조 제1항>

16 O

영기준예산(ZBB) ··· 기획과 분석을 강조하는 점에서 계획예산제도와 비슷하고 능률적 관리를 위해 구성원의 참여를 촉진한다는 점에서 MBO와 유사하다.

17 X

국가 또는 지방자치단체의 관여를 최소화하여야 하며, 민간의 행정참여기회를 확대한다. <지방자치분권 및 지방행정체제개편에 관한 특별법 제9조 제4항>

18 O

지대추구이론 ··· 개인·기업이 정부의 시장개입을 유도하고 관료는 특정 개인·기업의 이익을 보장하게 되어 공익에 반하는 결과를 초래한다.

19 X

시장형 공기업으로 한국전력공사, 인천공항공사 등이 있다.
한국미사회·한국토지공사→준시장형 공기업

20 X

지방자치단체의 장은 행정안전부장관이 정하는 바에 따라 매년 재정건전성관리계획을 수립·시행한다. <지방재정법 제87조의 3>

1 key word : 행정환경

대통령은 실직적으로 정부의 중요한 정책결정을 주도한다. (O/X)

2 key word : 정부규제

민간 활동이 허용 또는 제한되는 조건을 설정함으로써 일반 대중을 보호하려는 정책은 보호적 규제정책이다. (O/X)

3 key word : 조직의 원리

분업의 원리에서 수평적 전문화는 업무의 동질성을 기준으로 조직을 편성한다. (O/X)

4 key word : 공무원 사기관리

공무원제안이 채택·시행되어 국가 예산 절약 증 행정 운영 발전에 뚜렷한 실적이 있을 경우 제안자 모두에게 특별승급의 인사상 특전을 부여할 수 있다. (O/X)

5 key word : 정부업무평가 기본법

중앙행정기관의 장은 다른 평가대상기관의 정책 등에 대하여 평가를 할 수 없다. (O/X)

6 key word : 정책분석

정책분석은 분석의 차원과 유형에 따라 정책분석, 체제분석, 관리과학분석, 행정분석의 네 차원으로 구분된다. (O/X)

7 key word : 정책집행

정책집행은 명확한 지속적 과정으로 정책평과와 상호작용을 한다. (O/X)

8 key word : 정책과정 참여자

사법부와 지방자치단체의 중앙집권화에 따른 정책결정과정에서 정책결정담당자의 역할이 점차 작아지고 있다. (O/X)

9 key word : Vroom 기대이론

VIE 이론에 의하면 추진 과업에 대한 성과가 분명하고 그에 따른 보상이 클 것으로 기대될수록 동기가 강하게 작용한다. (O/X)

10 key word : 연봉제

대통령이 정하는 직위에 보직된 공무원은 대통령령에 의한 연봉을 받는다. (O/X)

11 key word : 빅데이터

빅데이터의 3대 특징은 다양성, 정확성, 신속성이다. (O/X)

12 key word : 분업

분업은 작업전환에 드는 시간을 단축할 수 있지만 업무의 세분화가 어렵다. (O/X)

13 key word : 공기업 민영화

공기업의 민영화 방법으로 정부가 기업을 수유하되 기업을 사기업체로 전환대여를 할 수 있다. (O/X)

14 key word : 원칙의 예외

차관물자대의 경우 환율·금리 변동으로 인한 세입이 세입예산을 초과하게 되어도 세출예산을 초과하여 지출할 수 없다. (O/X)

15 key word : 행정통제

사법통제가 이루어질 경우 행정부가 막강한 경제권을 가지고 정보를 독점하게 된다. (O/X)

16 key word : 특별회계예산

특별회계는 기획재정부장관이 관리·운용한다. (O/X)

17 key word : 지방교부세

지장교부세는 보통교부세, 특별교부세, 부동산교부세, 행정안전교부세로 구분한다. (O/X)

18 key word : 조직의 배태성과 제도적 동형화

동형화는 문화적 신제도주의에서 중시하는 제도 환경이다. (O/X)

19 key word : 자치재정권

자치재정권은 독자적 사무를 가지고 원칙적으로 국가의 관여를 받지 않고 사무를 자주적으로 처리할 수 있는 권능이다. (O/X)

20 key word : 정무직 공무원과 직업관료

직업관료는 정무직공무원에 비해 재임기간이 짧다. (O/X)

1 O

대통령은 고위직공무원의 임명권을 통해 정책결정에 간접적으로 큰 영향력을 행사한다.

2 O

Ripley & Franklin의 정책 ⋯ 보호적 규제정책

3 O

수평적 전문화 ⋯ 업무의 동질성을 기준으로 각 부처별, 국과별로 수평적 조직을 편성

4 X

공동으로 공무원제안을 제출한 경우 주제안자 1명만을 특별승급의 대상자로 한다. <공무원 안 규정 제18조 제1항>

5 X

중앙행정기관의 장은 법률 또는 대통령령에 근거하지 아니하고는 다른 평가대상기관의 정책 등에 대해 평가를 하여서는 아니 된다. <통합적 정부업무평가제도의 구축 제3조>

6 X

정책분석은 분석의 차원과 유형에 따라 정책분석, 체제분석, 관리과학의 세 차원으로 구분된다.

7 X

정책집행은 명확하지 않은 계속적 과정으로, 정책결정 · 정책평가와 상호작용한다.

8 X

사법부와 지방자치단체의 분권화 · 지방화에 따라 정책결정과정에서의 역할이 점차 커져가고 있다.

9 O

Vroom의 기대이론(VIE 이론)은 성과가 회의적이고 성과와 보상에 아무 관련이 없다고 믿을수록 개인의 동기가 낮게 나타난다고 본다.

10 X

인사혁신처장이 정하는 직위에 보직된 공무원은 인사혁신처장이 정하는 연봉과 제36조 또는 제37조에 따라 책정한 연봉 중 유리한 금액을 적용한다. <공무원보수규정 제37조의 2>

11 X

빅데이터의 특징 ⋯ 다양성, 속도, 규모(크기)

12 O

분업 시 업무량의 변동이 심하면 업무를 세분화하기 어려워 분업을 유지하기 어렵다.

13 O

대여제도 ⋯ 정부가 기업을 소유하되 기업을 사기업체로 전환대여를 하여 사기업의 장점을 모두 취할 수 있게 하는 제도

14 X

차관물자대의 경우 전년도 인출예정분의 부득이한 이월 또는 환율 및 금리의 변동으로 인하여 세입이 그 세입예산을 초과하게 되는 때에는 그 세출예산을 초과하여 지출할 수 있다. <국가재정법 제53조>

15 X

입법통제가 이루어질 경우 행정부가 막강한 경제권을 가지고 정보를 독점하게 된다.

16 X

제3조에 따라 설치된 특별회계는 관계 중앙관서의 장이 관리 · 운용한다. <정부기업예산법 제4조>

17 X

지방교부세의 종류는 보통교부세 · 특별교부세 · 부동산교부세 및 소방안전교부세로 구분한다. <지방교부세법 제3조>

18 O

사회학적 신제도주의(문화적 신제도주의)는 제도의 변화를 제도적 동형화의 과정으로 파악한다.

19 X

자치재정권 ⋯ 자기사무를 수행하는 데 필요한 경비를 충당하기 위해 자주적으로 재원을 조달 · 관리하는 권능

20 X

정무직 공무원은 재임기간이 짧지만, 직업관료는 신분보장이 되어 있다.

1 key word : 행정가치

수단적 가치로 공익성, 평등, 자유 등이 해당한다. (O/X)

2 key word : 정책집행

Nakamura & Smallwood의 재량적 실험가형에서 정책집행자들은 목표달성을 위해 필요 범위 내에서 행정·기술·협상적 권한을 가진다. (O/X)

3 key word : 근무성적평가제

임기제공무원에 대하여 가점평정과 경력평정을 적용하지 않는다. (O/X)

4 key word : TQM과 MBO

MBO는 계획기간이 장기적이며 사업계획이 비용·편익에 치중되어 있는 예산이다. (O/X)

5 key word : 지방직영기업

지방직영기업은 항상 기업의 경제성과 공공복리를 증대하도록 운영한다. (O/X)

6 key word : 리더십

상호작용이론은 리더십이 지도자·추종자·상황의 3대 변수의 상호작용에 의해 형성된다고 본다. (O/X)

7 key word : 공무원 부패

공무원의 부패 원인으로 정부주도형 경제개발, 관료재량의 남용, 상대적 박탈감 등이 있다. (O/X)

8 key word : 중앙인사기관

중앙인사기관은 각 부처의 인사기능을 중앙인사기관에 집중시키면서 임원의 신분과 예산의 자주성을 보장한다. (O/X)

9 key word : 다면평가제도

다면평가의 평가자 집단은 평가대상의 실적·능력을 잘 아는 업무 관련자로 구성한다. (O/X)

10 key word : 온라인 시민 참여유형

온라인 시민참여의 유형 중 협의형은 정부와 시민이 쌍방향으로 소통한다. (O/X)

11 key word : 예산제도

MBO와 PPBS는 결과에 대한 평가를 강조한다. (O/X)

12 key word : 비비교성

비비교성은 각 대안이 초래할 결과를 알 수 없어 갈등의 원인이 된다. (O/X)

13 key word : 재정건전성

행정안전부장관은 지방재정건전성 관리제도의 운영에 있어 통합부채 또는 우발부채 중 한 가지만 고려하면 된다. (O/X)

14 key word : 인사행정제도

정실주의는 엽관주의에 비해 임용된 자의 신분이 보장된다.(O/X)

15 key word : 지방재정

일반재원은 용도의 제한 없이 자유롭게 지출할 수 있는 재원이다. (O/X)

16 key word : 정부재창조론

Osborne와 Gaebler에 의하면 성과보다 투입·과정에 중점을 두는 정부가 되야 한다. (O/X)

17 key word : 예산집행의 신축성

예산의 신축성을 위해 집행부에 일정한 재량을 허용한다. (O/X)

18 key word : 공공서비스

촉매적 정부는 공공서비스의 경쟁을 완화시킨다. (O/X)

19 key word : 정책결정모형

회사모형은 예측 가능한 결정절차를 선호한다. (O/X)

20 key word : 델파이 기법

델파이 기법은 객관적 예측방법이다. (O/X)

✔ **정답과 해설**

1 X
- 수단적 가치 : 경제성
- 본질적 가치 : 공익성, 복지, 평등, 자유

2 X
재량적 실험가형 ··· 정책목표의 구체화 · 정책수단 · 시행을 자기책임하에 관장

3 O
임기제공무원에 대해서는 제23조(경력평정)부터 제27조(가점평정)까지, 제29조 및 제30조를 적용하지 아니한다. <공무원 성과평가 등에 관한 규정 제2조>

4 X
목표관리(MBO)는 계획기간이 부분 · 단기적이며 사업계획은 내적, 산출량에 치중되어 있다.

5 O
지방직영기업, 지방공사 및 지방공단은 항상 기업의 경제성과 공공복리를 운영하도록 운영하여야 한다. <지방공기업법 제3조>

6 O
상황 · 집단론(상호작용이론) ··· 조직과 환경의 관계에 초점을 두는 이론으로 민주적 의사결정과 참여관리에 중점을 둔다.

7 O
- 조직 요인 : 낮은 보수, 관료재량 남용, 정부주도형 경제개발 등
- 개인 요인 : 공동의식 박약, 상대적 박탈감 등

8 O
중앙인사기관의 성격 ··· 독립성, 집권성, 합의성

9 O
제1항에 따른 다면평가의 평가자 집단은 다면평가 대상 공무원의 실적 · 능력 등을 잘 아는 업무 관련자로 구성하되, 소속 공무원의 인적 구성을 고려하여 공정하게 대표되도록 구성하여야 한다. <공무원 성과평가 등에 관한 규정 제28조>

10 O
- 정보제공형 : 정부의일방적 정보 제공
- 협의형 : 정부와 시민의 쌍방향 소통

- 정책결정형 : 시민들의 주도적 결정

11 O
MBO(목표관리)와 PPBS(계획예산제도)의 유사점 ··· 목표설정 중시, 목표성취를 위한 신천계획 마련, 결과에 대한 평가를 강조

12 X
비비교성은 결과를 알고는 있으나 어떤 것이 최선의 결과인지 알 수 없어 갈등을 초래한다.

13 X
행정안전부장은 지방재정건전성 관리제도의 운영에 있어 특별 사유가 없으면 통합부채와 우발부채를 모두 고려한다. <지방재정법 제87조의 3>

14 O
정실주의 ··· 영국에서 발달, 엽관주의보다 넓은 개념으로 인식되며 임용되면 종신적 성격을 띠어 신분이 보장된다.

15 O
용도의 제한 여부에 따라 일반재원은 용도의 제한이 없고, 특정재원은 지출용도가 정해져있다.

16 X
결과지향적 정부 ··· 투입보다 결과 · 성과에 중점을 두는 정부가 되어야한다.

17 O
집행부에 일정한 재량을 허용하여 사업진행의 신축성을 유지한다.

18 X
촉매적 정부는 공공서비스의 경쟁을 촉진시킨다.

19 O
회사모형(연합모형)의 불확실성 회피 ··· 조직의 환경은 유동적이므로 대안이 가져올 결과를 불확실한 것으로 보고 단기적 전략에 치중하고, 관련자와 타협을 한다.

20 X
델파이 기법은 주관적이고 직관적인 질적 예측방법으로, 설문 작성방법에 따라 응답이 좌우될 수 있다.

1 key word : **신공공서비스론**
신공공서비스론은 능률성 위주의 개혁에 대한 근거를 제공한다. (O/X)

2 key word : **조직의 원리**
계층제의 원리에 의하면 조직의 능률성 확보를 위해 조직은 계층적 역삼각형 구조로 편성하는 것이 좋다. (O/X)

3 key word : **딜레마이론**
딜레마 상황의 두 대안은 융합이 가능하다. (O/X)

4 key word : **조직구조**
애드호크라시는 전통적 관료제와 보완 관계에 있다. (O/X)

5 key word : **정책과정**
정책과정은 대체로 정책의제 형성→정책분석·결정→정책 평가→정책집행의 과정을 갖는다. (O/X)

6 key word : **정책네트워크**
정책공동체모형은 뉴거버넌스와 연관된 개념으로 정책공동체는 하나의 가상적 공동체로서 사안별로 구성된다. (O/X)

7 key word : **행정학의 발달**
Stein은 Justi의 경찰개념을 헌정과 행정으로 구분한다. (O/X)

8 key word : **직무평가 방법**
서열법은 비계량적 방법으로 평가작업이 단순하며 신속하여 경제적이다. (O/X)

9 key word : **공무원의 구분**
특정직공무원은 정무직공무원과 별정직공무원으로 분류된다. (O/X)

10 key word : **재원 형성방식**
기여제는 연금사업의 재원을 조달하기 위해 미리 기금을 마련하는 제도이다. (O/X)

11 key word : **품목별 예산제도**
품목별 예산제도로 예산집행의 효율성과 회계책임의 명확성을 확보할 수 있다. (O/X)

12 key word : **지방자치단체의 기관**
주민자치는 기관통합형, 단체자치는 기관대립형의 정부 형태를 지닌다. (O/X)

13 key word : **예산과정**
각 회계연도의 수입은 다른 회계연도와 연관성이 있어야 한다. (O/X)

14 key word : **행정통제**
입법부의 행정통제를 강화하기 위해 일몰법을 사용할 수 있다. (O/X)

15 key word : **특별지방행정기관**
특별지방행정기관은 지역 주민과 지방의회의 참여가 활발하다. (O/X)

16 key word : **규제영향분석**
규제영향분석은 규제의 타당성 판단의 기준이 된다. (O/X)

17 key word : **정부업무평가제도**
정부업무평가기본계획에 각종 평가제도의 방법과 실효성과 관련된 사항이 포함되어야 한다. (O/X)

18 key word : **점증주의적 예산결정**
점증주의는 예산을 보수적·정치적·단편적이며 품목을 중심으로 편성한다. (O/X)

19 key word : **균형성과표(BSC)**
고객 관점의 성과지표는 민간 부문에서 중시하는 전통적 후행지표이다. (O/X)

20 key word : **행정지도의 폐단**
행정지도 활용 시 입법절차가 필요하다. (O/X)

✔ **정답과 해설**

1 O

신공공서비스론은 민주주의의 규범적 모델을 제시하며 능률성 위주의 개혁에 대한 근거를 제공한다.

2 X

계층제의 원리 ··· 조직의 능률성 확보를 위해 계층적 피라미드 구조로 편성

3 X

딜레마 상황의 두 대안은 절충이 불가능한 분절성을 갖는다.

4 O

애드호크라시는 변화에 신속하게 대응할 수 있으며 전통적 관료제와 보완 관계에 있다.

5 X

정책의제 형성 → 정책분석·결정 → 정책집행 → 정책평가 → 정책종결과 환류

6 O

정책공동체모형 ··· 정책결정에 필요한 전문지식은 전문가, 학자, 행정관료들의 공식·비공식 상호 접촉과 의견교환에 의해 획득된다.

7 O

Stein은 헌정과 행정이 서로 상대적 우위를 점하는 관계라는 독자적 행정이론을 구성하였다.

8 O

서열법 ··· 직무를 전체적·종합적으로 평가하여 상대적 중요도에 의해 서열을 부여하는 자의적 평가방법

9 X

<국가공무원법 제2조 제2항, 제3항>
• 경력직공무원 – 일반직, 특정적 공무원
• 특수경력직공무원 – 정무직, 별정직 공무원

10 X

• 기여제 ··· 정부와 연금수혜인 공무원이 공동으로 기금조성의 비용을 부담하는 제도
• 기금제 ··· 연금사업의 재원을 조달하기 위해 미리 기금을 마련하는 제도

11 O

품목별 예산제도 ··· 지출대상에 따라 분류함으로 회계책임이 명확하며 인사행정에 유용한 자료를 제공한다.

12 O

• 주민자치(영미형) – 기관통합형(의회제)
• 단체자치(대륙형) – 기관대립형(시장제)

13 X

회계연도 독립의 원칙···각 회계연도의 수입은 모두 전체지출의 재원이 되며 각 회계연도는 다른 회계연도와 독립되어야 한다.

14 O

일몰법(SSL)···특정 행정기관이나 사업이 일정기간이 지나면 자동적으로 폐지하게 되는 법률

15 X

특별지방행정기관은 국가가 국가사무를 처리하기 위해 설치한 일선기관으로 자치단체가 아니다.

16 O

규제영향분석 ··· 규제로 인해 국민의 일상생활과 사회·경제·행정 등에 미치는 영향을 객관적, 과학적 방법을 사용하여 미리 예측·분석하여 규제의 타당성 판단 기준 제시

17 O

국무총리는 정부업무평가기본계획에 다음 사항을 포함하여야 하고 최소한 3년마다 그 계획의 타당성을 검토하여 수정·보완의 조치를 한다. –각종 평가제도와 평가방법 등의 실효성 확보에 관한 사항<정부업무평가 기본법 제8조 제2항>

18 O

점증주의(정치적 접근법) ··· 전년도 예산을 고려하여 다음 연도 예산을 결정

19 X

고객 관점의 성과지표는 공공부문이 중시하는 대외적 지표이다.
민간 부문에서 중시하는 전통적 후행지표 → 재무적 관점의 성과지표

20 X

행정지도는 입법절차 없이 활용 가능하다.

1 key word : 상황적응적 접근방법
상황적응적 접근방법은 모든 상황에 있어 적합한 최선의 관리방법이 있다고 전제한다. (O/X)

2 key word : 신공공관리론
NPM은 경력직 공무원을 확대하고 인재를 계약제에 의하여 임용한다. (O/X)

3 key word : 사이버네틱스
사이버네틱스모형은 의사결정모형과 극단적으로 대립되는 합리모형이다. (O/X)

4 key word : 근무성적평정의 오류
평정결과의 분포가 우수한 쪽 또는 열등한 쪽에 치우치는 경향은 해결할 수 없다. (O/X)

5 key word : J.Rawls 정의론
평등한 자유원리로서 모든 사람이 다른 사람의 동일한 자유와 상충되지 않는 한도 내에서 초대한 동등한 권리를 갖는다는 것은 롤스의 제2원리이다. (O/X)

6 key word : L.M.Salamon 정책수단
살라몬의 정책수단 중 직접성 정도가 낮은 것은 바우처, 보조금, 지급보증 등이다. (O/X)

7 key word : Lipsky 일선관료제
일선관료제는 고객에게 책임을 전가하거나 사회 탓을 하여 책임을 회피한다. (O/X)

8 key word : 행정기관
소속기관은 행정기관의 보조기관과 보좌기관이다. (O/X)

9 key word : 징계
징계 의결 요구는 5급 이상 공무원은 소속 상급기관의 장관이 한다. (O/X)

10 key word : 정부회계
단식부기와 복식부기는 영리단체와 대규모 기업이 적용한다. (O/X)

11 key word : 예산과 재정 관리
답습예산은 상·하원의 의결에 상관없이 전년도 예산을 그대로 행한다. (O/X)

12 key word : J. Kingdon 정책의 창
정책의 창은 특정 대안을 선호하는 사람들이 주어진 기회를 통해 특정 문제를 해결하는 것이다. (O/X)

13 key word : 조정의 원리
조정의 원리는 세분화된 업무를 조직목표에 따라 재배치한다. (O/X)

14 key word : 성인지 예산제도
성인지 예산서는 예산이 여성과 남성에게 미칠 영향을 미리 분석한 보고서이다. (O/X)

15 key word : 결산
정부는 결산이 「국가재정법」에 따라 재정에 관한 유용하고 적정한 정보를 제공할 수 있도록 하여야 한다. (O/X)

16 key word : 공무원 부패
회색부패는 사회제제에 명백하고 심각한 해를 끼치는 부패로 구성원 모두가 인정하고 처벌을 원하는 부패이다. (O/X)

17 key word : 지방의회
지방의회의원은 국회의원을 겸할 수 있다. (O/X)

18 key word : 권력유형분류
프렌치와 레이븐의 강압적 권력은 권력행사에 대한 정당한 권리를 전제로 한다. (O/X)

19 key word : 전문경력관제도
소속 장관은 해당 기관의 일반직공무원 직위 중 장기 재직이 필요한 특수 업무 분야의 직위를 전문경력관직위로 지정할 수 있다. (O/X)

20 key word : 행정서비스 공급체계
Savas의 공급유형론에 따르면 정부판매는 민간이 결정하고 정부가 공급하는 유형이다. (O/X)

✓ 정답과 해설

1 X

상황적응적 접근방법은 모든 상황에 적합한 유일최선의 관리방법이 없다고 전제한다.

2 X

NPM(신공공관리론)은 경력직 공무원을 축소하고 유능한 인재를 계약제에 의하여 임용한다. → 개방형 임용제

3 X

사이버네틱스모형은 합리모형과 극단적으로 대립되는 적응적·관습적 의사결정모형이다.

4 X

관대화 경향과 엄격화 경향은 강제배분법을 통하여 해결할 수 있다.

5 X

• 제1원리 : 평등한 자유원리
• 제2원리 : 사회적 불평등의 조정에 관한 원리

6 O

• 직접성 높음 : 정부소비, 경제규제, 보험…
• 직접성 중간 : 조세지출, 사회규제, 벌금…
• 직접성 낮음 : 바우처, 보조금, 지급보증…

7 O

일선관료는 고정관념을 가지고 고객을 재정의 한 후, 고객에 책임을 전가하거나 사회 탓으로 하여 책임을 회피한다.

8 X

<행정기관의 조직과 정원에 관한 통칙 제2조>
• 소속기관 : 중앙행정기관에 소속된 기관으로서 특별지방행정기관과 부속기관
• 하부조직 : 행정기관의 보조기관과 보좌기관

9 X

제1항의 징계 의결 요구는 5급 이상 공무원 및 고위공무원단에 속하는 일반직공무원은 소속 장관이, 6급 이하의 공무원은 소속 기관의 장 또는 소속 상급기관의 장이 한다. <국가공무원법 제78조 제4항>

10 X

단식부기는 비영리단체나 소규모 상점에서 적용하고, 복식부기는 영리단체나 대규모 기업에서 적용한다.

11 X

답습예산 … 회개연도 개시 전까지 예산이 확정되지 않았을 때 상·하원의 의결을 통해 전년도 예산을 그대로 답습하는 제도

12 O

정책의 창 … 정책주창자들이 관심대상인 정책문제에 주의를 집중시키고 선호하는 대안을 관철시키기 위해 열려지는 기회

13 O

조정의 원리는 공동목표의 달성을 위해 행동의 통일을 이루도록 집단적 노력을 정연하게 배열하는 과정이다.

14 O

정부는 예산이 여성과 남성에게 미칠 영향을 미리 분석한 보고서(이하 "성인지 예산서"라 한다)를 작성하여야 한다. <국가재정법 제26조>

15 X

정부는 결산이 「국가회계법」에 따라 재정에 관한 유용하고 적정한 정보를 제공할 수 있도록 객관적인 자료와 증거에 따라 공정하게 이루어지게 하여야 한다.

16 X

흑색부패 … 사회제제에 명백하고 심각한 해를 끼치는 부패로 구성원 모두가 인정하고 처벌을 원하는 부패

17 X

지방의회의원은 국회의원, 다른 지방의회의원, 헌법재판소 재판관, 각급 선거관리위원회 위원 등의 직을 겸할 수 없다. <지방자치법 제35조>

18 X

합법적 권력은 권력행사에 대한 정당한 권리를 전제로 한다.

19 X

「임용령」 제2조 제3호에 따른 소속 장관은 해당 기관의 일반직공무원 직위 중 순환보직이 곤란하거나 장기 재직 등이 필요한 특수 업무 분야의 직위를 인사혁신처장과 협의하여 전문경력관직위로 지정할 수 있다. <전문경력관 규정 제3조 제1항>

20 X

정부판매 → 민간이 공급, 정부가 생산

1 key word : 행정이론의 패러다임

post-NPM은 민주성만을 고려한다. (O/X)

2 key word : 조직이론

혼돈이론은 자기조직화 과정을 통해 무질서와 혼돈으로부터 질서와 조직화의 자생적 발생을 주장한 이론이다.(O/X)

3 key word : 공공선택이론

뷰캐넌과 털록의 모형은 정책결정에 있어 비용의 극소화와 동의의 극대화를 조화시켜 적당한 수의 참여자를 찾으려 한다. (O/X)

4 key word : 영기준예산제도

우선순위 결정은 하향적으로 통합시켜 조직 전 행정계층에 걸쳐 관리자가 예산편성에 참여한다. (O/X)

5 key word : 총익배분 · 자율편성제도

상향식 예산관리모형인 총익배분 자율편성 예산제도는 전략적 재원배분을 촉진한다. (O/X)

6 key word : Musgrave의 정부 재정기능원칙

머스그레이브는 예산의 행정적 기능을 자원배분기능, 소득재분배기능, 경제안전기능과 경제성장기능으로 보았다. (O/X)

7 key word : 행정관리 소속

국무총리 소속의 기관으로 법제처, 인사혁신처, 국가보훈처, 식품의약품안전처가 있다. (O/X)

8 key word : Wilson의 규제정치

윌슨의 규제정치 중 규제 편익과 비용을 좁게 집중 시킨 것은 대중정치이다. (O/X)

9 key word : 분석 및 평가제도

지방공기업의 경영평가에는 경영목표 달성도, 업무의 능률성, 공익성, 고객서비스에 대한 평가가 포함된다. (O/X)

10 key word : Berman의 적응적 집행

Berman은 미시적집행보다 거시적집행이 중요하다고 본다. (O/X)

11 key word : 특정직 지방공무원

특정직 공무원은 경력직공무원에 속한다. (O/X)

12 key word : 공무원 인사

인사혁신처장은 행정기간 상호간 또는 공공기간 간에 인사교류가 필요하다고 인정하면 인사교류계획을 수립하고 해당 기관의 장의 승인을 받아 이를 실시할 수 있다. (O/X)

13 key word : 주민의 감사청구

감사청구는 사무처리가 끝난 날부터 3년이 지나지 않으면 제기할 수 있다. (O/X)

14 key word : 표준운영절차(SOP)

Cyert와 March는 정책결정에 있어서 표준운영절차를 중시한다. (O/X)

15 key word : Dunleavy의 관청형성 모형

관청형성 모형에서의 합리적 고위관료는 정치권력의 중심에서 참모기능을 수행하기를 선호한다. (O/X)

16 key word : 규제의 유형

자율적 규제는 규제대상이 되는 당사자에게 규제기준 설정과 집행을 위임한다. (O/X)

17 key word : 지방재정조정제도

보통교부세, 특별교부세, 부동산교부세, 소방안전교부세는 지방교부세이다.(O/X)

18 key word : 부정청탁 및 금품등 수수의 금지에 관한 법률

공직자등은 직무 관련 여부 및 기부 · 후원 · 증여 등의 명목에 관계없이 동일인으로부터 1회에 50만 원을 초과하는 금품을 받을 수 없다. (O/X)

19 key word : 역량평가

고위공무원단은 후보자가 된 후 역량평가를 실시한다. (O/X)

20 key word : 유연근무제도

탄력근무제도는 시차출퇴근형, 근무시간 선택형, 시간선택 근무형로 분류된다. (O/X)

✔ 정답과 해설

1 X

탈신공공관리론(post-NPM)은 민주성과 형평성을 주요 가치로 고려한다.

2 O

혼돈이론 … 복잡다단한 현대조직에서뿐만 아니라 극히 단순하고 한정적인 구조에서도 체제행태에 대한 예측과 통제는 불가능하며, 무질서와 혼돈으로부터 질서와 조직화가 자생적으로 발생

3 O

뷰캐넌(Buchanan)과 털록(Tullock)의 비용극소화모형…정책결정에 있어 동의의 극대화를 위해 참여자를 증가시킬 경우 비용도 증가되므로 비용의 극소화와 동의의 극대화를 조화시켜 적당한 수의 참여자를 찾으려는 모형

4 X

하급관리자의 순위결정은 중간관리자가, 중간관리자의 순위결정은 최고관리자가 심사하여 다음 순위를 정하고 상향적으로 통합시켜 조직 전체의 우선순위표가 작성된다.

5 X

하향식 예산관리모형인 총액배분 자율편성 예산제도는 전략적 재원배분을 촉진한다.

6 X

머스그레이브는 예산의 경제적 기능을 자원배분기능, 소득재분배기능, 경제안전기능과 경제성장기능으로 보았다.

7 O

<정부조직법 제 22조 참조> 국무총리 소속 … 국가보훈처, 인사혁신처, 법제처, 식품의약품안전처

8 X

• 대중정치 : 규제 편익과 비용이 넓게 분산
• 이익집단정치 : 규제 편익과 비용이 좁게 집중

9 O

제1항에 따른 경영평가에는 지방공기업의 경영목표의 달성도, 업무의 능률성, 공익성, 고객서비스 등에 관한 평가가 포함되어야 한다. <지방공기업법 제78조>

10 X

Berman은 상향적 집행에 해당하는 미시적(적응적) 집행이 중요하다고 본다.

11 O

특정직공무원 … 공립 대학 및 전문대학에 근무하는 교육공무원, 교육감 소속의 교육전문직원 및 자치경찰공무원과 그 밖에 특수 분야 업무를 담당하는 공무원으로서 다른 법률에서 특정직공무원으로 지정하는 공무원<지방공무원 제2조 제2항>

12 X

인사혁신처장은 행정기관 상호간, 행정기관과 교육·연구기관 또는 공공기관 간에 인사교류가 필요하다고 인정하면 인사교류계획을 수립하고, 국무총리의 승인을 받아 이를 실시할 수 있다. <국가공무원법 제32조의 2>

13 X

제1항에 따른 청구는 사무처리가 있었던 날이나 끝난 날부터 2년이 지나면 제기할 수 없다. <지방자치법 제16조>

14 O

연합모형(Cyert & March)에서는 경험이 축적됨에 따라 가장 효율적이라고 생각되는 결정절차를 마련해 두고 이를 활용하여 의사결정을 한다.

15 O

관청형성 모형에서 합리적 고위관료는 관청형성동기가 예산극대화동기보다 더 강하다고 주장한다.

16 O

변호사협회 등이 자율적 규제정책에 속한다.

17 O

지방교부세의 종류는 보통교부세·특별교부세·부동산교부세 및 소방안전교부세로 구분한다. <지방교부세법 제3조>

18 X

공직자등은 직무 관련 여부 및 기부·후원·증여 등 그 명목에 관계없이 동일인으로부터 1회에 100만 원 또는 매 회계연도에 300만 원을 초과하는 금품 등을 받거나 요구 또는 약속해서는 아니 된다.

19 X

고위공무원단 후보자가 되기 위해서는 후보자 교육과정 이수 후 역량평가를 통과해야한다.

20 X

탄력근무제 … 시차출퇴근형, 근무시간 선택형, 집약근무형, 재량근무형

1 key word : 공익

적극설은 공익의 내용을 소수의 관료가 정함으로 비민주적이 되기 쉽다고 비판받는다. (O/X)

2 key word : 공직분류

직류는 직무의 종류·곤란성과 책임도가 상당히 유사한 직위의 군이다. (O/X)

3 key word : 정책평가

Nakamura와 Smallwood가 제시한 정책평가의 기준으로 능률성, 효과성, 체제유지도 3가지가 있다. (O/X)

4 key word : 주민자치와 단체자치

행정통제는 단체자치에서의 주된 통제방식이다. (O/X)

5 key word : 조직이론

전략적 선택이론에서 관리자는 본인의 인지적 기초와 가치관을 바탕으로 환경을 인식하며 이에 근거하여 전략적 선택을 한다. (O/X)

6 key word : 포스트모더니즘

포스트모더니즘이 비판하는 것은 어떤 이론이나 특정 패러다임이다. (O/X)

7 key word : 직위분류제

직위분류제는 신분 보장으로 행정의 안정성확보에 좋다. (O/X)

8 key word : 정부회계제도

현금주의회계는 발생주의회계보다 경영성 파악이 용이하다. (O/X)

9 key word : 전통적 관리, TQM

TQM은 전체적 입장에서 투입과 과정의 계속적인 개선을 모색하는 장기적·전략적 품질관리를 위한 원칙이다. (O/X)

10 key word : 지방자치단체의 사무처리

지방자치단체가 사무를 처리할 때 상급 지방자치단체의 조례를 위반하여 처리할 수 있는 예외가 있다. (O/X)

11 key word : 현대 행정학

NPM은 재규제와 정치적 통제를 강조하고, post-NPM은 규제완화를 강조한다. (O/X)

12 key word : 조직문화

강한 조직문화는 부서 간 경계를 최대화한다. (O/X)

13 key word : 정책유형

많은 이권이 걸린 서비스·용역을 특정 개인이나 집단에 부여하고 특별한 규제를 가하는 것은 경쟁적 규제정책이다. (O/X)

14 key word : 예산안, 법률안의 의결방식

기획재정부장관은 예산요구서에 따라 예산안을 편성하고 바로 대통령의 승인을 얻어야 한다. (O/X)

15 key word : 위원회

행정위원회는 「국회법」에 의해 설립된다. (O/X)

16 key word : 정책과정

엘리트이론은 형식적으로 특정 소수에 의해 정책과정이 좌우되지만 실질적으로 선거 등의 방법으로 시민에 의해 실현된다고 본다. (O/X)

17 key word : 공직윤리

공직자는 등록의무자가 된 날부터 2개월이 되는 날이 속하는 달의 말일까지 재산을 등록기관에 등록하여야 한다. (O/X)

18 key word : 정부통제

외부통제는 환류기능이 미약하며, 내부통제는 사법부의 독립이 확립되지 못하는 한계가 있다. (O/X)

19 key word : 행정이념

민주성은 수단가치로서 능률성은 목적가치로서 상호 서로 상호배타적 관계이다. (O/X)

20 key word : 점수법

점수법은 직무평가방법 중 비계량적 방법에 해당한다. (O/X)

1 O

적극설(실체설)은 실제 결정자에 따라 내용이 달라지며, 결정된 후에도 갈등을 내포하기 쉽다.

2 X

"직류"란 같은 직렬 내에서 담당 분야가 같은 직무의 군을 말한다. <국가공무원법 제5조>

3 X

정책평가의 기준 ⋯ 능률성, 효과성, 수익자 대응성, 주민만족도, 체제유지도

4 O

- 단체자치 → 행정통제
- 주민자치 → 입법통제와 사법통제

5 O

전략적 선택이론 ⋯ 동일 환경에 처한 조직이라도 관리자의 환경에 대한 지각 차이로 인해 서로 다른 선택을 할 수 있다고 본다.

6 X

포스트모더니즘이 비판하는 것은 과학이 특권적 지위를 가진 이성의 형태 또는 진리의 매개체라는 모더니스트적인 사고의 근본 가정이다.

7 X

직위분류제는 신분의 임의적 보장으로 행정의 안정성이 저해된다.

8 X

발생주의회계는 현금주의회계보다 경영성 파악이 용이하다.

9 O

TQM(총체적 품질관리)은 서비스의 질을 향상시키기 위해 전 생산공정 과정에서의 하자여부를 총체적으로 재검토하는 기법으로 조직전체의 책임과 팀워크가 중시된다.

10 X

지방자치단체는 법령이나 상급 지방자치단체의 조례를 위반하여 그 사무를 처리할 수 없다. <지방자치법 제8조 제3항>

11 X

- 신공공관리론(NPM) : 시장지향주의, 규제완화
- 탈신공공관리론(post−NPM) : 정부의 정치·행정적 역량 강화, 재규제·정치적 통제 강조

12 X

강한 조직문화는 부분보다 전체를 중요시 여기며 부서 간 경계를 최소화한다.

13 O

경쟁적 규제정책은 각종 자격의 인·허가와 관련된다.

14 X

기획재정부장관은 예산요구서에 따라 예산안을 편성하여 국무회의의 심의를 거친 후 대통령의 승인을 얻어야 한다. <국가재정법 제32조>

15 X

행정기관에는 그 소속사무의 일부를 독립하여 수행할 필요가 있는 때에는 법률로 정하는 바에 따라 행정위원회 등 합의제행정기관을 둘 수 있다. <정부조직법 제5조>

16 X

엘리트이론은 정책과정에 참여하는 특정 소수에 의해 국가의 정책이 좌우된다고 보는 관점이다.

17 O

공직자는 등록의무자가 된 날부터 2개월이 되는 날이 속하는 달의 말일까지 등록의무자가 된 날 현재의 재산을 구분에 따른 기관(등록기관)에 등록하여야 한다. <공직자윤리법 제5조 제1항 참조>

18 X

내부통제는 환류기능이 미약하고, 외부통제는 사법부의 독립이 확립되지 못하는 한계가 있다.

19 X

민주성은 목적가치로서 능률성은 수단가치로서 상호보완적 관계이며 민주적 능률성으로 구체화 될 수 있다.

20 X

점수법 ⋯ 직위의 직무 구성요소를 정의하고 요소별로 평가한 점수를 총합하는 방식, 계량적 방법에 해당한다.

1 key word : 정책네트워크
사회가 점차 다원화되면서 철의 삼각 같은 결정체제가 더 이상은 곤란해졌다는 인식에서 등장한 것은 정책공동체모형이다. (O/X)

2 key word : 책임운영기관
책임운영기관은 부여된 사업목표를 달성하는 데의 독립성과 자율성이 보장된다. (O/X)

3 key word : 지방자치법
각하된 청구에 대해 청구인의 대표자는 지방자치단체의 장으로부터 의견을 제출할 기회를 받을 수 있다. (O/X)

4 key word : 나카무라와 스몰우드의 유형
관료적 기업가형은 목표달성을 위해 필요한 범위 내에서 행정적·기술적·협상적 권한을 집행자들이 가진다. (O/X)

5 key word : 공익
공익은 신행정론이 대두되면서 사회적 형평, 사회정의의 실현을 강조하게 되었다. (O/X)

6 key word : 정부 부처 형태의 공기업
한국철도공사는 정부 부처 형태의 공기업에 해당하지 않는다. (O/X)

7 key word : 앨리슨 모형
Allison의 의사결정모형에서 목표의 공유가 약한 순서대로 나열하면 힙리모형<조직모형<관료정치모형이다. (O/X)

8 key word : 정부규제
네거티브 규제는 법률·정책상으로 금지한 행위가 아니면 모든 것을 허용하는 규제이다. (O/X)

9 key word : 정책평가제도
국무총리는 정부업무평가기본계획의 타당성을 매년 검토하여 수정·보완 조치를 하여야 한다. (O/X)

10 key word : 지방선거
노태우 정부시기에 지방의원에 대한 선거가 실시되었다. (O/X)

11 key word : 합리적·경제적 인간관
합리적·경제적 인간관은 직원의 욕구에 관심을 가지며 소집단의 기능을 적극적으로 활용해야 한다. (O/X)

12 key word : 근무성적평정
다면평정은 담합에 의한 평가결과가 왜곡될 가능성이 있다. (O/X)

13 key word : 공공재원
국공채는 재정부담이 현세대에 국한되어있다. (O/X)

14 key word : 정부의 위원회 조직
자문위원회는 구속력 있는 의사결정과 집행권을 행사한다. (O/X)

15 key word : 리더십
형태론은 어떤 특성을 가진 사람이 지도자가 되는가를 분석하는 이론이다. (O/X)

16 key word : 동기이론
ERG이론에 의하면 자긍심과 자아실현욕구를 통합하여 성장욕구라 한다. (O/X)

17 key word : 공무원 근무방식
시간선택제는 주 40시간 이하로 근무하는 제도이다. (O/X)

18 key word : 감수성 훈련
감수성훈련은 조직에 있어서 개인의 역할, 조직목표를 인식시켜 조직개선에 기여하게 하는 것이다. (O/X)

19 key word : 품목별 예산제도
LIBS는 지출의 대상·성질을 기준으로 예산금액을 분류하므로 예산의 신축성이 높아진다. (O/X)

20 key word : 예산집행
경비는 세출예산이 정한 목적 이외의 분야에 사용할 수 없다. (O/X)

1 X

사회가 점차 다원화되면서 철의 삼각 같은 결정체제가 더 이상은 곤란해졌다는 인식에서 등장한 것은 이슈공동체모형이다.

2 O

책임운영기관은 그 기관이 소속된 중앙행정기관 또는 국무총리가 부여한 사업목표를 달성하는 데엥 필요한 기관 운영의 독립성과 자율성이 보장된다. <책임운영기관 설치·운영에 관한 법률 제3조 제1항>

3 O

지방자치단체의 장은 제7항에 따라 청구를 각하하려면 청구인의 대표자에게 의견을 제출할 기회를 주어야 한다. <지방자치법 제15조 제8항>

4 X

관료적 기업가형 : 정책집행자들이 강력한 권한을 갖고 정책과정 전체를 관장하며 결정권까지 행사

5 O

신행정론 대두 → 행정의 규범적 성격과 가치지향성, 즉 사회적 형평 내지 사회정의의 실현을 강조

6 O

한국철도공사 → 준시장형 공기업

7 X

목표의 공유 → 관료정치모형＜조직모형＜합리모형

8 O

네거티브 규제 → 포지티브 규제보다 자율성이 보장

9 X

국무총리는 정부업무평가기본계획을 최소한 3년마다 그 계획의 타당성을 검토하여 수정·보완 등의 조치를 하여야 한다. <정부업무평가 기본법 제8조>

10 O

박정희 정부~전두환 정부까지 지방선거가 실시되지 않았지만, 노태우 정부시기에 지방의원에 대한 선거가 다시 실시되었다.

11 X

합리적·경제적 인간관은 통제, 경제적 유인에 의한 능률적 업무수행을 중요시해야 한다.

12 O

다면평정(집단평정) … 평정에 관련된 여러 사람이 평가자로 참여하여 평가의 객관성·신뢰도를 높이고자 하는 제도

13 X

국공채는 이용자·세대 간 재정부담이 분담되어있다.

14 X

- 자문위원회 : 구속력 없는 조언적 성격
- 행정위원회 : 구속력 있음, 집행권 행사

15 X

형태론은 지도사의 리더십 형태를 분석하는 이론이다.

16 O

존경의 욕구 중 자긍심과 자아실현욕구를 통합하여 성장욕구라 한다.

17 O

시간선택제 : 주 40시간보다 짧은 시간동안 근무(주 15~30시간)

18 O

감수성훈련(실험실훈련)은 형태과학의 지식을 이용하여 구성원의 가치관을 변화시키는 기법이다.

19 X

품목별예산제도는 예산의 신축성이 저해되는 단점이 있다.

20 O

각 중앙관서의 장은 세출예산이 정한 목적 외에 경비를 사용할 수 없다. <국가재정법 제45조>

1 key word : 행정가치

능률성은 비용을 고려하지 않는다. (O/X)

2 key word : 대표관료제

대표관료제를 통해 정부관료제의 대응성을 강화 할 수 있다. (O/X)

3 key word : 의사결정

델파이 기법은 전문가들에게 개별적으로 설문서와 종합된 결과를 전달·회수하는 과정을 거듭하여 독립적이고 동등한 입장에서 의견을 접근해 나갈 수 있다. (O/X)

4 key word : 정책 환경 불확실성 대안

정책 환경의 불확실성을 극복하는 적극적 대처방안으로 보수적 결정, 상황의존도 분석 등이 있다. (O/X)

5 key word : 광역행정

생활권역과 행정권역의 괴리가 초래됨으로써 이러한 현상을 막고자 행정의 광역화 현상이 나타나고 있다. (O/X)

6 key word : 옴부즈만 제도

옴부즈만 제도는 행정권이 비대한 개도국에서는 실효성이 의문시된다. (O/X)

7 key word : 통합재정

통합재정수지는 수입에서 지출을 뺀 금액이다. (O/X)

8 key word : Lowi 구성정책

구성정책은 부와 재화를 많이 가진 집단으로부터 그렇지 못한 집단으로 이전시키는 정책이다. (O/X)

9 key word : 예산과정

예산은 편성, 심의, 집행, 결산 및 회계검사의 과정으로 구성된다. (O/X)

10 key word : 정부조직의 변화

국가보훈처는 변함없이 차관급에 있다. (O/X)

11 key word : 직업공무원제

직업공무원제는 공개경쟁시험, 신분보장, 정치적 중립 등을 이용한 실직주의의 우선적 확립이 필요하다. (O/X)

12 key word : 신행정학

신행정학은 1970년대 전후 미국의 사회적 혼란기를 극복하기 위해 나타났다. (O/X)

13 key word : 변혁적 리더십

변혁적 리더십은 책임과 결정을 기피하는 안전지향 리더십이다. (O/X)

14 key word : 정책결정모형

점증모형은 인간의 지적 능력 한계와 정책결정수단의 기술적 제약을 인정하고 정치적 합리성을 중요시한다. (O/X)

15 key word : 주민참여제도

주민은 비례대표 지방의회의원을 소환할 권리를 가진다. (O/X)

16 key word : 정책지지연합 모형

정책지지연합 모형은 정책집행 과정을 정책하위체계 내에서 신념을 공유하는 여러 정책지지연합들의 조화로 가정한다. (O/X)

17 key word : 정책평가

비실험은 내적 타당도가 가장 높고 외적 타당도와 실현 가능성은 가장 낮다. (O/X)

18 key word : 근무성적평정

직무성과계약제는 5급 이하 공무원에게 실시한다. (O/X)

19 key word : 예비타당성조사

예비타당성조사는 기획재정부장관이 실시한다. (O/X)

20 key word : 국가채무

한국은행으로부터의 일시차입금은 국가채무에 포함된다. (O/X)

1 X

능률성은 비용을 고려한다. 비용을 고려하지 않는 것은 효과성이다.

2 O

대표관료제는 국민의 다양한 요구에 대한 정부의 대응성을 향상시킬 수 있다.

3 O

델파이 기법 … 주제에 대해 경험과 판단을 체계적으로 유도·대조하는 방법으로 전문가 집단으로부터 반응을 체계적으로 도출하여 분석·종합하는 조사방법

4 X

• 적극적 방안 : 정책실험의 수행, 협상·타협 등
• 소극적 방안 : 지연·회피, 보수적 결정 등

5 O

교통·통신 발단, 도시화에 따라 생활권역과 행정권역의 괴리가 초래됨으로써 이러한 현상을 막고자 행정의 광역화 현상이 나타나고 있다.

6 O

옴부즈만 제도는 직접적인 권한이나 구속력이 없기 때문에 의회 기능이 미약하고 행정권이 비대한 개도국에서 실효성이 의문시된다.

7 X

통합재정수지는 순 수입에서 순 지출을 뺀 금액이다.

8 X

구성정책은 정부기관의 기능·구조 변경 또는 신설과 관련된 정책이다.

9 O

예산은 편성, 심의, 집행, 결산 및 회계검사의 과정으로 구성되며 통상 3년의 기간이 요구된다.

10 X

국가보훈처는 차관급에서 장관급으로 격상되었다.

11 O

직업공무원제는 공무원의 신분보장으로 사기를 앙양하고 직업의식을 강화하여 행정의 능률성 확보가 필요하다.

12 O

월남전 패전, 워터게이트 사건, 스태그플레이션, 인종 갈등, 신·구세대 갈등 등의 사회적 혼란을 극복하기 위해 등장

13 X

변혁적 리더십은 변화를 주도하고 관리하는 변화지향 리더십이다.

14 O

점증모형 … 정책 대안의 선택은 종래의 정책이나 결정의 점진적·순차적 수정이나 부분적 형상으로 이루어진다고 보며 정치적 합리성을 중요시한다.

15 X

주민은 그 자방자치단체의 장 및 지방의회의원(비례대표 지방의회의원은 제외)을 소환할 권리를 가진다. < 지방자치법 제20조 >

16 X

정책지지연합 모형 … 정책집행 과정을 정책하위체계 내에서 신념을 공유하는 여러 정책지지연합들의 경쟁으로 가정한다.

17 X

내적 타당도 → 가장 낮다
외적 타당도, 실현 가능성 → 가장 높다.

18 X

• 직무성과계약제 : 4급 이상 공무원
• 근무성적평가 : 5급 이하 공무원

19 O

기획재정부장관은 제1항에 따른 신청을 받은 경우 관계 전문가의 자문을 거쳐 예비타당성조사 실시여부를 결정하여야 한다. < 공공기관의 운영에 관한 법률 제25조의 3 >

20 X

「국고금관리법」 제32조의 제1항의 규정에 따른 재정증권 또는 한국은행으로부터의 일시차입금은 국가채무에 포함하지 않는다. < 국가재정법 제91조 제3항 >

1 key word : 정치-행정 일원론

정치·행정 일원론은 행정현상을 포괄적으로 파악하여 행정이론의 범위가 확산되는 계기가 되었다. (O/X)

2 key word : 목표관리제, 성과관리제

성과관리제는 전체 구성원의 유기적인 협조체제의 중요성을 강조한다. (O/X)

3 key word : 다원주의

다원주의는 이익집단 간 협상과 타협을 통해 정책이 결정된다고 본다. (O/X)

4 key word : 공익

실체설은 과정설과 비교하였을 때, 공익이 사익의 합보다 중요하다고 본다. (O/X)

5 key word : 합리성의 제약요인

비용이 최소화되면 합리성이 제약되지 않는다. (O/X)

6 key word : 책임운영기관

책임운영기관은 성과중심의 개방화된 조직으로서 자율성이 보장된다. (O/X)

7 key word : 행정통제

행정통제는 행정책임 보장의 제어장치로서 참여자들이 조직목표를 이탈하기도 한다. (O/X)

8 key word : Lowi의 정책유형

로이는 정책유형을 추출정책, 분배정책, 규제정책, 상징정책으로 분류했다. (O/X)

9 key word : 행동통제

민중통제는 국민의 행정참여의식이 낮다는 단점이 있는 내부통제의 유형 중 하나이다. (O/X)

10 key word : 상황적 리더십이론

부하의 성숙도가 중간정도의 상황에서는 부하를 참여시키도록 노력하는 관계성 행동이 효과적이다. (O/X)

11 key word : 조직의 규모

조직의 규모 크기와 구성원 응집력은 비례한다. (O/X)

12 key word : 재정자립도

지방재정자립도는 세입총액에서 지방세와 지방교부세가 차지하는 비율이다. (O/X)

13 key word : 주민투표제도

지방의회의 의원은 투표운동을 할 수 있다. (O/X)

14 key word : 네트워크 조직구조

네트워크 조직구조는 정보통신기술을 실시간으로 활용함으로써 환경변화에 대한 신축적 대응이 가능하다. (O/X)

15 key word : 애덤스 공정성이론

형평성이론은 동일한 직무상황에 있는 사람의 비율을 비교하여 한쪽이 크거나 작을 때 불공정성을 제거하기 위해 동기가 유발된다고 본다. (O/X)

16 key word : 배치전환

배치전환은 수직적 내부임용의 한 종류이다. (O/X)

17 key word : 예산

총계예산은 예산의 구체적 용도를 행정부의 자유재량에 맡기는 예산제이다. (O/X)

18 key word : 계급제와 직위분류제

직위분류제는 공직 채용 후 다양한 경험과 지식을 축적시켜 조직 전체 혹은 국가 전반의 시각에서 업무를 파악·처리할 수 있는 일반 행정가를 지향한다. (O/X)

19 key word : 강제배분법

강제배분법은 피평정자가 많으면 관대화 경향에 따른 평정오차를 방지할 수 있다. (O/X)

20 key word : 지방자치 이념

주민자치는 민주주의 이념을 강조하며 고유권으로 인식한다. (O/X)

1 O

정치·행정 일원론은 행정이론의 범위가 확대되는 계기가 되었으나, 행정의 지나친 비대화를 초래하여 부작용이 발생하게 되었다.

2 X

목표관리제는 전체 구성원의 유기적인 협조체제의 중요성을 강조한다.

3 O

다원주의 … 이익집단 간의 영향력 차이는 인정하지만 전체적으로 균형을 유지하고 있으며 정책과정에 접근기회가 동등하다고 가정

4 O

• 실체설(적극) : 공익 > 사익의 합
• 과정설(소극) : 공익 = 사익의 합

5 O

비용이 과다하면 합리성이 제약된다.

6 O

책임운영기관은 중앙정부의 집행 및 서비스전달기능을 분리하여 자율성을 부여한다.

7 X

행정통제 … 행정책임을 보장하기 위한 제어장치로서 행정조직의 하부구조나 참여자들이 조직목표나 규범으로부터 이탈되지 않도록 하기 위한 제재와 보상 등의 활동

8 X

로이는 정책유형을 분배정책, 재분배정책, 규제정책, 구성정책으로 분류했다.

9 X

민중통제는 외부통제(민주통제)의 종류이다.

10 O

Hersey와 Blanchard 상황적 리더십이론
• 부하의 성숙도 下 : 지시적인 과업행동
• 부하의 성숙도 中 : 관계성 행동
• 부하의 성숙도 上 : 권한 위임

11 X

조직의 규모가 클수록 조직 내 구성원의 응집력은 약화된다.

12 X

지방재정자립도 = 지주재원/세입총액×100%
• 자주재원 = 지방세 + 세외수입

13 O

공무원(그 지방의회의 의원을 제외)은 투표운동을 할 수 없다. <주민투표법 제21조 제2항>

14 O

네트워크 조직구조 … 규모의 경제와 높은 기동성·자율설을 보유, 정보통신기술의 실시간 활용으로 시간적·물리적 제약 극복, 환경변화에 대한 신축적 대응 가능

15 O

Adams의 형평성이론 … 인간의 행위는 타인과의 관계에서 형평성·공정성을 유지하는 쪽으로 동기가 부여된다.

16 X

배치전환은 수평적 내부임용의 한 종류이다.

17 X

총계예산은 세입·세출 총액을 계상한 것으로 완전성의 원칙에 합치된다.

18 X

계급제는 공직 채용 후 다양한 경험과 지식을 축적시켜 조직 전체 혹은 국가 전반의 시각에서 업무를 파악·처리할 수 있는 일반 행정가를 지향한다.

19 O

피평정자가 많으면 평정오차를 방지할 수 있으나, 평정대상 전원이 무능하거나 유능한 경우에도 일정비율만이 우수·열등하다는 평정을 받게 되어 현식 왜곡의 부작용이 초래될 수 있다.

20 O

• 주민자치 – 고유권, 민주주의 이념
• 단체자치 – 전래권, 지방분권의 이념

2020. 6. 13. 제1회 지방직/제2회 서울특별시 시행

1 key word : 작은정부
신자유주의 이념은 작은정부를 강조한다. (O/X)

2 key word : 매트릭스 조직
매트릭스 구조의 조직은 핵심업무를 중심으로 수행한다. (O/X)

3 key word : 자주재원
자주재원은 지방교부세와 국고보조금으로 나뉜다. (O/X)

4 key word : 선입견에 의한 오류
'서울대 출신의 직원은 책임감이 높을 것'이라는 평정은 선입견에 의한 오류에 해당한다. (O/X)

5 key word : 행정 가치
사익과 공익은 관련된다. (O/X)

6 key word : Perrow의 기술유형론
페로에 의하면 과업의 다양성과 정보의 불확실성 사이의 관계는 비례한다.

7 key word : 보충성의 원칙
보충성 원칙은 상위정부가 하위정부의 사무를 도울 수 있음을 의미한다. (O/X)

8 key word : 하향식 접근
하향식 접근방법은 집행절차 표준운영절차를 사용한다. (O/X)

9 key word : 조직구성 원리
부처편성의 원리로 조직이 구성되면 어느 한 기준의 장점이 다른 기준의 단점이 될 수 있다. (O/X)

10 key word : 직업공무원제
직업공무원제는 행정의 전문화, 기술화가 저해된다. (O/X)

11 key word : 기획예산제도
PPBS는 중앙집권화를 방지할 수 있는 수단이다. (O/X)

12 key word : 직위분류제
직위분류제는 수립 마지막 절차에서 직위분류제 실시에 따른 문제점을 발견하여 해결하고 상황에 따라 분류를 계속 적응시키며 개선한다. (O/X)

13 key word : 외부통제
민중통제에 선거권 행사, 이익단체 활동, 여론, 주민참여 등이 있다. (O/X)

14 key word : BTL(민간투자사업)
BTL은 민간투자사업자가 사회기반시설을 준공하여 소유권을 정부로 이전하는 동시에 시설관리운영권을 획득하는 방식이다. (O/X)

15 key word : 정책평가
진실험은 준실험이 갖는 정치적·기술적 문제를 완화하기 위한 방법이다. (O/X)

16 key word : 비용·편익분석
한계편익비용비가 1보다 작으면 사업을 지속한다. (O/X)

17 key word : 정책결정 모형
Etzinoni가 제시한 정책결정 모형에 의하면 현실적이면서도 합리적인 결정을 할 수 있다고 본다. (O/X)

18 key word : 조세지출예산제도
국가재정법은 조세지출예산제도를 도입하지 않는다. (O/X)

19 key word : 유비쿼터스 전자정부
유비쿼터스정부는 초고속정보통신망에 의한 신속·투명한 행정서비스 제공을 목표로 한다. (O/X)

20 key word : 민원행정
민원행정은 행정통제과 행정구제수단의 기능을 갖는다. (O/X)

1 O

신자유주의 이념에 따라 정부의 기능과 규모를 축소하고 규제를 완화하는 시장지향적 정부혁신을 추구하게 되었다.

2 X

매트릭스 구조의 조직은 기능구조와 사업구조의 화학적 결합을 시도한다.

3 X

자주재원은 지방세와 세외수입으로 나뉜다.
지방세는 보통세, 목적세로 나뉜다.

4 O

선입견에 의한 오류 ··· 평정 요소와 관계없이 평정자가 갖고 있는 편견이 평정에 영향을 미치는 것

5 O

- 실체설 : 사익을 초월한 별도의 공익은 존재할 수 없다.
- 과정설 : 사익과 무관한 공익은 조재할 수 없다.

6 O

- 과업의 다양성 낮음(소수의 예외) - 정부의 불확실성 낮음
- 과업의 다양성 높음(다수의 예외) - 정부의 불확실성 높음

7 X

보충성 원칙 ··· 정부 간 사무배분시 정부가 처리할 수 있는 사무에 대해 상위정부가 관여해서는 안 된다.

8 O

하향식 접근방법 ··· 중앙통제적 정형적 집행 전략으로 SOP(표준운영절차)를 사용한다.

9 O

부처편성의 원리 ··· 정부 기능을 가장 효율적으로 달성하기 위해 어떤 기준에 입각하여 어떻게 부처를 편성할 것인가에 관한 지침

10 O

직업공무원제 ··· 계급체계로 인해 전문행정가 양성이 어렵다.

11 X

기획예산제도(PPBS) ··· 정책결정과정을 일원화할 수 있지만 그로인해 지나친 중앙집권화를 초래한다.

12 O

유지 및 관리단계 ··· 문제점을 발견하여 해결하고, 변동하는 상황에 따라 분류를 계속 적용시키며 개선

13 O

민중(시민)통제 ··· 국민투표, 국민발안, 이익집단, 여론·언론기관, 정당, 시민참여 등을 통해 행정을 간접적·비공식적으로 통제

14 O

B → 민간투자사업자가 사회가반시설 준공
T → 소유권을 정부로 이전
L → 시설관리운영권 획득

15 X

준실험은 진실험이 갖는 정치·기술적 문제를 완화하기 위한 방법으로 실험집단과 통제집단의 동질성을 확보하지 않고 행한다.

16 X

한계편익비용비($\triangle$편익의 현재가치/$\triangle$비용의 현재가치)>1일 때 사업을 지속한다.

17 O

혼합주사모형(Etzioni) ··· 규범적·이상적 접근방법인 합리모형과 현실적·실증적 접근방법인 점증모형을 혼용함으로써 현실적이고 합리적 결정을 할 수 있다.

18 X

국가재정법은 조세지출예산제도를 도입한다.

19 X

유비쿼터스 전자정부는 무선과 모바일 네트워크 등에 기반하여 실시간 맞춤형 행정서비스 제공을 목표로 한다.

20 O

민원행정의 기능 ··· 행정에의 주민 참여 기능, 행정의 투명성·신뢰성 제고수단기능

1 key word : 정치 · 행정 이원론

정치와 행정이 협조적이며 연속선상에 있다고 본 대표적인 사람은 Appleby다. (O/X)

2 key word : 무의사결정론

무의사결정론은 지배엘리트가 본인들의 이해관계와 일치되는 문제만 정책화한다고 본다. (O/X)

3 key word : 지방자치

지방의회에서 의결할 의안은 지방자치단체의 장이나 재적의원 3분의 1이상 또는 의원 20명 이상의 연서로 발의한다. (O/X)

4 key word : 총체적 품질관리(TQM)

TQM은 전문가에 의한 서비스 품질평가에 초점을 둔다. (O/X)

5 key word : French & Raven 권력원천

개인권력에 해당하는 준거적 권력은 Simon의 신뢰의 권위와 일체화의 권위의 성격을 동시에 지닌다. (O/X)

6 key word : 직무평가

객관적 직무평가에서 직무와 직무를 비교하는 것은 점수법이다. (O/X)

7 key word : 혼합탐사모형

혼합탐사모형은 합리모형과 점증모형의 결함을 극복한 모형이다. (O/X)

8 key word : 예산 집행

예산의 신축성을 확보하기 위해 한 회계연도의 세출예산의 일정액을 다음 연도에 넘겨서 사용할 수 있도록 한다. (O/X)

9 key word : 정책평가

정책 평가 타당성은 측정의 일관성을 판단하고 신뢰성은 측정의 정확성을 판단한다. (O/X)

10 key word : 공무원 인사이동

파견된 공무원의 파견 소유가 소멸하면 그 공무원을 원래의 소속 기관에 복귀시켜야 한다. (O/X)

11 key word : 조직 내 갈등

Pondy의 5단계 갈등모형에 따르면 적대감정 형성 후 실제로 갈등행동이 발생하는 것은 마지막 단계이다. (O/X)

12 key word : 예산제도

품목별 예산제도는 무엇을 왜 구매하는지 알 수 있다. (O/X)

13 key word : 단체위임사무와 기관위임사무

법령의 근거 없이 상황에 따라 지방자치단체로 위임되는 것은 단체위임사무이다. (O/X)

14 key word : 행정학 접근 방법

체제론적 접근법은 일련의 현상 사이에 형성되는 관계의 배열이 수평관계있다고 본다. (O/X)

15 key word : 공리주의적 관점

공리주의적 관점에서는 개인 간 분배의 공평이 고려된다. (O/X)

16 key word : 책임운영기관

우리나라에서 2000년에 책임운영기관 관련 법률을 제정하고 설치 · 운영을 했다. (O/X)

17 key word : 정책변동

Mucciaroni의 이익집단 위상변동 모형에 의하면 정책 내용은 이익집단의 위상에 따라 변동된다. (O/X)

18 key word : 인사제도

미국은 폐쇄형 인사제도에서 개방형 인사제도로 점차 확대하고 있다. (O/X)

19 key word : 정책변수

허위변수는 독립 · 종속 변수에 영향을 미치지만, 이들 간 공동변화를 설명하지는 못한다. (O/X)

20 key word : 세계잉여금

세계잉여금의 20%는 공적자금상환기금에 우선적으로 출연한다. (O/X)

1 O

애플비(Appleby)는 정치와 행정이 단절·배타적이기보다 협조적이며 연속선상에 있다고 보았다.

2 O

무의사결정론 … 지배엘리트가 그들의 이해관계와 일치되는 문제만 정책화(밝은얼굴), 이익에 반하는 정책은 방해·억압(어두운 얼굴)

3 X

지방의회에서 의결할 의안은 지방자치단체의 장이나 재적의원 5분의 1 이상 또는 의원 10명 이상의 연서로 발의한다. <지방자치법 제66조 제1항>

4 X

TQM은 고객에 의한 서비스 품질 평가에 초점을 둔다.

5 O

준거적 권력 … Simon의 신뢰의 권위와 일체화의 권위의 성격을 동시에 지니며, M. Weber의 카리스마적 권위와 유사하다.

6 X

• 점수법 → 직무와 기준표 비교(절대평가)
• 요소비교법 → 직무와 직무 비교(상대평가)

7 X

혼합탐사모형 … 독자성이 없고 단순한 절충혼합의 성격을 띠고 있어 합리모형과 점증모형의 결함을 극복하지 못함

8 O

예산의 이월 … 회계연도 독립의 원칙에 대한 예외, 한 회계연도의 세출예산의 일정액을 다음 연도에 넘겨서 사용할 수 있도록 함

9 X

• 타당성 → 측정의 정확성
• 신뢰성 → 측정의 일관성

10 O

파견권자는 파견 소유가 소멸하거나 파견 목적이 달성될 가망이 없으면 그 공무원을 지체 없이 원래의 소속 기관에 복귀시켜야 한다. <국가공무원법 제32조의 4 제2항>

11 X

4번째 단계에 해당한다.
L.R.Pondy의 5단계 갈등모형 … 잠재단계 → 지각단계 → 감정단계 → 명백한 단계 → 갈등의 여파

12 X

품목별 예산제도는 '무엇'을 구매하는지 알 수 있지만 '왜' 구매하는지 알 수 없으므로 세입과 세출의 유기적 연계를 고려하지 못한다.

13 X

• 단체위임사무 : 법령에 의해 지방자치단체에 위임
• 기관위임사무 : 법령의 근거 없이 상황에 따라 지방자치단체로 위임

14 X

체제론적 접근법의 계서적 관점 … 일련의 현상 사이에 형성되는 관계의 배열이 계서적이라고 본다.

15 X

공리주의적 관점에서는 전 구성원의 초효용을 극대화함으로써 공익에 도달할 수 있다고 본다.

16 X

• 1999년 → 「책임운영기관의 설치·운영에 관한 법률」 제정
• 2000년 → 책임원영기관 설치

17 O

G.Mucciaroni 이익집단 위상변동 모형 … 이슈맥락과 제도적 맥락의 변화로 사적 이익을 추구하는 이익집단의 위상이 바뀌면 정책의 내용도 변동될 수 있다.

18 X

미국은 효용성에 한계를 나타내는 개방형을 폐쇄성의 요소로 점차 확대하고 있다.

19 X

허위변수는 독립·종속 변수에 영향을 미치며, 이들 간 공동변화를 모두 설명한다.

20 X

세계잉여금은 제2항에의 규정에 따라 사용한 금액을 제외한 100분의 30 이상을 공적자금상환기금에 우선적으로 출연한다. <국가재정법 제90조>

MEMO

MEMO

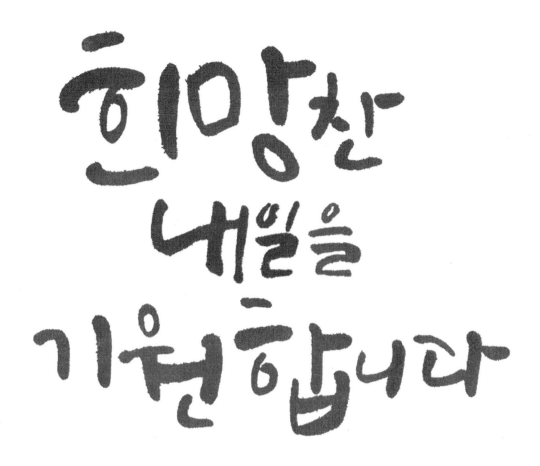

수험서 전문출판사 서원각

목표를 위해 나아가는 수험생 여러분을 성심껏 돕기 위해서 서원각에서는 최고의 수험서 개발에 심혈을 기울이고 있습 니다. 희망찬 미래를 위해서 노력하는 모든 수험생 여러분을 응원합니다.

공무원 대비서   취업 대비서   군 관련 시리즈   자격증 시리즈   동영상 강의

수험서 BEST SELLER

공무원

9급 공무원 파워특강 시리즈
국어, 영어, 한국사, 행정법총론, 행정학개론,
교육학개론, 사회복지학개론, 국제법개론

5, 6개년 기출문제
영어, 한국사, 행정법총론, 행정학개론, 회계학
교육학개론, 사회복지학개론, 사회, 수학, 과학

10개년 기출문제
국어, 영어, 한국사, 행정법총론, 행정학개론,
교육학개론, 사회복지학개론, 사회

소방공무원
필수과목, 소방학개론, 소방관계법규,
인·적성검사, 생활영어 등

자격증

사회조사분석사 2급 1차 필기

생활정보탐정사

청소년상담사 3급(자격증 한 번에 따기)

임상심리사 2급 기출문제

NCS기본서

공공기관 통합채용